本书系江苏大学高级技术人才科研启动基金"19世纪英国大学制度变革研究"(07JDG007)、(09JDG046)研究成果

19世纪
英国大学制度变革研究

王宝玺　王　磊　著

中国海洋大学出版社
·青岛·

图书在版编目(CIP)数据

19世纪英国大学制度变革研究／王宝玺，王磊著.
—青岛：中国海洋大学出版社，2015.5
 ISBN 978-7-5670-0893-9

Ⅰ.①1… Ⅱ.①王…②王… Ⅲ.①高等教育－教育制度－教育改革－研究－英国－19世纪 Ⅳ.
①G649.561.2

中国版本图书馆CIP数据核字(2015)第089099号

出版发行	中国海洋大学出版社			
社　　址	青岛市香港东路23号		邮政编码	266071
出 版 人	杨立敏			
网　　址	http://www.ouc-press.com			
电子信箱	dengzhike@sohu.com			
订购电话	0532－82032573(传真)			
责任编辑	邓志科		电　　话	0532－85902495
印　　制	日照报业印刷有限公司			
版　　次	2015年12月第1版			
印　　次	2015年12月第1次印刷			
成品尺寸	160 mm×218 mm			
印　　张	16			
字　　数	291千			
定　　价	28.00元			

序

在中世纪大学产生以来的世界大学发展史上，19世纪的大学改革毫无疑问占有重要的地位。19世纪初的德国大学改革一扫17、18世纪大学的陈腐之气，将科学研究引入大学，开了大学近代化的先河；19世纪后半叶的美国大学改革在德国大学经验和服务社会理念的影响下创造了大学制度的美国模式，并为美国大学后来居上奠定了基础。英国大学19世纪的改革同样十分重要。有学者认为："由大学与学院组成的英国高等教育的形态，在19世纪特别是1850年到1914年间发生了根本的变化，这一变化的规模是迄今为止所没有的。大学在受到各种社会势力影响的同时，也对国民生活的各个新领域产生了巨大的影响。"

19世纪30年代伦敦大学的成立是英国大学改革的起点，打破了牛津大学与剑桥大学"一统天下"约600年的历史而具有划时代的意义，但改革的高潮出现在19世纪后半叶。牛津与剑桥两大学的改革淡化了宗教的色彩。1871年制定的大学宗教审查法不仅允许非国教徒入学与获取学位，大学教师的选任也不再将宗教信仰作为前提条件。大学教师被允许结婚生子，结束了几百年大学教师为独身神职人员的历史。与此同时，随着研究所的成立和实验设施的建设，两个大学开始设置科学与专门知识课程，启动了由中世纪大学向现代大学的实质性转变。不过，比之牛津与剑桥两大学的改革，地方城市大学的兴起（这些大学又被称作"市民大学"）对英国大学制度的发展具有更加重要的意义，可以说这些市民大学是19世纪后半叶英国大学改革与扩张的主角。有学者在评价这些市民大学时认为："新大学克服了众多的困难，给许多人提供了在过去不可能享有的接受大学教育的机会。新大学代表了高等教育生机勃勃的一面，打破了牛津与剑桥两大学持续数百年的垄断状况，也推动了旧大学自身的制度改革。"

19世纪英国大学改革完成了大学的英国模式。曾任加利福尼亚大学校长的 C. Kerr 在比较英、德、美三国大学时有过这样一种概括,"如果从学生的角度出发应该尽量采取英国大学的模式,如果从研究的角度出发应该尽量采取德国大学的模式,如果从为农业、产业作贡献的角度出发则应该尽量采取美国大学的方式"。因此可以认为,研究英国的大学模式尤其是研究19世纪的英国大学改革对于理解大学历史、认识现代大学的发展都十分重要。这也充分表明了王宝玺博士和王磊的专著《19世纪英国大学制度变革研究》出版的价值所在。

王宝玺和王磊在这本著作中以翔实的中英文文献为依据,在梳理了19世纪之前牛津大学与剑桥大学发展历史的基础上,通过深入分析伦敦大学的建立、城市学院的兴起、牛津与剑桥大学的改造,比较全面地勾勒出19世纪英国大学制度变革的原因、内容与过程,从文化背景、路径、特点等方面对19世纪英国大学制度变革做了有意义的理论探讨,得出了如下的一些结论。即19世纪英国大学制度变革的动因源于大学发展的内在逻辑;19世纪英国大学制度变革的路径是,首先主要由大学或者其他高等教育机构以及与高等教育有关的人士和机构发动、推进,到了一定阶段,国家和政府才开始介入并发挥作用;19世纪英国大学制度变革的特点是保守与创新并存,这与英国的民族文化特性息息相关。

大学改革与发展的历史研究是一个巨大的领域,即便聚焦于19世纪的英国大学改革,其文献之丰富、观点之庞杂也绝非若干位研究者、若干本著作所能包容。希望王宝玺和王磊以这本专著的出版作为新的起点,在大学改革历史与发展的研究领域继续努力。

是为序。

胡建华
2015 年 9 月

前　言

　　自中世纪大学产生之后,大学作为一种文化教育组织逐渐发展、根植于社会,并与所在社会、国家的政治、经济、文化变迁紧密结合,形成了多种多样的大学制度。英国大学制度以其古老、传统和特有的形态等独树一帜,具有鲜明的个性,成为世界大学发展史上的一种范式。由大学与学院组成的英国高等教育形态,在19世纪,特别是1850年到1914年间发生了根本的变化,形成了若干具有现代意义的特征,并延续至今。因此,探讨英国大学制度尤其是19世纪英国大学制度变革,可以加深、丰富我们对大学制度的认识。

　　18世纪末至19世纪初,牛津、剑桥两所古典大学是英国高等教育的核心,它们自从12、13世纪以来就主导着英国高等教育。最初的古典大学主要教授神学与经院哲学等课程,培养牧师之类的宗教精英人才。16世纪以来,随着文艺复兴、宗教改革的开展,古典大学随之发生重大转换,主要教授古典学和新教伦理,培养具有绅士精神的政治、宗教与文化精英,逐渐形成古典绅士教育传统。17~18世纪,牛津、剑桥进入"冰河期"。

　　19世纪英国大学制度变革是以伦敦大学的建立为起点的。18世纪末至19世纪初,在英国思想界和教育界出现了功利主义浪潮。第一次古典教育和科学教育的大辩论推动了功利主义教育思想的传播。功利主义的兴起及其教育思想的传播,为英国高等教育改革提供了强有力的理论指导和舆论支持。1828年,伦敦大学成立。新成立的伦敦大学成为一所没有宗教限制、课程讲究实用而现代的新式大学,它迈出了英国大学制度变革的第一步。

　　19世纪50年代初到20世纪初的半个多世纪里,具有功利主义思想的地方政治家、实业家与学者聚集在一起,在英格兰重要的工业城市创办了十余所城市学院,大力推行职业教育与科技教育,并在高等教育和当地社会相结合上有重要突破,出现了高校的社会服务职能,并发展了高校的科研职能,最终推动了古典大学的改革。

新式高等学校成功的巨大压力最终化作古典大学改革的动力。牛津大学与剑桥大学的改革首先是课程的改革,两所大学开始设置科学与专门知识课程,由此建立了实验室、博物馆和图书馆。其次是考试制度的改革以及大学内部管理体制的改革,最终冲淡了宗教的色彩。这些改革措施,启动了由中世纪大学向现代大学的实质性转变。

从制度变革的动因来看,19世纪英国大学制度变革源于大学发展的内在逻辑;从制度变革的路径来看,19世纪英国大学制度变革首先主要由大学或者其他高等教育机构以及与高等教育有关的人士和机构发动、推进,只是到了一定阶段,国家和政府才开始介入并发挥作用;从制度变革的特点来看,19世纪英国大学制度变革具有明显的保守与创新并存的特点,这与英国的民族文化特性息息相关,对各国高等教育改革具有重要借鉴意义。

目 录

序 ……………………………………………………………… (1)

前言 …………………………………………………………… (1)

导言 …………………………………………………………… (1)
  第一节　问题的提出 …………………………………………… (1)
  第二节　文献述评 ……………………………………………… (4)
    一、国外研究现状 ……………………………………………… (5)
    二、国内研究现状 ……………………………………………… (13)
  第三节　主要概念界定 ………………………………………… (17)
    一、英国 ………………………………………………………… (17)
    二、制度 ………………………………………………………… (17)
    三、大学制度 …………………………………………………… (19)
  第四节　分析视点与研究方法 ………………………………… (21)
    一、分析视点 …………………………………………………… (21)
    二、研究方法 …………………………………………………… (24)
  第五节　本书的内容和基本框架结构 ………………………… (25)
    一、本书的内容 ………………………………………………… (25)
    二、本书基本框架结构 ………………………………………… (25)

第一章　19世纪以前的牛津与剑桥大学 ……………………… (27)
  第一节　中世纪时期的牛津与剑桥大学 ……………………… (27)
    一、学院制的出现 ……………………………………………… (28)
    二、导师制的萌芽 ……………………………………………… (34)

三、大学的特权与内部管理制度 ……………………………… (36)
　　　四、13～15世纪牛津、剑桥大学的课程 ………………… (38)
　　　五、学位与学生 ………………………………………………… (45)
　第二节　文艺复兴与宗教改革时期的牛津与剑桥大学 ……… (49)
　　　一、学院制的确立 ……………………………………………… (49)
　　　二、导师制的发展 ……………………………………………… (52)
　　　三、课程内容的世俗化 ………………………………………… (53)
　　　四、内部管理制度的调整 ……………………………………… (58)
　　　五、专才培养到绅士培养的转变 ……………………………… (59)
　第三节　17～18世纪的牛津与剑桥大学 ……………………… (60)
　　　一、宗教测试的加强 …………………………………………… (60)
　　　二、17～18世纪牛津、剑桥大学的课程 …………………… (61)
　　　三、自然科学的加强 …………………………………………… (69)
　　　四、绅士人才的培养 …………………………………………… (71)
　第四节　19世纪以前的英国大学制度分析 …………………… (72)
　　　一、19世纪以前英国大学和政府的关系 …………………… (72)
　　　二、19世纪以前英国大学内部管理制度 …………………… (77)

第二章　伦敦大学的建立 ……………………………………… (79)
　第一节　伦敦大学建立的因素及影响思想分析 ……………… (80)
　　　一、伦敦大学建立的因素分析 ………………………………… (80)
　　　二、功利主义流派的教育思想 ………………………………… (81)
　　　三、关于古典教育和科学教育的第一次辩论 ………………… (90)
　第二节　伦敦大学学院与国王学院时期 ……………………… (95)
　　　一、伦敦大学学院的成立 ……………………………………… (95)
　　　二、国王学院的成立 …………………………………………… (100)
　第三节　国立伦敦大学时期 …………………………………… (102)
　第四节　伦敦大学的教学与管理制度 ………………………… (107)
　　　一、伦敦大学的内部管理制度 ………………………………… (108)
　　　二、伦敦大学的学部 …………………………………………… (109)

三、伦敦大学的课程 …………………………………………（113）
　　四、伦敦大学的考试制度 ……………………………………（117）

第三章　城市学院的兴起 ……………………………………………（120）
　第一节　城市学院兴起的理论基础与社会需要 ………………（120）
　第二节　关于古典教育和科学教育的第二次大辩论 …………（129）
　　一、大学是什么 ………………………………………………（130）
　　二、大学的职能 ………………………………………………（130）
　　三、大学应培养什么样的人才 ………………………………（131）
　　四、自由教育的"实用性" ……………………………………（132）
　第三节　技术教育和高等科技教育的发展 ……………………（138）
　第四节　城市学院时期 …………………………………………（146）
　　一、曼彻斯特欧文斯学院 ……………………………………（147）
　　二、利兹约克郡学院 …………………………………………（149）
　　三、布里斯托尔大学学院 ……………………………………（151）
　　四、伯明翰梅森学院 …………………………………………（152）
　　五、利物浦大学学院 …………………………………………（153）
　　六、谢菲尔德大学学院 ………………………………………（154）
　第五节　城市大学的出现与人才培养 …………………………（155）
　　一、城市学院升格为城市大学 ………………………………（155）
　　二、城市大学的课程 …………………………………………（157）
　　三、专业技术人才的培养 ……………………………………（160）

第四章　牛津、剑桥大学的改造 ……………………………………（164）
　第一节　牛津、剑桥大学改造的动因 …………………………（164）
　第二节　《牛津大学法案》和《剑桥大学法案》的出台 ………（169）
　第三节　牛津、剑桥大学的改革 ………………………………（174）
　　一、课程的改革 ………………………………………………（174）
　　二、实验室的建立 ……………………………………………（177）
　　三、考试制度的改革 …………………………………………（182）

四、管理制度的改革 …………………………………………（185）
　　五、宗教限制的打破 …………………………………………（188）

第五章　19世纪英国大学制度变革的理论探讨 ……………（191）
　第一节　保守与自由——制度变革的文化背景 ……………（191）
　　一、保守主义文化 ……………………………………………（192）
　　二、自由主义文化 ……………………………………………（195）
　第二节　大学发展的内在逻辑——制度变革的动因 ………（199）
　　一、大学发展的内在逻辑 ……………………………………（200）
　　二、城市学院的背离与回归 …………………………………（204）
　第三节　自下而上——制度变革的路径 ……………………（208）
　　一、民间人士的积极参与 ……………………………………（209）
　　二、政府的介入和导引 ………………………………………（211）
　第四节　渐进式、保守与创新并存——制度变革的特点 …（215）
　　一、渐进式 ……………………………………………………（215）
　　二、保守与创新并存 …………………………………………（217）
　第五节　英国大学模式及其意义 ……………………………（219）
　　一、英国大学模式 ……………………………………………（219）
　　二、英国大学模式的意义 ……………………………………（220）

参考文献 ………………………………………………………（230）

后记 ……………………………………………………………（243）

导　言

第一节　问题的提出

随着大学在社会上的地位日益显赫以及知识经济、全球化进程等因素对大学影响的加剧,现代大学制度的建立与完善,是人们普遍关心的一个问题。潘懋元教授指出:"大学要完成其使命,还有许多制度方面的问题需要解决,而且没有现成的解决方案。开展现代大学制度研究,促进大学制度现代化,是我国大学完成其使命的需要。"[①]2010 年 7 月 29 日,中共中央、国务院印发的《国家中长期教育改革和发展规划纲要(2010—2020 年)》明确提出"完善中国特色现代大学制度","加强章程建设。各类高校应依法制定章程,依照章程规定管理学校"。[②] 为落实教育规划纲要要求,教育部经过认真研究、反复征求意见,以教育部第 31 号令的形式颁布了《高等学校章程制定暂行办法》,并于 2012 年 1 月 1 日起实行。现代意义的大学制度起源于欧洲,作为舶来品的中国大学制度的完善需要借鉴先发国家的历史经验。

大学是现代社会的一种重要组织,它是社会的知识生产和文化传播机构,发挥着人才培养、科学研究以及服务社会的功能。真正意义上的大学起源于欧洲中世纪,那时的大学是学者为自由探讨学问、保护学者团体利益而组成的自治组织,以对学术的不懈追求作为大学的根本目标,虽与

---

① 潘懋元:《走向社会中心的大学需要建设现代制度》,《现代大学教育》,2001 年第 1 期,第 30 页。

② 《国家中长期教育改革和发展规划纲要(2010—2020 年)》[EB/OL]. http://www.gov.cn/jrzg/2010-07/29/content_1667143.htm

宗教以及世俗社会有关联,但基本是按照学术的逻辑建立起来的具有独特内部结构和运行机制的组织。随着大学与社会的关系日益紧密,大学的发展走出"象牙塔",成为现代社会的"轴心机构"。布鲁贝克曾说:"每一个较大规模的现代社会,无论它的政治、经济或宗教制度是什么类型,都需要建立一个机构来传递深奥的知识,分析和批判现存的知识,并探索新的学问领域。换言之,凡是需要人们进行理智分析、鉴别、阐述或关注的地方,就会有大学。"①

大学制度伴大学而生。为了有效实现其目标,为了应对各种问题,大学在运行过程中不断形成组织的、程序的、习惯上的一套规则或安排,这就体现为大学制度。当人们意识到它所发挥的功能时,就会有意地将出现的安排设置为正式的规则,而成为构建的制度。在大学发展的历史长河中,大学制度有不同的形式和表现,人们根据经验总结出大学制度的基本内容为:大学自治、学术自由和教授治校。这是处理大学与外部,同时也包括大学内部各种关系的规范体系,它不是单一的规范或单一的制度,而是一个体系。

自中世纪大学产生之后,大学作为一种文化教育组织逐渐发展、根植于社会,并与所在社会、国家的政治、经济、文化变迁紧密结合,形成了多种多样的大学制度。中世纪大学制度的出现并不仅仅是学者集团孤立行动的产物,而是宗教、国家和大学相互之间讨价还价、相互博弈的结果。博弈的最终结局是中世纪大学彰显的内在气质在英国大学几百年的演变过程之中逐渐积淀。中世纪大学倡导的一些非正式大学制度经过历史演变,逐渐被英国法律确认而变为正式制度。

众所周知,19世纪是世界大学发展史上的一个重要时期。19世纪初的德国大学改革一扫17～18世纪大学的陈腐之气,将研究引入大学的教育过程,重塑大学的理智生活,开始了大学现代化的进程;19世纪后半叶的美国大学改革创造了大学制度的美国模式,将社会服务引入大学,并为美国大学后来居上奠定了基础。英国也不例外,"由大学与学院组成的英

---

① 〔美〕约翰·布鲁贝克:《高等教育哲学》,王承绪等译,浙江教育出版社,2001年版,第13页。

国高等教育形态,在 19 世纪,特别是 1850 年到 1914 年间发生了根本的变化"①,形成了若干具有现代意义的特征,并延续至今。从 19 世纪 30 年代起的数十年间,以伦敦大学和曼彻斯特大学为首的一批新兴城市大学纷纷成立,并由此带来了牛津大学、剑桥大学的深刻变化,建立起英国现代大学制度。英国的大学制度以其古老、传统和特有的形态等独树一帜,成为世界大学发展史上的一种范式。阿什比在其著名的《科技发达时代的大学教育》一书中指出:"大学是继承西方文化的机构。它像动物和植物一样向前进化。所以任何类型的大学都是遗传与环境的产物。"②大学作为社会的一个组织,不断以变革来适应社会的发展需要。大学制度的变革过程不是一蹴而就的,而是若干内外因共同博弈的过程。因此,探讨英国大学制度尤其是 19 世纪英国大学制度变革的特点,可以加深、丰富我们对大学制度的认识。

我国对英国 19 世纪高等教育发展的研究,从无到有,从表面现象研究至内部规律的探讨,逐渐丰满成熟起来。然而,由于研究侧重点的不同,学者对这一时期英国高等教育的发展一直未能进行集中研究。在此历史背景下,以前述的各项研究为基础,着重加强对英国 19 世纪大学发展历史的梳理,系统研究英国大学在这一历史时期如何改革、如何发展,便显得尤为重要。

第一,有助于深化和拓展我国的英国高等教育史研究。新中国成立后,改革开放以来,我国的外国高等教育史研究取得了重大发展。这不仅表现在学科队伍不断壮大,一大批外国高等教育史研究成果纷纷出现;还表现在外国高等教育史研究逐步向纵深挺进,部分有影响的国别教育史、断代教育史、比较教育史及专题教育史著作相继面世,进一步繁荣了我国的高等教育学学科建设。为了进一步繁荣我国的高等教育学学科,我们必须在原有基础上继续扩大研究范围、丰富研究内容、更新研究观念、深化研究层次。加强对 19 世纪英国大学变革历史的研究体现了这种尝试

---

① 胡建华:《19 世纪以来英国大学制度变革的基本特征及其分析》,《现代大学教育》,2004 年第 2 期,第 59 页。

② 阿什比:《科技发达时代的大学教育》,滕大春等译,人民教育出版社,1983 年版,第 7 页。

和努力,即有助于深化和拓展英国大学史研究领域;加强对英国高等教育发展断代史的研究,还适应了学科发展和对外交流的需要,更有助于促进和丰富我国的英国高等教育史研究。

第二,有助于深化对英国19世纪大学制度形成与发展的历史研究。教育发展的连续性使得英国20世纪高等教育发展和此前时期的发展存在割不断的历史联系,而19世纪这段时期是英国大学发展史上一段极其关键的时期,是英国现代大学制度确立的时期,是理解英国高等教育内在精神实质的重要时期。本研究如果能提供较之以前更详细的一点研究资料、更丰富一点的研究内容、更深入一点的研究成果,有助于深入研究19世纪英国大学制度的确立与发展,深化对英国大学制度模式的理解。

第三,教育的发展与一定历史时期的社会政治、经济以及文化发展之间存在着必然的联系。教育既受社会政治、经济及文化发展水平的制约,同时又通过人才培养、知识传递和科技创新的方式促进社会政治、经济和文化的发展。19世纪至20世纪初英国现代大学制度的确立与发展,恰恰说明了这一教育学基本原理。这一时期伦敦大学的创办,城市学院的兴起,牛津大学、剑桥大学的改革,都是适应英国社会政治进步、经济发展、文化及科技勃兴的需要而在高等教育领域涌现的新现象。

第二节 文献述评

迄今为止,国内外学术界从大学制度的角度研究19世纪英国高等教育变革的系统研究成果仍不多见。但是许多学者在关于欧洲中世纪大学史、英国教育通史、英国高等教育史、英国科技教育史、著名大学通史和专题史等学术著作中,对19世纪英国大学制度变革的历程有所涉及,如伦敦大学建立、新大学运动和城市学院的兴起、19世纪中后期牛津和剑桥大学的改革等。已有的研究成果为研究19世纪英国大学制度变革提供了比较丰富的资料。

一、国外研究现状

(一)英国中世纪大学研究著作

在英国中世纪大学研究方面最有影响力的著作是拉什达尔(H. Rashdall)的《中世纪的欧洲大学》(Hastings Rashdall,*The University of Europe in the Middle Ages*, Oxford University Press, 1936.),该书共分3卷:第一卷探讨萨勒诺、博洛尼亚两所意大利大学的兴起与发展,第二卷重点介绍现代大学的原型巴黎大学。第三卷则集中探讨英国大学,尤其是牛津和剑桥大学,本卷共11章节,详细介绍了中世纪英格兰地区牛津、剑桥两所大学的组织建构、教学与研究、各个学院的设置、学校人口和社会的关系等问题。拉什达尔以大量史料为基础,对中世纪大学发展的沿革进行评论和阐释。该书是研究中世纪大学最重要的参考文献。

科班(Alan B. Cobban)的《中世纪英国大学生活》(Alan B. Cobban, *English Universities life in the Middle Ages*. UCL Press,1999.)介绍了中世纪英国大学教育的基本状况,包括学位制度、学校管理、教学方法、教育内容和学生活动等,对英国的牛津和剑桥大学有系统论述。他的另一本著作《中世纪英国大学和发展:迄1500年的牛津和剑桥》(Alan B. Cobban, *The Medieval English Universities: Oxford and Cambridge to c.1500*. Scholar Press, 1988.)从欧洲中世纪大学的整体背景,英国大学的各种起源学说、组织与管理、学院、学术团体、学生与社会生活等方面完整叙述了中世纪的牛津和剑桥大学的起源和早期发展。

哈斯金斯(Charles Homer Haskins)的《大学的兴起》(*The Rise of Universities*)(〔美〕查尔斯·霍默·哈斯金斯:《大学的兴起》,梅义征译,上海三联书店,2007年版。)是作者的讲座集。哈斯金斯精心提炼、筛选了中世纪大学的相关文献,向读者展示了中世纪大学在管理、教学和大学生活方面的内容。

雅克·韦尔热(Jacques Verger)的《中世纪大学》(*Les Universites Au Moyen Age*)(〔法〕雅克·韦尔热:《中世纪大学》,王晓辉译,上海人民出版社,2007年版。)描述了中世纪大学的起源、发展、组织运行等问题,各章节内容丰富,涉及大学与王权、大学与教会、大学与社会之间的关系。

韦尔热长年从事中世纪大学方面的研究,是该领域的专家。他在自己的著作中,首次将中世纪大学视为一个成熟的社会机构,关注它的成长与发展历程。

哈斯金斯的《大学的兴起》和韦尔热的《中世纪大学》虽然以西欧大学为研究对象,但是内容多有涉及英国国家、社会、经济、政治、宗教对大学产生的作用和影响,不足之处在于对大学内部的问题研究不多。

(二)英国教育通史或断代史研究论著

研究英国教育的通史著作有很多,其中比较知名的是奥尔德里奇(Richard Aldrich)的《简明英国教育史》(*A Concise History of England Education*)(〔英〕奥尔德里奇:《简明英国教育史》,诸惠芳等译,人民教育出版社,1987年版)。该书对英国社会基本情况、各种教育思想及教育组织和活动进行了较为详尽的考察。但该书对高等教育活动的叙述极为简略。邓特(H. G. Dent)所著的《英国教育》(*British Education*)(〔英〕邓特:《英国教育》,王承诸译,浙江教育出版社,1987年版)一书从初等教育、中等教育、缺陷儿童教育、独立学校、继续教育、大学教育及师范教育等几大问题展开了论述,该书以很少的篇幅涉及19世纪英国大学改革。

以英国教育为内容的断代史著作代表有巴纳德(H. C. Board)的《1760年以来的英国教育史》(H. C. Barnard, *A History of English Education: from 1760*, University of London Press, 1969.),该书以初等教育、中等教育、高等教育和技术教育为内容,介绍了1760年以来的英国教育发展。在高等教育的章节中,叙述了19世纪上半期伦敦大学的成立,牛津和剑桥大学的进步改革,论述了牛津和剑桥大学改革之前帕蒂森(Mark Pattison)学习德国的大学改革主张,以及城市学院的产生背景和过程。该书时间跨度较大,与本研究相关部分的叙述较为简单。斯蒂芬斯(W. B. Stephens)的《1750—1914年的英国教育》(W. B. Stephens, *Education in Britain, 1750-1914*. Macmillan Press; St. Martin's Press,1998.)以苏格兰高等教育为参照,介绍牛津和剑桥大学在改革前的停滞状况和一些进步改革,以及1860~1914年英国高等教育的发展情况,对牛津和剑桥大学改革作出了一些评价,并分析了高等教育价值取向的变化。该书涉及19世纪英国大学改革的篇幅不多,但观点有一定的参考价值。

(三)英国大学史研究著作

英国大学校史、通史和专题史为19世纪英国大学制度变革研究提供了大量翔实的史料。专门研究19世纪英国大学变革的代表作是桑德森(Michael Sanderson)所著的《19世纪大学》(Michael Sanderson, The Universitie in the Nineteenth Century, Routledge & Kegan Paul Ltd., 1975.),书中所列举的资料大部分选自19世纪英国著名学者的著作、书信、文章或者演讲等。作者把19世纪英国大学的变革过程划分为"饱受非议的古老高等教育制度(1809~1845)"、"改革的第一阶段(1845~1870)"、"全新的起点(1870~1885)"、"静悄悄的革命(1885~1900)"等四个阶段。虽然该书是一本19世纪英国高等院校改革的资料汇编,但该书提供的资料涉及剑桥大学、牛津大学这两所古典大学的改革,也关注伦敦大学、城市学院等新型高等学府的兴起。既有教育思想的争鸣和论辩,也有对具体教育实践客观准确的描述,是研究19世纪英国大学制度变革的珍贵资料。

1983年秋,欧洲各大学校长委员会鉴于当时尚无一本系统全面地论述欧洲大学历史的著作,决定由欧、美各国研究教育史的专家和学者成立专门编辑委员会,出版四卷本《欧洲大学史》(Hiled De Ridder-Symoens, A History of University in Europe. Cambridge University Press, 1992.)。目前已经出版前三卷,第三卷以欧洲大学近代化为研究对象,集中讨论作为科学和学术中心的近代大学的形成与发展。

阿斯顿(T. H. Aston)主编的八卷本《牛津大学史》(Aston, T. H., the History of the University of Oxford, Clarendon Press, 1984.),其研究的时间跨度从12世纪牛津大学产生直至20世纪后期,为研究牛津大学的发展和变革提供了大量翔实的史料。在众多关于牛津大学校史研究的专著中,迈利特·查尔斯·爱德华(Mallct Charles Edward)在1924年至1927年所著三卷本《牛津大学史》(Mallct Charles Edward, A History of the University of Oxford. Bames & Noble, 1968.)在研究主题的选择和时间跨度的安排上都颇为成功。作者对16、17世纪导师制在牛津大学各学院的正式确立过程进行了较为详细的论述。

牛津大学圣约翰学院(St. John's College)研究员、导师威廉·莫尔(Will G. Moore)是较早研究导师制的学者。他于1968年出版了专著《导师制及其未来》(Will G. Moore, *The Tutorial System and its Future*. Pergamon Press Ltd., 1968.)。该书分析了牛津大学导师制的形成过程、实践模式、理论基础以及导师制在实施过程中存在的各种争议,并对牛津大学导师制在20世纪末可能出现的发展趋势进行了思考。然而,本书关于牛津大学导师制历史发展的论述较为简单,特别是没有对19世纪中期以来的发展进行深入分析。

1983年英格尔(Engel. A.)出版了专著《从牧师到导师:牛津19世纪学术职业的产生》(Engle. A, *From Clergyman to Don: The Rise of the Academic Profession in Nineteenth-Century Oxford*. Clarendon Press, 1983.)。本书论述了19世纪牛津大学原有的宗教性受到强烈冲击,大学的社会角色发生转变以及大学中学术性职业产生、发展的过程。随着考试制度的改革,导师开始进入大学的高级学术团体。作者认为,正是考试制度的改革促成了19世纪牛津大学导师制的形成。但是,19世纪初牛津大学的导师是处于学院和大学官方体系之外的,他们仍是牧师,而非大学教师。到19世纪末,导师作为学院的正式教师,成为大学中独立的学术职业。英格尔认为,他的研究"试图说明19世纪牛津大学智力冲突和机构改革的中心在于大学是否应该提供一种学术职业",这种学术职业在功能和性质上的演变很大程度上影响着现代牛津大学的形成。

学者特德·塔帕和戴维·帕弗雷曼(Ted Tapper and David Palfreylnan)著《牛津和学院制传统的衰落》(Ted Tapper and David Palfreylnan, *Oxford and the Decline of the Collegial tradition*. Woburn Press, 2000.)一书对牛津大学的学院制进行了系统分析。作者在书中对作为牛津大学各学院教学核心的导师制进行了较为详细的论述,内容涉及牛津大学导师制的产生、发展过程以及未来牛津大学导师制面临的挑战等。

剑桥大学出版社出版的四卷本《剑桥大学史》中的第三卷(Peter Searby. *A History of the University of Cambridge*, Volume Ⅲ. Cambridge University Press, 1997.)和第四卷(Christopher Brooke. *A History of the University of Cambridge*, Volume Ⅳ. Cambridge University

Press,1993.)是研究 1750 年至 1990 年剑桥大学的通史性著作。西尔比（Peter Searby）在第三卷中介绍了 18 世纪剑桥大学与学院的管理机构、管理人员及其职能、院士和导师的职责等方面的情况，为深入研究 18 世纪剑桥大学的古典教育提供了丰富的素材。作者指出，来自苏格兰大学、伦敦大学和德国大学的影响是推动剑桥大学改革的重要力量。此外，作者对改革前剑桥大学内部围绕大学与学院权利的划分、教学内容的扩大等议题进行的争论进行了仔细的剖析，对乔伊斯（Thomas Joyee）、惠威尔（William Whewell）、皮科克（George Peacock）、亚当·塞治威克（Adam Sedgwick）等人的观点也进行了简要的介绍和分析。布鲁克（Christopher N. L. Brooke）在第四卷中回顾了 19 世纪 70 年代后自然科学在剑桥大学的发展历程，追述了卡文迪许实验室的创建和早期发展，对取消学生及教师的国教徒身份限制等世俗化措施也做了简要的介绍和分析。

1996 年，剑桥大学出版社出版了英国学者伊丽莎白·利德汉姆·格林（Elisabeth Leedham Green）所著的《剑桥大学发展简史》（Elisabeth Leedham Green, *A Concise History of the University of Cambridge*, Cambridge University Press, 1996.)一书，这本书按照时间顺序对剑桥大学的发展历史进行了介绍。

1913 年，剑桥大学圣约翰学院的蒂利亚德（A. I. Tillyard）出版了《1800 年至今的大学改革史——附剑桥大学全面策划》（A. I. Tillyard, *A History of University Reform from 1800 to the Present Time, With Suggestions towards a Complete Scheme for the University of Cambridge*. W. Heffer and Sons Ltd., 1913.）。该书以牛津大学和剑桥大学自 1800 年至 1913 年的变革为研究对象，围绕对这两所大学古典教育的批判、皇家委员会的调查、19 世纪 50 年代和 70 年代的立法等重大事件，勾勒出英国传统大学在 19 世纪发生根本性变革的历史轨迹。该书主要以 19 世纪牛津和剑桥两所大学的改革为研究对象，并没有涉及伦敦大学、城市学院。

曾在剑桥大学求学、任教并担任三一学院副院长的温斯坦利（Winstanley）在研究剑桥大学的系列著作《维多利亚时代早期的剑桥大学》（*Early Victorian Cambridge*, Cambridge University Press, 1955）和《维多利亚时代晚期的剑桥大学》(Later Victorian Cambridge, Cambridge University press,1947)中,以专题的形式深入研究了19世纪初至1882年剑桥大学的管理体制、考试形式、教授席位、宗教活动与宗教测试等方面在政府和社会的压力下所进行的变革。作者明确指出,在1850年政府介入之前,剑桥大学内部正在进行鼓励科学讲座、设置自然科学荣誉学位考试、修改学院章程等一系列的改革。在皇家委员会调查的过程中,剑桥大学采取了积极配合的态度。政府的相关法案颁布之后,剑桥大学很快进行了相应的内部改革。正是这种与牛津大学相比更为积极的姿态,才使剑桥大学科学教育发展速度更快,水平也更高。

史密斯(Jonathan Smith)和斯特雷(Christopher Stray)合著的《19世纪剑桥大学的教与学》(Jonathan Smith and Christopher Stray, Teaching and Learniing in Nineteenth Centry in Cambridge, The Boydell Press,2001.),是一本以19世纪剑桥大学的教学改革为主题的专著。作者用较大篇幅论述了19世纪剑桥大学的教学情况,从内容上看,本书对于我们了解19世纪剑桥大学教学状况很有裨益,不过令人遗憾的是,该书关注的是数学、历史、伦理学等领域,对于日后给剑桥大学带来至高荣誉的自然科学的教学却没有涉及。

(四)英国大学制度形成、变革研究论著

许多学者就欧洲近代社会的形成过程中,不同国家或不同时期各国高等教育近代化为主题撰写了大量专著和论文,按照研究和出版的时间顺序,其中影响较大、具有代表性的著述大致可归纳如下:

1930年,美国高等教育学家A·弗莱克斯纳(Abraham Flexner)出版了《现代大学论:美国、英国和德国的大学》一书(Abraham Flexner,Universities—American, English and German. Oxford University Press, 1930.)。作者运用历史和比较的方法,首先论述了近代大学的理念,其次分析了三国大学近代化的历程,并对三国近代大学的特点及其成因进行了比较。

20世纪60年代末期,世界各国掀起的学生运动及大学改革浪潮促使许多教育社会学家和教育史家意识到,有必要从历史的研究和反思中认识和评价高等教育在社会中的地位及其与社会诸种因素的相互关系。

因而,20世纪70年代左右,研究近代大学与社会之间的关系、西方近代高等教育的形成等方面的著述大量问世。其中值得一提的有美国学者劳伦斯·斯通(Lawrence Stone)主编的《社会中的大学》(Lawrence Stone ed., *The University in Society* 2vols., Princeton University Press, 1974.)。前一部著作分为两卷,在第一卷中,作者以分析不同时期大学入学规模和社会背景的变迁作为主要分析视点,考察14至19世纪早期英国牛津大学和剑桥大学的历史发展过程;在第二卷中,作者集中探讨和比较了16至20世纪的欧洲大陆、英格兰和美国近代大学的形成、特点及其与社会间的关系。

1979年,美国学者格瑞(Fritz K. Ringer)的《近代欧洲的教育与社会》(Fritz K. Ringer, *Education and Society in Modern Europe*. Indiana University Press, 1979.)一书也是阐述近代欧洲教育史的重要著作之一。作者引用大量统计数字,详尽地分析了18世纪末至20世纪60年代欧洲的中等和高等教育。通过实证研究,作者对许多有关教育制度与社会之间关系的权威性见解提出了质疑和挑战。例如,作者认为,教育和工业革命之间不存在着直接关系,作为传统载体的欧洲中等学校和大学在相当长的历史阶段,一直与时代和文化处于格格不入的状态,而且即使到20世纪60年代,高等教育与技术进步也不存在着直接和明显的联系。

1981年9月,由K·雅劳施(Konrad H. Jarausch)主编的《1860—1930年,高等学问的转变》一书,可能是比较全面客观地论述英、德、俄、美四国高等教育近代化的权威性著作。(Konrad H. Jarausch ed., *The Transformation of Higher Learning 1860-1930*. Klett-Kotta, 1981.)。该书的特点在于,各章节和专题的编者们多由某一特定学科研究领域的专家或权威人士组成。编者们以大量的原始统计资料作为研究的基础,以英国、德国、俄国和美国作为研究对象,把高等教育的规模、多样性、社会开放度和专业化倾向作为分析视点,既注重探讨19世纪中期至20世纪初期欧、美高等教育发展变化的一般趋势,又兼顾分析特定国家高等教育的个性特征。由于各章节均由不同国家或不同研究领域的学者们撰写,因而对某些问题的分析和阐述,难免有不一致、甚至对立或矛盾的观点。但是由于编著者们既运用量化的实证方法,又不失理论上的哲学探讨,因而可以反映西方学者研究欧美 19 世纪高等教育近代化的学术水平。

1984 年,美国学者鲁迪(Wills Rudy)出版《1100—1914 年的欧洲大学》(Wills Rudy, *The Universities of Europe*, 1100-1914. Assocated University Press Inc. ,1984.)一书。作者简明扼要地概述了欧洲大学的发展轮廓,并在总结前人的研究成果基础上,对近代欧洲大学的一般特征提出了自己的见解。由于篇幅的限制,作者未能对欧洲大学的近代化历史演变以及近代大学的不同特征进行分析和研究。不过,书中有关大学各个历史时期的文献资料极有参考价值。

1993 年由美国学者谢尔登·劳斯布拉特和瑞典政治学教授威特·芳克(Sheldon Rothblatt and Bjoin Wittrock)主编、很多国家学者参加编著的《1800 年之后的欧洲和美国大学》(Sheldon Rothblatt and Bjoin Wittrock ed. , *The European and American University since 1800*. Cambridge University Press, 1993.)运用历史学和社会学的方法,探讨了欧洲近代大学形成的成因与社会之间的关系,并且比较了英、法、德、美和瑞典等国近代大学特点及其相互影响。在本书的结尾部分,作者提出了近代大学形成和发展的三个不同历史阶段,并对近代大学的本质特征也提出了独特的见解。

安迪·格林所著的《教育与国家形成:英、法、美教育体系起源之比较》(〔英〕安迪·格林:教育与国家形成:英、法、美教育体系起源之比较,王春华等译,教育科学出版社,2004.)和《教育、全球化与民族国家》(〔英〕安迪·格林:教育、全球化与国家,朱旭东,徐卫红等译,教育科学出版社,2004.)是从教育起源的角度研究教育在民族国家形成中所发挥的作用的学术专著,对于我们把握 19 世纪英国大学制度变革具有重要意义。格林在《教育、全球化与民族国家》一书中,对 19 世纪中期以前英国科技教育落后的原因进行了深入分析,把不能自拔的自满和反对国家干预任何形式的教育作为影响英国科技教育的主要障碍。在对阻碍英国科技教育顺利发展的因素进行深入分析的基础上,作者认为英国政府逐渐放弃了对教育事务不加干预的传统,转而采取设置相关机构、成立皇家委员会、颁布法律等形式,推动科技教育的发展。正是因为政府态度和政策的改变,英国的自然科学教育在19世纪后10年才有了极大的进步,进入英国科技教育运动的黄金时期。

二、国内研究现状

从文献检索情况来看,目前国内学术界对19世纪英国大学制度变革研究给予一定程度的关注,专门探讨19世纪英国大学制度变革的专著和论文并不多。但在已有的外国教育史和外国高等教育史的教材和著作都对19世纪英国大学制度变革有所涉及。这些相关研究无疑为本书的研究奠定了必要的基础。

1993年,徐辉和郑继伟编著的《英国教育史》一书出版,作为国内出版的第一本英国教育史著作,该书内容包括各级各类教育,对英国高等教育从中世纪的滥觞直到20世纪80年代的改革均有较为翔实的叙述,不失为近年来对外国高等教育史研究的一项重要成果。

1995年,张泰金著的《英国高等教育的历史·现状》出版,诚如作者所言,这本书的出版原因一是因为教育处的同志多不熟悉英国教育,尤其是高等教育情况;二是国家教委有关部门也需要了解英国高等教育的改革与发展。但是本书的理论性不够,更多的是资料的汇集,涉及高等教育的方方面面。

1995年,殷企平著的《英国高等科技教育》出版,这本书主要在实地调查和掌握丰富资料的情况下,对英国近两百年来高等科技教育的发展进行了深入研究。全书理清了英国高等科技教育发展的基本线索,勾勒了英国高等科技教育发展的历史阶段,分析了各个时期英国高等科技教育发展的主要因素,对比了主要资本主义发达国家高等科技教育的发展情况,重点抓住了英国高等科技教育发展的两个重要历史时期,即19世纪后半叶和第二次世界大战以来的近半个世纪。但是19世纪的高等科技教育历史在本书中所占比例不大。

1998年,黄福涛著的《欧洲高等教育近代化——法、英、德近代高等教育制度的形成》出版,黄福涛在大量原始文献和国外已有成果的基础上,以法国、英国和德国为例,较系统地探讨了三国传统大学以及欧洲高等教育走向近代化的历程,并提出和讨论了高等教育近代化的理论界说。

该项研究成果开辟了对外国高等教育这一重要历史时段研究的先河,并为进一步研究欧洲以至世界其他地区高等教育由近代化走向现代化奠定了必要的基础。但是该项研究成果还遗留有一些重要问题,如在欧洲高等教育近代化的过程中高等教育系统内部和外部各种因素之间是怎样相互作用的,如何科学地解释不同国家高等教育近代化的一般特征与个别差异,以及如何界定高等教育近代化的标准等等,尚待进一步探讨。

2000年,褚宏启的《教育现代化的路径》出版。作者用自己确定的分析模型对英国教育现代化的历史进程进行了比较细致的分析,指出了英国教育现代化的渐进性特点。该书以整个英国的教育变革为研究对象,虽然涉及高等教育,但比较简略,而且时间跨度较长,因而,结论的针对性不强。

2003年,黄福涛主编的《外国高等教育史》和贺国庆等著的《外国高等教育史》出版。两部《外国高等教育史》的时间上限都指向了古代的巴比伦、印度、埃及和希伯来等文明古国,其下限则直接贯通到20世纪80~90年代。时间跨度大,涉及国家和问题多,材料丰富、言之有据,是两部著作的共同特点。两本专著还特别致力于高等教育变革的研究,十分关注各个时期、各个国家高等教育之间的影响,从而可以为今日我国高等教育的改革提供借鉴。但是19世纪的历史仅仅是其中的一部分。

2006年,吴式颖、褚宏启主编的《外国教育现代化进程研究》出版,此书从现代化的角度,考察了英、法、德、俄、日、印度、韩国共8个国家的教育发展历程,把英国教育现代化的历史进程分为中世纪—1870年、1870—1944年、"二战"后到20世纪80年代等三个时期,主要关注教育发展的背景与政策、教育管理体制、教育的类型与结构、课程与教育教学方法、教育条件等问题,把英国教育现代化的经验归结为步伐的稳健性、国家的支持、权力运作的理性化和丰沛的财力,认为民族主义和民主主义是英国教育现代化的基本动力。因为以整个教育的现代化为研究对象,所以,有关高等教育的情况所占篇幅很小。

2008年,河北大学出版社出版翻译的《欧洲大学史》第一卷《中世纪大学》和第二卷《近代早期的欧洲大学1500—1800》,2014年,该书第三卷《19世纪和20世纪早期的大学(1800—1945)》。三卷《欧洲大学史》的翻译出版研究提供了极大的便利,并提供了翔实的史实材料。

2011年，拉什达尔的三卷本《中世纪的欧洲大学》由重庆大学出版社翻译出版，该套丛书的出版为研究英国大学提供了翔实的史料。

对高校校史的研究是高等教育历史研究的重要基石。在这方面，除了已有一批论文外，最有影响的是湖南教育出版社曹先捷先生主编的"世界著名学府丛书"。其中，1986年，裘克安编著的《牛津大学》出版。该书论及牛津大学的历史和现状，是国内最早以牛津大学为研究对象的专著。1990年，梁丽娟编著的《剑桥大学》出版，该书是国内最早介绍剑桥大学的著作，其"校史述略"部分记述了剑桥大学从创建到20世纪70年代的发展历程，其中涉及了文艺复兴时期费舍尔引入人文主义课程、1856年《剑桥法》、卡文迪许实验室早期的研究成就等方面的内容，从中可见剑桥大学从古典教育堡垒向科学教育中心转变的轨迹。1995年，王承绪编著的《伦敦大学》出版，内容包含伦敦大学诞生前的英国高等教育、早期的伦敦大学、作为考试机构的国立伦敦大学、联合型大学：监管教学科研和全英高校考试和大学管理体制等内容，是研究伦敦大学发展的重要参考资料。

对于外国高等教育发展史中的专门问题或专题史，如高等教育管理、学位制度、研究生教育、大学的职能、高等师范教育、道德教育、科技教育、工程教育、文科教育、教育评价、学术自由、大学间的国际影响等方面的研究成果也不少，其中尤以对高等教育思想研究的成果最为丰富。在外国高等教育发展的历史过程中，曾出现过数以百计有影响的高等教育思想家和不同流派的高等教育思潮，但迄今得到世界普遍公认的具有里程碑意义的英国高等教育思想家主要有约翰·亨利·纽曼（John Henry Newman，1801—1890）。对纽曼大学观的探讨，有徐辉的《一种内涵深刻的古典大学观——约翰·纽曼大学的理想述评》(1992)，殷企平的《纽曼大学观探微》(1993)，官风华的《保守与超前——纽曼的大学理想》(1994)。三文各有所长，徐辉重在评介纽曼大学观的基本内容，殷企平重在揭示纽曼大学观的真谛，官风华则重在对纽曼大学思想的总体把握。

1995年丛长福在《中国高教研究》第2期发表《现代大学制度的办学原则和管理模式》，呼吁建立现代大学制度，"建设有中国特色的现代大学制度是十分重要的、迫在眉睫、利在当代、受益千秋的大事"。但在当时及其后的4年中，这一呼吁在高等教育界并没有引起多大反响，几乎无人响应,只在零零星星文章中涉及现代大学制度的内容。2000年,王冀生在《高教探索》第1期发表《建立有中国特色的现代大学制度——攻坚阶段我国高等教育体制改革的重点》,呼吁"提高对现代大学制度的认识"。文章认为,1985年以来我国高等教育体制改革主要集中在宏观方面,思路基本明确,而且取得了重大进展,现在应当适时地把我国高等教育体制转移到微观方面,其根本出路就是建立起中国特色的现代大学制度。至此,拉开了我国现代大学制度研究的序幕,现代大学制度顿时成了高等教育界的热点问题,势头至今仍然有增无减。

通过中国期刊网进行检索可以发现,从1995年起截至2015年,在这一时期,产生了大量与大学制度相关的博士、硕士论文与专著。仅博士论文就有高桂娟的《现代大学制度演进的文化逻辑》(华中科技大学,2003年)、张俊宗的《现代大学制度:高等教育改革与发展的制度回应》(华中科技大学,2003年)、马廷奇的《大学的组织变革与制度创新》(华中科技大学,2004年)、胡赤弟的《教育产权与现代大学制度构建的相关性》(厦门大学,2004年)、王建华的《第三部门视野中的现代大学制度》(厦门大学,2005年)、刘兆宇的《19世纪英格兰高等教育转型研究》(河北大学,2007年)、周保利的《19世纪剑桥大学改革研究》(河北大学,2008年)、李明忠的《论高深知识与大学的制度安排——大学制度的合法性分析》(华中科技大学,2008年)、孙华程的《城市与教堂:制度视野下欧洲中世纪大学的发生与演进》(西南大学,2011年)。

我国学者在大学制度方面做了大量的研究工作,取得了丰富的、具有相当学术水平的理论成果。这些研究大多集中在对大学制度的概念辨析,以及如何创新我国目前的现代大学制度方面。对于介绍和借鉴国外大学制度方面的专著很少,研究英国的更少。其中仅有的一篇是胡建华老师的《19世纪以来英国大学制度改革的基本特征及其分析》。综合搜集到的研究成果看,大多是就整个英国教育的发展来提及英国大学制度,基本上没有专门以它为专题论述,也没有对其研究的博士、硕士论文。这为研究19世纪英国大学制度变革留下了广阔的空间。

第三节 主要概念界定

一、英国

英国全称是大不列颠及北爱尔兰联合王国。英国行政区划包括英格兰、苏格兰、威尔士和北爱尔兰。由于历史的原因,在联合王国有英格兰和威尔士、苏格兰、北爱尔兰三个相互独立、各具特点的法定公共教育系统。英国政府的政策是:这三个教育系统所提供的教育机会和保持的教育标准,应该大致相同。但是,它们也应该保存各自的传统,并反映其所服务的民族精神。谈到英国,正如英国人自己所言,人们常指英格兰,英国人则是"Englishman"。此外,在英格兰、威尔士、苏格兰和爱尔兰四个民族中,英格兰人口最多,据 1990 年的调查资料表明,英国人口中的 80% 是英格兰人。英格兰不仅人口最多,而且经济最发达,政治占优势,人们习惯以"英格兰"来代表整个英国。就北爱尔兰来说,北爱尔兰是英国特殊的一部分,他们属于盖尔人(Gaels),有自己的民族语言,与英格兰人种族不同,语言也不同。英国政府的大部分统计资料中都没有北爱尔兰的数据,在英国人研究英国政治、经济、社会情况的著作中很少涉及北爱尔兰,或另外开辟一章专门讨论。根据本研究,牛津和剑桥大学独霸英国高等教育 600 年,虽然苏格兰有圣安德鲁斯大学、格拉斯哥大学、阿伯丁大学以及爱丁堡大学,而且在牛津和剑桥大学处于沉寂之际,苏格兰大学得到了蓬勃发展,但在 19 世纪大学制度的改革与发展过程中,英格兰大学制度变革确立了今天英国的大学制度。苏格兰大学的变化并不大,而且逐渐走上了苏格兰大学的轨道,因此,本研究中英国限定在英格兰。

二、制度

俗话说得好,"国有国法,家有家规","没有规矩,不成方圆",这里的"国法"、"家规"、"规矩"实际上就是我们所指的制度,可见,制度广泛存在于社会生活的各个方面。正因为制度与社会密切联系,可以想见,人们可从自身的经验和理论结构,从不同的角度和侧重点给出不同的答案,对于什么是制度就形成了多种解释。

"制度"一词在我国历史上久已有之。《商君书》中有过这样的论述:"凡将立国,制度不可不察也,治法不可不慎也,国务不可不谨也,事本不可不传也。制度时,则国俗可化,而民从制;法治明,则官无邪;国务壹,则民应用;事本传,则民喜农而乐战。"①这里的"制度",与治法、国务和事本并列,其含义为制定法度,以建立秩序达到立国之目的。在《礼记·礼运》中也提到过"制度":"故天子有田以处其子孙,诸侯有过以处其子孙,大夫有采以处其子孙,是谓制度。"②《礼记》中的制度主要是指设立一套规则,使作为当时最基本的生产资料的土地的分封有章可循、有法可依。可见,上述"制度"一词在中文中的基本内涵就是:以法令为主要形式用以维护某种秩序的规则或规定。这种解释和我们今天理解的制度十分接近。按照《辞海》的解释,制度的第一个含义就是要求成员共同遵守的、按照一定程序办事的规程。③

我国对制度的理解比较零散,相比较而言,西方学者围绕制度研究做了大量的工作。其中,以制度学派最为突出。T·W·舒尔茨把制度定义为"一种行为规则,这些规则涉及社会、政治及经济行为"。舒尔茨关于制度的定义被以后研究制度的学者所接受。V·W·拉坦在《诱致性制度变迁理论》一文中也将制度定义为一套行为规则,它们被用于支配特定的行为模式与相互关系。④ 特别值得一提的是,以道格拉斯·C·诺斯为代表的新制度经济学制度变迁理论为人们理解"制度"提供了新颖独特的视角。诺斯认为制度"是一系列被制定出来的规则、服从程序和道德、伦理的行为规范",具体包括以规范和管制形成对行为施加的一系列约束;检验行为是否偏离了规则和管制的一系列程序;一系列的道德和伦理行为规范,它们定义了规则和管制选择的订立方式和实施方式。⑤ 马尔科

---

① (战国)商鞅,张觉点校:《商君书》,岳麓书社,2006年版,第23页。
② 崔高维校点:《礼记》,辽宁教育出版社,2000年版,第75页。
③ 参见《辞海》,上海辞书出版社,1989年版,第185页。
④ 〔美〕道格拉斯·C·诺斯:《经济史中的结构与变迁》,陈郁等译,上海三联书店,上海人民出版社,1999年版,第225-226页。
⑤ 同上书,第225-226页。

姆·卢瑟福对前人的研究做了总结,他把制度概括为:制度是行为的规律性或规则,它一般为社会群体的成员所接受,它详细规定具体环境中的行为,它要么自我实施,要么由外部权威来实施。除"制度"外,还有"制度安排"这一概念,制度安排是最接近"制度"一词的通常使用的含义。或者说,制度安排是制度的具体化。①

制度现象是哲学、社会学的一个重要问题,综合关于制度的种种论述,可以从以下几个方面对制度加以界定。所谓制度,一般具有下列基本特征:

第一,规则为制度的核心内容。因此,制度具有强制性或约束性,它通过各种规则为处于其中的人提供了奖励或制裁,限定了什么是可以做或必须做的,并主要由法律、法规、组织安排和政策来得到表现。制度的这种强制或约束显然不是孤立地针对某个个体,它必然与集体行动交织在一起,它为社会中的大多数人所接受或遵守。

第二,制度还表现为人们习以为常的惯例或习惯,或是规范化的行为方式。由此,我们可以把它理解为历史进程中人类行为的积淀物,也就是说,制度一旦形成,便具有历史惯性,被深深地打上历史的烙印。

三、大学制度

任何组织都与其相应的制度密不可分,作为以共同目标而集合起来的共同体,制度是组织赖以存在和发展的基础。

关于大学制度的内涵及主要内容,眭依凡认为大学制度包括宏观和微观,也即"大学他治"和"大学自治"两个层次。② 袁贵仁认为现代大学制度就是要处理好以下几种关系:大学和政府、社会的关系;大学和教师、学生的关系;大学和大学的关系。③

高桂娟认为,大学制度就是协调、规范大学组织的各种行为,使其成为一个有机整体,以有效地适应环境的一系列制度安排及运行机制。它

---

① 马尔科姆·卢瑟福:《经济学中的制度——老制度主义和新制度主义》,陈建波等译,中国社会科学出版社,1999年版,第1页。
② 眭依凡:《从宏观和微观结合上关注大学制度创新》,《中国高等教育》,2003年第23期,第12页。
③ 袁贵仁:《建立现代大学制度,推进高教改革和发展》,光明日报,2002年2月23日。

既反映大学自身的发展状况,又反映时代发展的特点。它对内处理大学组织成员之间的相互关系,如教师、学生及学校管理人员之间的关系,由此形成了学校内部管理制度、教师聘用制度、学生培养制度等;对外处理大学与政府、社会之间的相互关系,由此形成了教育行政管理制度、投资办学制度等等。①

张俊宗认为,大学制度包含多方面的内容,并且表现为多种形式,是多种内容与多种形式的集合。大学制度可以归结为基本制度和具体制度两部分。基本制度是关于大学性质、任务以及组织构成和主要行为活动等最基本内容的原则规定或框架。而具体制度是基本制度的展开或具体化。大学基本制度包括政府管理制度、社会参与制度和大学管理制度。②

邬大光认为,大学制度的形成受制于多种因素,但就其内在的动力来说,大学制度源于大学理念,折射着大学理念的烙印,大学制度是大学理念的载体和表现形式,大学理念是大学制度的根基。邬大光把大学制度从宏观到微观两个层面进行了界定。他认为宏观的大学制度是指一个国家或地区的高等教育系统,包括大学的管理体制、投资体制和办学体制等;微观的大学制度是指一所大学内部的组织结构和运行机制,包括组织结构的分层、内部权力体系的构成等。在大学历史发展进程中,由于大学这一机构的特殊性和复杂性,还派生出了调节政府和大学之间矛盾冲突的中介机构,例如国外的大学基金委员会、大学教育审议会、大学校长协会等。这些机构同样是现代大学制度的研究范畴。③

近代严格意义上的大学制度起始于中世纪大学,"行会"制度及组织形式是中世纪大学最初的根基,它以保护大学自身利益尤其是学者的利益和排斥外来干扰为鹄的。在此基础上,近代大学制度的基本理念开始形成,这就是大学自治和学术自由。在一定意义上,大学自治和学术自由既是现代大学的办学理念,同时又是近代大学制度的框架,或者说是大学理念的"制度形式"。学术自由和大学自治彰显着大学的本质和特性,构

---

① 高桂娟:《论建立现代大学制度的时机与紧迫性》,《教育与现代化》,2003年第2期,第14页。
② 张俊宗:《现代大学制度》,中国社会科学出版社,2004年版,第52—58页。
③ 邬大光:《现代大学制度的根基》,《现代大学教育》,2001年第1期,第30—31页。

成了维系大学制度的基本内涵,并延续了大学这一特殊组织机构的生命和活力。中世纪大学的"学者行会",使得中世纪大学和社会之间形成了一道难以逾越的藩篱,被称为"象牙塔";但另一方面,它所提倡的学术自由和大学自治为近现代大学制度的建构奠定了坚实的基础。① 在大学制度的建构过程中,不同的社会价值取向和利益对大学制度的关注表现出不同的侧重点。事实上,宏观的大学制度更多地反映社会外部的要求,它往往是社会政治和经济制度在大学制度上的缩影,表现出比较明显的时代特征。而微观的大学制度——内部组织形式和权力体系更多地积淀了大学的历史和传统,体现着大学自身的特性和"主体逻辑"。大学的本质和特性是建立大学制度的基础,无论是从宏观和微观的角度,大学制度的构建都应该是对大学本质和特性的关照。②

从某种意义上来说,大学制度变革研究就是大学发展史。在大学发展过程中发生的一些标志性的事件,表明了英国大学制度的变革。大学制度围绕两个基本问题展开:一是大学组织的高度社会化后,如何平衡好大学与社会的关系问题;二是面对大学与社会之间日益复杂的关系,大学如何解决好自身持续、有效、健康发展的问题。因此,本书从大学制度内在和外在两个方面,也就是政府、社会与大学关系方面和大学内部管理方面着手,对19世纪英国大学制度变革进行考察研究。

第四节 分析视点与研究方法

一、分析视点

(一)以历史发展进程为主线

要知道历史为什么发生,首先应该知道历史发生过什么以及历史如

---

① 熊华军:《大学制度变迁过程的一般理论探讨——新制度经济学的视角》,《华中农业大学学报》(社科版),2004年第3期,第85-86页。
② 邬大光:《现代大学制度的根基》,《现代大学教育》,2001年第1期,第31页。

何发生。对过去观察得越久,对未来就看得越远。要知道"what"与"how",就必须大量搜集资料。正如美国教育学家弗莱克斯纳所说的那样:"搜集信息,即使是确定信息不是研究。搜集大量的描述性材料,在家政学、社会学和教育学领域这样做法相对普遍,不是研究。未经分析和无法分析的资料,不管搜集得多么巧妙,都不构成研究……"英国学者劳瑞思也认为,比较教育不是规定教育应当做什么,而是说明为什么是那样,就像航海学,必须学习风向、潮汐、暗礁和浅滩等情况,但不必学习帆船的目的地在哪里。这就说明,船只的目的地与航海学无关,要达到目的地是船长的责任。但如何开往目的地,却必须依靠航海学的知识。航海学只有真正应用到航海中才有意义,而在航海中所用的知识必须是过滤的、与实际航海密切相关的知识。也就是说,比较教育研究者需要以历史进程为研究线索,弄清线索的来龙去脉,但更重要的是挖掘为什么会产生这样的历史现象。

本研究要考察19世纪英国大学制度变革,必须将这一个世纪的大学制度变迁的历史看成一种宏观的、趋势性的过程加以说明,才能观察出大学制度变革所表现出来的特征。

(二)以大学数量增加为切入点

牛津、剑桥大学形成于12、13世纪的中世纪,在19世纪之前的600多年,英格兰只有牛津和剑桥两所大学,到19世纪30年代杜伦大学(1832)和伦敦大学(1836)出现之前,两所大学几乎就是英格兰学术和知识的全部所在。也就是说,在牛津和剑桥大学产生后的600年间,英格兰的大学发展处于停滞状态。从19世纪开始,英国的大学制度逐渐进入了改革和发展期。在19世纪40年代之前,英格兰出现了两所大学,之后出现了一批城市学院,到1909年,英格兰有10所大学(不包括没有获得皇家特许状的大学学院),是19世纪之前的5倍。

伦敦大学的创立,在英国大学制度变革道路上迈出了坚实的一步。对英国传统大学垄断高等教育提出了直接挑战,开始打破牛津和剑桥大学独霸高等教育的局面,扩大了非国教徒接受高等教育的机会。伦敦大学不仅加快了高等教育对象平民化、课程泛智化的进程,而且启动了英国高等教育近代化的进程。从19世纪50年代到20世纪初的半个世纪里,具有功利主义思想的地方政治家、实业家和学者创办了十余所宗教无甄别、课程讲究实用的城市学院。城市学院特别重视与生产实践密切相关的科学和技术教育,带有强烈的职业教育与科技教育的特点,并且关注高等教育的地域性,提出了高等教育直接为当地经济服务的目标。地方城市学院不仅开启了高校的服务职能,成为推行高等职业教育的主要力量;而且发展了高校的科研职能,不失为英国高校产学研相结合的重要探索。新式高校成功的巨大压力最终促使古典大学进行改造。牛津、剑桥大学面向社会,改革课程、考试制度和管理制度,打破宗教限制,建立克拉伦敦和卡文迪许实验室,在科学教育和科学研究方面做了不少改革。

(三)以理论问题为研究起点

比较教育的主要任务是"梳理历史、描述现状",上升到理论层次探讨国外的问题并不是其根本目的。本研究梳理英国 19 世纪大学制度变革的历史,是为了更好地探讨大学制度变革表象后面的东西。在回答 19 世纪英国大学制度变革怎样发生的问题后,更主要的在于探讨为什么的问题。

本书梳理了 19 世纪英国大学制度变革的历史,目的是为了更好地找出问题。英国高等教育史学家珀金认为:"从某种真实的意义上说,真正的历史学并不是一味按照年代顺序挖掘整理史实材料的一门学科,而是一门解决问题的学科,它向现实世界提出种种问题,并努力探寻问题的答案。"[1]1933 年康德尔出版的《比较教育》反对当时比较研究中那种对外国教育制度"单纯描述"的研究传统,提出比较教育的研究目的是"发现教育上存在哪些问题,探讨这些问题是如何产生的,阐述这些问题在特定的社会环境中是如何解决的,并发展教育哲学或教育原理"[2]。日本比较教育学会会长马越彻先生也认为:"如果比较教育学的研究仅仅是某个国家或

---

[1] 伯顿·R·克拉克:《高等教育新论——多学科的研究》,王承绪等译,浙江教育出版社,1988 年,第 23 页。

[2] 方展画:《国外比较教育学科建设及其研究方法论的演变》,《比较教育研究》,1998 年第 4 期,第 8 页。

地区的'情况家'或'信息家',情况就不妙了。"①他建议比较教育首先必须要有问题意识。本书通过19世纪英国大学制度变革的历史探讨,研究为什么英国会形成如此独特的大学制度,影响因素有哪些,英国大学制度变革的路径又是什么,其特点有哪些,英国的大学制度模式的意义在哪里?

二、研究方法

本书主要采用以下几种研究方法。

(一)文献法

在查阅、分析、整理英国大学历史文献的基础上,探讨英国大学制度改革的历程、原因和特征。本书文献资料的搜集分为三类。第一类,通过互联网搜集法令、文件和资料。主要是英国大学网站以获得关于大学的历史资料和文件。第二类,从各类图书馆搜集论著。主要是研究中世纪大学的历史和以后19世纪改革的专著。第三类,从报刊杂志搜集论文。

(二)比较研究法

本书主要采用纵向比较和横向比较相结合,纵横兼顾。纵向比较,即对大学制度在不同历史时期内的发展、变化进行比较。这种比较能够使我们比较清晰地观察大学制度的发展变化状态。横向比较是把同类的不同对象在同一时期、同一标准下进行比较。本书拟对大学制度变革的不同类型进行比较分析,进一步归纳其特点,从而为大学制度变革提供事实依据。

(三)历史法

不同国家或地区的教育现实,均是以往历史发展的结果。因此,教育实践的过去已构成了认识、分析教育现实与未来的重要因素。汉斯曾说:"历史背景对任何比较资料的解释不可缺少。"②

历史是鉴往知来的镜子,具有反映过去与透视未来的功能。并且,具

---

① 〔日〕马越彻:《"区域研究"与比较研究——以明确"区域"的教育特质为目的的比较研究》,《外国教育研究》,2002年第2期,第11页。

② 赵中建、顾建民选编:《比较教育的理论与方法》,人民教育出版社1983年版,第142页。

体到制度变革不能回避历史。大学制度的变革是一个历史的、不断的发展过程,因此,要对其进行具体的、历史的分析。本书遵循历史唯物主义的一般原则,力图唯物地、发展地、具体全面地考察研究对象,以期做出科学的结论和评价。

第五节 本书的内容和基本框架结构

一、本书的内容

本书以历史文献为基础,对19世纪英国大学制度变革进行考察,并试图通过这种纵向的论述来总结19世纪英国大学制度变革的重要原因,解释大学与社会政治、经济、文化发展之间存在彼此依赖、相互作用的内在关系,并在此基础上分析英国大学制度变革的基本动因和内在动力以及对后世的影响。

本书的主要问题是:①19世纪英国大学制度变革的表现;②19世纪英国大学制度变革的理论分析。

二、本书基本框架结构

本书的结构安排,除本章导言外,正文部分共包含五章内容。

第一章是"19世纪以前的牛津与剑桥大学"。本章探讨牛津和剑桥大学在中世纪、文艺复兴与宗教改革以及17~18世纪时大学的发展进程。分析了牛津、剑桥大学在中世纪建立后的几百年中的学院制、导师制、内部管理、课程以及学生等情况。

第二章是"伦敦大学的建立"。本章就伦敦大学建立的因素及影响思想进行了分析,然后主要介绍伦敦大学的整个发展历程,从中看出伦敦大学与牛津、剑桥大学的不同之处。

第三章是"城市学院的兴起"。本章就城市大学发展的理论基础进行分析,然后分析了第二次教育大辩论,并对技术教育和高等科技教育的发展进行了分析,最后对城市学院和城市大学进行了研究。

第四章是"牛津、剑桥大学的改造"。面对着外界要求改变的压力,牛津大学新的规章出台后,对牛津、剑桥大学在课程、实验室、考试、管理、宗教限制等方面的改变进行了分析。

第五章是"19世纪英国大学制度变革的理论探讨"。本章就变革的动因、模式和特点以及英国大学制度模式的影响进行了分析。

本书最后将研究过程中所参考的资料列入,以期为资料的搜集整理提供参考,也便于读者对本研究领域的深入。

第一章　19 世纪以前的牛津与剑桥大学

英国的大学有着悠久的历史,早在中世纪就已经有了牛津和剑桥两所大学。著名的古典大学——牛津大学创建于 1167 年,剑桥大学创建于 1209 年。在英格兰,19 世纪 30 年代以前的英国大学发展史主要是牛津大学和剑桥大学的发展史,因为从牛津大学诞生到 1832 年杜伦大学以及 1836 年伦敦大学成立为止,牛津和剑桥是英格兰仅有的两所大学。所以,本章主要考察 19 世纪以前的牛津和剑桥大学。

第一节　中世纪时期的牛津与剑桥大学

在牛津大学创办前,英国学生曾横渡英吉利海峡到巴黎大学求学。1167 年,英格兰国王亨利二世和法兰西国王菲利普二世发生争执,英王召回了在巴黎求学的学生和学者,大批学生汇集牛津,创办了牛津大学,12 世纪末获正式承认,被称为师生大学(Universitias Magistrorum et Scholarium)。1209 年,牛津学生在练习射箭时误杀了镇上一名妇女,引起骚乱,几名学生被市民吊死,大学遂以停课来抗议市民的暴行。许多师生逃到剑桥,不久后创办剑桥大学,1218 年获得英王亨利三世的认可,1318 年,罗马教皇约翰二十二世正式宣称剑桥为"总学"(Studium General),剑桥大学由此而"受洗"成立。所谓"总学"指剑桥毕业生能够在基督教国家的任何地方教学。

英格兰两所大学都遵循了教师型大学的模式。巴黎大学是教师型大学的典型代表。它最初是学者们在巴黎圣母院的附属天主教学校讨论哲学和神学问题逐渐发展形成的教师行会。从一开始,教师就构成行会的主体，支配着行会的教学和管理活动，学生相当于商业领域的学徒。①

一、学院制的出现

学院最初只是由私人捐助的、为无力承担食宿费用的学生提供膳宿、带有慈善性质的机构。一般认为，欧洲最早的学院是巴黎大学创建于1180年的迪克斯—惠特学院（Dix-Huit）。② 它是从纳特丹姆（Notre Dame）大教堂附近的一个慈善会馆中分化出来的。这家会馆有一间房子是专门为贫困教士而留的。1180年，一位英国教士从耶路撒冷朝圣回来后买下了这个房间，并将它捐赠给18名贫困教士永久使用。这是个非常初级的学院，实际上它只为其成员提供床位。第一所真正意义上的学院是1257年建立的索邦学院。它是由路易九世的牧师罗伯特·索邦（Robert de Sorbon）为16名神学学生所创建。索邦为学院制定的规章体现了这样的核心思想——"这是一个在规章管理下，以兄弟会方式组织起来的，以合乎道德的方式在一起生活的学习社团"③。索邦学院与以前学院的不同之处在于：首先，它是为那些已获硕士学位正在进修博士学位者而设，且招收世俗学生；其次，它有自己的规章和管理机构；最后，学院以一种新的方式管理学生每天的生活，其中有组织的学习就占了大部分时间。索邦学院的模式成为后来许多学院——尤其是英格兰大学的学院——学习的样板。从学院来看，牛津大学刚开始走巴黎大学的路子，后来发展成为师生集体生活的独立单位，它们在大学的领导之下，有着相当大的独立性。

在大学诞生的早期，牛津、剑桥大学没有自己的校舍。它在教堂举行大的仪式，在租的房屋内上课、辩论。牛津、剑桥大学的大学生解决住宿问题的途径主要有三种：第一，从小旅馆租一个房间或从镇上居民家中租

---

① 1318年，罗马教皇约翰二十二世正式宣称剑桥为"总学"（Studium General），剑桥大学由此而"受洗"成立。"总学"指剑桥毕业生能够在基督教国家的任何地方教学。引自：陈洪捷：《何谓 Studium General》，《北京大学教育评论》，2006年第2期，第158页。

② Wills Rudy, *The Universities of Europe*：1100—1914，Associated University Press Inc.，1984，p.35.

③ Hiled De Ridder-Symoens ed.，*A History of University in Europe*，Vol.1，*Universities in the Middle Ages*，Cambridge University Press，1992，p.214.

一间卧室。这些学生被称为"爱尔兰寒士";第二,把整栋房子租下来给自己和随从住宿;第三,住在寄宿舍里。实际上,"寄宿舍成为了最常见的类型。它面向所有学生开放,除了那些非常富有和非常贫穷以及非常不喜欢交际的学生"①。一个寄宿舍就像一座私人住宅,多数是由石头建成的、带有耳房的两层楼。在房子的中间通常都有一个带壁炉的大厅(Hall),是住宿者就餐、聚会、演讲的地方(Hall 的名称即由此而来)。寄宿舍一般不进行教学,但后来也有些寄宿舍为学生提供一些简单的教学设备。13 世纪后期牛津和剑桥大学出现了第一批学院。至于哪一所是牛津最早的学院一直众说纷纭。究其原因,除了年代久远、资料匮乏以外,各研究者在学院创建标志理解上的不统一也是原因之一。如今,在牛津大学的官方网站上也只是含糊地称,大学学院、巴利奥尔学院、默顿学院是牛津大学最早的一批学院。而剑桥大学的第一所学院是彼得学院。

(一)大学学院

一般认为,1249 年是牛津创立其特有学院的一年。在此之前,可以说牛津大学是光有人,而没有自身建筑物的机构。这一年,杜伦的威廉副主教在回家途中于卢昂去世。在他的遗嘱中,他将 310 马克捐赠给牛津大学用来为十几名文学硕士支付房租或购买房屋,因此有人把 1249 年视为牛津大学学院创建的日期。但直到 1253 年,大学当局才用这笔钱中的一部分购买了第一所房子。而最后一次用这笔钱购买房屋是在 1270 年。在 1256~1263 年,学院就已经有了关于管理方面的法令。然而为了实现创建者的意愿,学院需要在更为明确的规章下管理。因而,1280 年,当学院组成委员会调查杜伦的威廉副主教所捐赠的资金使用状况时,委员会同时也被赋予了制定规章的任务。1280 年的规章规定,因为缺乏收入,学院只资助 4 名文学硕士。他们必须品学兼优,一般由校长从神学部中选出。入选的主要资格是他们乐意献身宗教事业,另外他们还没有财力顺利完成硕士阶段的学习。它还进一步规定,这 4 位成员将来进入社会

---

① Cobban, A. B., *English University Life in the Middle Ages*, UCL Press, 1999, p. 133.

时还要服从大学的任命,其中至少有1人要成为牧师。① 多数研究者把1280年规章的制定视为大学学院正式成立的标志。大学学院后来还曾自称是西撒克逊王阿尔弗雷德大帝(849—901)于872年建立的,并在1727年就这个问题在一次诉讼中胜诉,断言该学院的视察人(Vistor)是国王而非本校校长,这点后来通常被认为是虚构的。

(二)巴利奥尔学院

巴利奥尔学院的创建与两个人密切相关。他们是约翰·巴利奥尔(John of Balliol)及其妻子德沃吉拉·格罗威(Lady Dervorguilla of Galloway)。大约在13世纪60年代,约翰·巴利奥尔在牛津郊区圣玛丽莫德林教堂附近租了一座房子,作为一个寄宿舍收留了16名贫困学生,并为他们每个人提供每天8个便士的津贴。这个寄宿舍便是巴利奥尔学院的前身。这个寄宿舍位于豪斯蒙格大街(Horsemonger Street),当时被称为"Old Balliol Hall"或"Sparrow Hall"。这时的学院还称不上是一个合法的社团,它没有财产,没有印章,没有规章。1266年1月的一份王室法令显示,国王亨利三世曾命令牛津的市长和郡长向约翰·巴利奥尔拨款20英镑"以供他所收留的镇上的学生使用"。1269年以后的10年因为没有新的捐赠,学院的处境一度窘迫。这时约翰的遗孀德沃吉拉帮助学院摆脱了困境。她对学院投入了大量的金钱和精力,"把学院的学者当作值得信赖的朋友来对待"。她还帮助学院获得了一些地产。1282年,经她授意,学院代理人制定了学院的第一部规章,使巴利奥尔学院真正的管理制度得以建立。②

(三)默顿学院

默顿学院可能是同时期学院中最为著名、影响最广的一所。它的创建者——沃尔特·默顿(Walter de Merton)曾两度担任英格兰大法官。大约在13世纪中期,沃尔特在萨里为他8名年轻的亲戚购买了一些地产以支持他们在大学的学习。1264年,他为这个学院制定了第一部规章,又在牛津购置地产并称之为"House of Scholars of Merton"。根据这一

---

① Carr, W., *University College*, Routledge&Thoemmes Press, 1902, pp.13-21.
② Dabis, H. W. C., *Balliol College*, Routledge&Thoemmes Press, 1899, p.9.

规章,学院的人数被控制在 20 名。创建者的亲属享有优先权,属于温切斯特教区的学生也享有优先权。这些学生穿同样的衣服,在一起生活,每年还从院长那里领取 40 先令的津贴。这个规章使默顿成为了一个自治的、独立的世俗社团。它的成员享有共同的财产,接受共同的管理,拥有共同的学习目标并遵守共同的规章。因此,"如果一个学院意味着不仅仅是提供膳宿,1264 年建于牛津的默顿学院是牛津最早的学院。它的规章所形成的模式被后来所有牛津的学院所效仿——至少一个多世纪后的新学院建立以前是这样的"①。1274 年,默顿从皇室职位退休,全身心投入学院的建设中。他对学院规章作了最后的修改。也是在这一年,学院位于萨里的那一部分学生也迁至牛津,从而标志着默顿学院的最终建立。

(四)彼得学院

剑桥大学的第一所学院是彼得学院。剑桥当时属于伊里教区管辖,伊里主教和副主教都拥有剑桥附近和镇上的大量房地产,殷实富足。1280 年伊里主教雨果·巴尔森曾试图在圣约翰学校招收世俗学生,因遭到强烈反对而作罢。1284 年,巴尔森发现一些来自牛津的学者依然对在牛津的遭遇耿耿于怀,并且开始放荡酗酒,惹是生非,便决定在剑桥创立第一所学院——彼得学院(Peterhouse)。他在圣玛丽教堂附近建立了一个独立的学院招收世俗学生。这个学院完全以牛津的默顿学院为样板,按默顿的规章实施管理,长者督责,少者受训。学院人数限制在 14 人,而且必须已获学士学位。学院由一名教师负责管理,但重要的决定要征得院士的同意。主教通过一年一度任命负责管理的教师来控制学院,但后来的捐助者却把权力完全交给了学院的院士,院长由他们自行选出。

彼得学院成立时规模相当小,只有几间用于教师办公和学生上课的校舍。由于校舍不多,只能供教师生活和工作,因此学生全都在校外租用民房作为住所。这种局面延续了近一个世纪后,一些教师、律师和神学学者开始自己筹建或租用较大的房屋作为剑桥学生的寄宿舍。每座寄宿舍由一位教师管理,受大学生当局监督。许多学生在学院自建宿舍后仍然居住在寄宿舍里,直到 16 世纪末,本科生才开始住在学院里和教师一起

---

① Henderson,B. W.,*Merton College*,Routledge&Thoemmes Press,1899,p. 9.

生活。

牛津的学院,最初都是私人出钱修房舍,供穷学生(一般为研究生)寄宿,用以资助、保护和约束学生,至于聘任固定的老师,成为半独立的教学和科研单位,那是以后的事。大部分学生当时仍散居在市民家或者公寓里,组织松散。

到了 14 世纪,牛津大学增加了 4 所学院,它们是埃克塞特学院(1314年建)、奥里尔学院(1324 年建)、王后学院(1340 年建)和新学院(1379 年建)。1317 年到 1352 年,剑桥大学建立了 7 所学院:王家大厅学院(1317年建)、迈克尔豪斯学院(1324 年建)、大学大厅学院(1326 年建)、潘布鲁克学院(1347 年建)、贡维尔及凯斯学院(1348 年建)、圣三一大厅学院(1350 年建)、基督圣体学院(1352 年建)。15 世纪,牛津大学建立了林肯学院(1427 年建)、众灵学院(1438 年建)、莫德林学院(1458 年建)。剑桥大学建立了白金汉学院(1428 年建)、上帝之家学院(1437 年建)、英王学院(1441 年建)、王后学院(1448 年建)、圣凯瑟琳学院(1473 年建)和耶稣学院(1496 年建)6 所学院。

有的研究者认为,在牛津和剑桥"直到 14 世纪早期,是很难区分寄宿舍和学院的。事实上每一个学院在建立之初都被称为 Hall 或 House,如大学学院曾被称为 Mickel Universite Hall,巴利奥尔学院被称为 Balliol Hall"[①]。然而,这只是名称上的难以区分。实际上,学院在许多方面都体现出了与寄宿舍完全不同的特征。

首先,学院拥有自己的财产。寄宿舍是由大学当局或教师个人从镇上居民手中租借来的房屋,它主要靠学生的食宿费用运行。而学院的建筑、土地常常是捐助人买下来后永久地捐赠给学院。随着经济的发展,寄宿舍的租金会逐渐上涨而学院的资产却会因此而增值。这也是学院日后取代寄宿舍的重要原因之一。

其次,学院是自治的独立团体。寄宿舍的"舍长"一般由大学来任命并以大学的名义对其中住宿的学生进行监督管理,宿舍没有自治权。而

---

① Aston, T. H., *The History of the University of Oxford*, Vol. 1, *The Early Oxford Schools*, Clarendon Press, 1984, p. 228.

学院是独立的实体,它是按规章组合而成的,有自己的自治系统。它的院长由学院成员自己选出,并在其成员的监督下实行民主化管理。

最后,学院在创建目的上也与寄宿舍不同。大学设置寄宿舍的主要目的是为了在为多数学生提供食宿之所的同时,加强对他们日常生活的监督管理,以减少学生与居民发生冲突的机会。学院创建者的动机虽然多种多样,但归纳起来一般包含以下两个基本目的。

第一个是正式的宗教目的,即人们认为捐助学院可以使创建者本人及其家人不必再担心灵魂问题。作为捐助的受益者,学院的成员有义务成为终身的祈祷者并为创建者的灵魂得以拯救提供神学上的服务。这一目的绝非无关紧要。正如西方历史学者指出的那样:"中世纪的人可以为他的灵魂拯救做任何事情,尽管所犯的罪不见得比今天的多,但他们总是要做很多的事来弥补罪过。"①这在教权至上的年代为学院吸引了很多捐助。许多学院创建者都明确提出了他们的宗教目的,如默顿学院是"为了上帝的、神圣的教会的利益和国王、捐助者及其亲属的灵魂的健康"②而建的。而巴利奥尔学院的创建则是"为了我们的主耶稣基督和他光荣的母亲玛丽亚和所有的圣徒的荣誉"③。

创建学院的第二个目的是为了促进学习。如前所述,许多中世纪大学生入学并不是为了学习或获得学位。有人估计在英格兰可能有一半以上的"本科生"在离开大学时没有获得任何学位。④ 其余的多数人在获得学士学位后也离开了大学,能坚持在高级学部(法学、医学和神学)继续学习的人寥寥无几。学习费用是其中的主要障碍之一。创建者希望通过创建学院可以资助和鼓励更多学生投身高级学科的学习,因此,许多学院对申请院士资格的要求是,已获学士或硕士学位并打算进修一门高级学科。如大学学院 1280 年规章对 4 名院士的要求是已获得文学硕士学位并打

---

① 〔德〕汉斯—维尔纳·格茨:《欧洲中世纪生活:7—13 世纪》,王亚平译,东方出版社,2002 年版,第 75 页。

② Aston, T. H., *The History of the University of Oxford*, Vol. 1, *The Early Oxford Schools*, p. 244.

③ Ibid, p. 244.

④ Cobban, A. B., *English University Life in the Middle Ages*, p. 24.

算学习神学或教会法。

二、导师制的萌芽

很多早期世俗学院出现了资历较深的院士辅导年轻院士的行为,这是一种萌芽状态的付薪导师制。有关资料表明,付薪导师制最早出现在牛津大学的新学院。新学院由温切斯特主教(Bishop of Winchester)威廉·威克姆(William of Wykeham)于1379年创建。它无论在规模、院士数量甚至建筑等各方面都超过了所有以前的学院。学院由一名院长、70名院士、10名付薪牧师、3名付薪传教士和16名合唱团男童组成。① 到14世纪时,牛津大学共有7所学院,牛津的专门学院还没有完全建立起来,学校组织松散,来自英国不同地区,即英格兰北部、英格兰南部、苏格兰、爱尔兰和威尔士的学生之间经常发生冲突,特别是学生和市民之间的矛盾很大,时常会有械斗,不便管理。威廉·威克姆在新学院制订了详细的规程,以便约束管理学生,其中对教学管理的规定,表现出与其他6所学院的不同之处。当时这些学院的主要职能是为学生提供食宿,学生的学习方式是参加教师的讲座,之后利用各自所在学院的图书馆进行课下自学,学习方法和进度都由学生自我规划,也就是说,学生平时的学习没有人给予指导,而新学院在投入使用之初,就选拔了一些教员(Special Informafores)来监督指导16岁以上学生的学业和品行,这就是本科生导师制的雏形。② 当时的制度是从学院的基金中留出100先令作为导师的报酬。导师主要是学生在道德和经济方面的保护人。威廉·威克姆努力实施的导师制标志着制度化的导师制在牛津大学最初确立。在宗教改革时期,随着牛津大学各个学院成为以本科为主的教学机构,导师制在各学院得以普遍建立。但是,直至19世纪以前,牛津大学的导师都不被认为是学院的正式教师,而只是私人导师。此时的导师教学也只是学院正规教学的补充。导师对学生的指导不以学生的学业为主,而是涉及道德、经济等多个方面。真正具有现代意义的牛津大学导师制建立于19世纪大学

---

① Rashdall, H. & Rait, R. S., *New College*, Routledge & Thoemmes Press, 1901, p. 40.
② http://explorion.net/j.wells-charm-oxford/page-19.html.

考试制度改革之后。导师制开始成为一种以学院为依托,以本科教学为主旨,以导师个别教学为主要特征的教学制度。威克姆同时还创建了英格兰第一所公学——温切斯特公学(Winchester College),作为新学院的预备学校。温切斯特公学的学生可以直接进入新学院学习并获得院士资格。新学院的模式取代了原来的默顿式的学院传统而成为其后学院竞相模仿的对象。新学院的导师制限于本学院的院士和学者。

剑桥大学英王学院由国王亨利六世创建于1441年,它完全以牛津大学的新学院为样板。和新学院一样,它也有一个同时创办的预备学校——伊顿公学(Eton College)。它的管理也以新学院的规章为依据,伊顿公学的毕业生可直接升入英王学院,在经过三年的见习期后,他们就可以正式获得院士资格。它是剑桥大学最早实行对收费本科生进行辅导的学院,学院的院士担任指导教师,同时负责管理学生的钱财。在1476年和1477年,剑桥大学的潘布鲁克学院也采取了此种方法。牛津大学莫林德学院的1479~1480年的章程规定,招收20名贵族和富家子弟,让他们接受导师的指导。① 随后,"以英王学院和莫林德学院为榜样,大多数英格兰学院,包括早期创建的和新建的,都逐渐开始接纳本科生,到了16世纪随着寄宿舍的逐渐减少和完全消失,学院已经成为本科生的集合地"② 。此时任何愿意招收学生的院士,都有可能成为导师,院士做导师的主要原因是招收学生以赚取额外收入。导师教学是院士与被父母、监护人托付给院士的学生之间的私人关系,是学院正规教学的补充,直到19世纪大学考试制度改革之后,导师制才在牛津和剑桥大学确立起来。

中世纪巴黎大学的所有学院,主导教学的是两项基本活动:讲授和辩论。在讲授中,有普通课与特殊课之分。普通课,由教师本人在晨初解读课程中最重要的著作;特殊课,则由学士承担,时间在晨末或午后。教学方法同样是教条式的:教师在介绍课文之后,便开始阅读和解释,并在一些地方停顿,作较为深刻的解释。学生则跟随教师在自己的课本上阅读,并作标记。在引进印刷术之前,教师和学生共用一本教材或者一份提纲,

---

① Cobban, A. B., *English University Life in the Middle Ages*, p.177.
② Ibid, p.14.

教师讲授,学生抄写。讲授的目的在于使学生认识"权威",并通过权威使学生掌握所学学科的全部内容。

如果说讲授是为了系统传授知识给学生,那么辩论则是让学生掌握知识从而解决问题。在每次辩论发起之前,主持活动的教师会为所有参与者布置一个论题。如果有两个辩论主题同时进入的话,各院的院长则会亲自主持活动并定下论题的先后次序。辩论的先后顺序一般都是按照参与者的学位或社会地位的高低而定。反方和正方以此提出反对意见和答复,并以最后的观点或结论而告终。当时最为有名的辩论非唯名论与唯实论莫属。争辩围绕着个别与共相的展开,在认识论上是关于普遍概念的形成、性质和意义问题的争论;在本体论上是关于理念、精神实体和个别事物的独立存在问题的争论,本质上是思维与存在的哲学基本问题的争论。当然,并不是所有的辩题都具有哲学或实践意义。由于受到经院神学的影响,学者们也会针对一些无谓的辩题展开讨论,于是便有了诸如一个针尖上能够站几个天使、上帝能不能创造出他自己举不起来的石头等被后世所知晓的可笑命题。这些辩论往往不会产生出什么结果,但是学生和教师却乐于对此进行论证,享受着辩论本身带来的乐趣。辩论活动对于教师来说,是比文献评述更为自由地深入探讨某些问题的方法;对于学生,是实践辩证法原则的机会,也是检验其思维敏捷性和推理合理性的时机。

三、大学的特权与内部管理制度

(一)大学的特权

在 13 世纪,城镇和学袍(Town and Gown)就已经是英语中的一个特定词组。城镇,特指当地居民。而学袍,则指剑桥、牛津等大学城里的学生和教职员工。

这一时期,困扰大学的是他们与市镇居民的关系。首先,他们需要房子和院落用以起居和授课,如果租金不予优惠的话,也应该价格适中。他们还需要补给食物、燃料和蜡烛等等,希望物有所值,希望大街上没有污垢,没有妓女,希望市政当局为经校长法庭被判入狱的人在监禁方面提供合作。

1231年,亨利三世国王授予剑桥大学教学垄断权,王室规定当地居民不能在房租、食宿费方面剥削学者,于是剑桥镇上的居民以提高市场的食物、燃料和蜡烛的价格进行抗议。后来王室又授权剑桥大学能对牟取暴利者执法,并有权规定镇上面包、啤酒的法定价格;王室还规定,从1371年起一年一度的镇长及行政长官在宣誓就职仪式上必须开宗明义宣誓"大学特权神圣不可侵犯"。

在大学和市政当局之间争夺主宰权的斗争中,到1381年年底,除了取得的其他特权外,大学还和市政当局达成了一项协议:市政当局和大学代表需要每隔5年商定一次房租。此外还取得了对主要食品供应和价格以及保持街道清洁措施的控制权。校长被赋予了裁判一切涉及学者及其仆人案件的权限,但国王审理的戕害或者谋杀除外。校长还享有处以罚金、判处暂时或永久驱逐或者监禁以及在某些情况下逐出教会的权力。

(二)民族团

民族团是巴黎大学的一个重要分支机构。民族团基本上是教师和学生互助和互卫的组织。它与同一原籍学生的自然愿望相关,在同胞间组织起来,以实现接纳、帮助和友爱。但是,不是所有的大学都有民族团的划分。在巴黎大学,有地理位置相当模糊的四个民族团:法兰西民族团、诺曼民族团、庇卡底民族团和英格兰民族团(还包括中欧与北欧的学生)。① 随着牛津、剑桥大学国际性的消失,并没有出现像巴黎大学一样的民族团,仅有笼统的南、北民族团的划分。

(三)校长

到15世纪中期,大学已经在同教会、君主和市政当局之间确立了自己的地位,期间有些间断,但是直到19世纪并没有发生本质上的变化。就它的内部章程来说,大学设有校长(Chancellor),是大学的首要官员。校长在牛津大学则称为学监(Scholasticusa),因为他又以从属的方式作为主教在大学的代表。校长作为大学行会的真正首脑,在大学内部与外部具有荣誉权和特别优先权。校长的权力范围广泛:在民族团的协助下,

---

① 〔法〕雅克·韦尔热:《中世纪大学》,上海人民出版社,2007年版,第40页。

他管理大学的财政;他是大学章程的守卫者;对于大学成员,他具有民事司法权;他召集和主持大学全会;对于外部权力部门,他是大学的正式代表,有资格以其名义协商或介入司法。从13世纪20年代开始校长由讲课的教习指定,从1401年起,则由他们进行选举。任期一般限于一到两年,通常而言,校长须是神学或者法学博士。记载中显示,早在1275年或者1276年,就有了有权在校长离校的情况下行使职权的副校长(Vice Chancellor)。不过,他在大学作为行政职务之首的地位是15世纪后半期才拥有的。当时,选举一位缺席校长在法庭里维护大学的利益已经蔚然成风。在那个时候,还可以是特别的指派,不过,现在的副校长已成为每年选举一次的官员,通常任期两年。

四、13～15世纪牛津、剑桥大学的课程

有关牛津大学的早期确切历史无从考察,课程设置更是鲜为人知。从目前搜集到的资料看,拉什达尔在《中世纪大学》一书中提供的有关中世纪牛津大学的课程较为翔实,以下为其概要。

文学部

攻读文学士要求修业4年。

1268年要求学习如下课程:

(1)旧逻辑,即波菲利(Porphyry)的部分著作,亚里士多德的《范畴篇》(Categoriae)和《解释篇》(Interpretatione),吉尔伯特的《六原则》(Sex Principia)和波埃修斯的有关逻辑的著作。

(2)新逻辑,包括《前分析篇》(Priora Analytica)、《论题篇》(Topica)、《辩谬篇》(Sophistici Elenchi)和《后分析篇》(Posteriora Analytica)。

此外还包括:

(1)文法,也就是普里西安的《论词序》(De Constructionibus)和多纳土司的《论非拉丁语》(Barbarismus)。

(2)自然哲学,即亚里士多德的《物理学》、《动物志》、《论生灭》。

1409年要求学习如下课程:

多纳土司的《论非拉丁语》;波菲利(Porphyry)的部分著作;吉尔伯特

的《六原则》(Sex Principia);亚里士多德的《初步辩论》和算术等。还包括新、旧逻辑学著作。

七艺内容包括：①

文法	普里西安的大文法与小文法(1学期)。
修辞学	亚里士多德的《修辞学》(3学期)。
	或波埃修斯的《论题篇》或西塞罗的《新修辞学》或奥维德的《变形记》或维吉尔的《诗篇》。
逻辑	亚里士多德的《解释篇》(3学期)。
	或波埃修斯的《论题篇》(前3册)或亚里士多德的《前分析篇》或《论题篇》。
算术	波埃修斯(1学期)。
音乐	波埃修斯(1学期)。
几何	欧几里德的著作或阿尔森哈(2学期)或维特里奥的《透视法》。
天文学	《行星论》或托勒密的《至大论》。

三种哲学：

自然哲学	亚里士多德的《物理学》或《组织和优美》(3学期)或《论天国与人世》或《动物志》等。
道德哲学	亚里士多德的《伦理学》或《经济学》或《政治学》(3学期)。
形而上学	亚里士多德的《形而上学》(2学期)。

(注：后三者可以视为包纳在辩证法学科之中。)②

拉什达尔提供了中世纪牛津大学对专业学衔的要求,尽管没有指出明确的日期,实际上包括14世纪早期的要求。

---

① Rashdall, Hastings, *The universities of Europe in the Middle Ages*, Vol. 3, Oxford University Press, 1936, p. 155.
② Ibid, pp. 153-154.

(1)神学

准备同对方辩论:

　　文学硕士候选人,修业 4 至 5 年,大体上分《圣经》和《箴言》,因为学位的取得,要求听 3 年有关《圣经》的讲座。

　　对于其他人,学习文科 8 年;学习神学 6 至 7 年。

攻读神学士:

　　文学硕士候选人,加修 2 年,即共修 7 年。

　　对其他人加修 2 年,即共修 9 年。

　　同对方辩论,数量不定。

准备教学许可证:

　　加修 2 年。

　　讲一篇《圣经》和箴言。

　　关于圣玛丽亚的检查性讲道。

　　对未毕业的对手进行文学士学位 3 次考试的初试。

　　对每位大学评议员进行答辩。

　　晚祷曲。

　　在 15 世纪按规定附加讲道。

(2)教会法

教会法学士学位获得要求:

　　修习民法 5 年。

　　选修 2 次以上的《教令集》系列讲座,为期 2 年的教令研习经历。

教会法博士学位获得要求:

　　读 2 或 3 种特别"案例"或就 De Sinonia 或 De Consecration 或 De Paenitentia 等《教令集》中的篇章进行授课。

　　就院内所有评议员提出的问题进行辩论和回应。

　　曾面对每一位评议员进行一次讲演。

　　(在获得教学资格认证之后,尚需 2 年时间方可获得学位,其中 1 年必须从事学院的工作。)

(3) 民法

民法学士学位(B. C. L)获得要求：

对已获得文学硕士学位的申请者，修业4年。

对其他申请者，修业6年。

法学院教师与法律工作者(如"法律编写人员"与"法律咨询人员")入行要求：

拥有关于民法学的通用书籍，并就这些书籍上面涉及的知识进行为期1年的课堂教学，教学时间安排在第1年10月9号的圣丹尼斯节(St. Denys)到第2年8月1日的圣伯多禄节(St. Peter ad vincula)。

民法博士学位(D. C. L)获得要求：(没有额外的学习年限规定)

曾就《上诉制度》《新法典》以及《基本法》等有关法学知识进行授课。后面两个被提及的内容，授课时间皆需1年以上。

曾观摩过学院每一位评议员博士的课堂讲授。

曾对学院每一位法令专家的问难进行辩论和回应。

(4) 医学

对医学士：

如许可在牛津大学实习：

对文学硕士候选人，修业4年。①

通过由博士医院所进行的考试。

对其他人修业8年并考试。

准备许可证和学位：

对文学硕士候选人，修业6年(总共)。

读一种理论的书(即盖伦或希波克拉底的著作)。

读一本实践的书(希波克拉底的著作或艾萨克的《热证篇》或尼古拉斯的《消毒述要》)。

---

① Rashdall, Hastings, *The universities of Europe in the Middle Ages*, Vol. 3, Oxford University Press, 1936, pp. 156-159.

在评议员学校回答问题2年。

对其他被许可实习者,修业8年(总共)作如上的讲演。

从13世纪和15世纪牛津大学课程的基本结构和主要内容中不难发现:

(1)牛津大学有文学、法学、医学和神学四个学部。从当时文学部的课程内容来看,初期的课程几乎完全是继承古希腊罗马留下来的由文法、修辞、辩证法构成的"三艺"和由算术、几何、天文、音乐组成的"四艺",合称为"七艺"。这同巴黎大学有很大不同,巴黎大学以神学为主,摒弃属于自然科学内容的"四艺"。从整体上而言,直到15世纪,牛津大学课程设置的主导思想和内容几乎保持一致。

(2)亚里士多德的著作作为课程的中心内容,尤其是在巴黎大学为教皇所禁止的自然哲学以及法律系中的市民法在牛津大学可以不受约束地进行传授和研究。较之教皇控制严格和宗教神学色彩浓厚的巴黎大学而言,牛津大学在一定程度上能够摆脱教皇的直接控制,享受某种学术自由。

简而言之,由于牛津偏居一隅,非教皇势力直接所及,并能较早地通过阿拉伯人翻译和接受古代亚里士多德及其他自然哲学家的学说和理论,因而能够在大学中传授和研究包括自然学科在内的世俗性内容。正如安德斯·皮尔兹在《中世纪的学术世界》一书中指出的:"在神学领域牛津大学无法与巴黎大学匹敌,但是在哲学方面它却另辟蹊径,对人类思想史有重大影响。与巴黎大学相比,牛津大学更强调实际和经验性的研究。"《中世纪大学》的作者拉什代尔也认为,"牛津大学关注自然哲学的研究,与数学和天文学之间的联系较为广泛,它不同于巴黎大学,着重道德哲学和形而上学"。

然而,这只是相对于宗教神学气息浓郁的巴黎大学而言,实际上,直到16世纪上半期,英国的牛津和剑桥大学仍作为培养神职人员的机构而存在。这不仅表现在课程设置基本沿袭传统模式,而且学生在各个系中的分配比例以及毕业生的就职去向也证明了这一点。例如,在牛津和剑桥大学,在神、法、医高级系的就学人数中,近一半学生集中在教会法专业。

此外,根据英国历史学家阿斯顿(T. H. Aston)的研究,从1216年至

1499年,57%的英国主教毕业于牛津大学,10%的主教为剑桥大学的毕业生。这一时期,英国主教中的67%都是牛津和剑桥两所大学的毕业生,而且前者的比例远远高于后者。到15世纪,情况依然如此,英国主教中的72%为牛津大学的毕业生,剑桥大学的毕业生仅占19%。到中世纪末期,英国主教绝大多数为牛津大学的毕业生。

不仅如此,从1307年至1499年,在英国9所大教堂的首席祭司(Catholic Priest)中,牛津大学毕业生约占60%;其中,14世纪仅占5%左右,到15世纪竟高达约70%。

从各地修道院的院长职位来看,情况也基本如此。例如,在13世纪,牛津大学的毕业生占28%,14世纪为21%,15世纪增至25%。可见,牛津大学的毕业生除了在修道院中占的比例不到50%以外,几乎把持了英国神学界其他所有的高级职位,这说明直到16世纪牛津大学仍带有浓厚的宗教色彩。

就剑桥大学而言,从传统上说,文科课程由三科(文法、修辞和逻辑学)和四艺(算术、几何、音乐、天文学)构成。第一年学习旧逻辑,主要学习亚里士多德的《范畴论》(*Praedicamenta*)、《解释论》(*Perihermneias*)和《论题篇》(*Topica*)。其中,第一篇需要同时阅读波菲利的《范畴篇》导引》(*Isagoge*),第二篇需要同时阅读吉尔伯特的《六原则》(*Sex Principia*)和波埃修斯的《种属篇》(*Divisiones*)。第二年学习新逻辑,主要学习亚里士多德的《辩谬篇》(*Elenchi*)以及他的《前后分析篇》(*Prior and Posterior Analytics*)。第三和第四学年专心学习亚里士多德的《物理学》,同时阅读《形而上学》或者一种自然哲学著作《论生灭》、《动物志》、《天论》或《天象学》等涉及宇宙性质的文章。[①] 另外,选修亚里士多德的《伦理学》又打开了通往道德哲学的大门,但这只是某些教习愿意讲解这些著作的情况下才有可能。在早期文献中,学习修辞学似乎是想当然的课程,但现有的资料却难以发现中世纪正式学习修辞学著作的证据。我们所理解的文法学,在它由于1527年废止文法学辩论而从官方教学大纲

---

① E. Leedham-Green, *A Concise History of the University of Cambridge*, Cambridge University Press, 1996, pp. 17-18.

中消失很久以后,自然还是对那些日后需要它的人进行非正式的讲授,但像上面大纲中所提到的那样,是以思辨文法学的哲学科目为特色的。

文学硕士课程与学士课程有着相互重叠的地方:亚里士多德的《物理学》和《后分析篇》的学习与《伦理学》和《形而上学》同时进行,这些科目以外,再从"四艺"角度出发,加上欧几里德的《几何学原本》以及其他数学和天文学著作:《算术学》、《历法学》和《天体论》。①

大学早期所提到的,也只有神学和教会法这两门高级学科。直到14世纪中叶,除了在剑桥,仅在巴黎、罗马和牛津可以获得神学博士学位,因此这一学科的重要性无论怎样强调都不会过分。神学学习的主要文本自然是《圣经》及其评注,还有彼得·郎巴德和他的评注家系统辑录在《教父名言集》中的早期教父就基督教核心概念,特别是就圣礼所阐发的见解。② 法规中仅具体提到了这两本书,但各种评注繁多,不同教派所制定的各有不同,但在剑桥大学,除了在这里停留过的邓斯·司格脱(他同时被认为居于牛津、巴黎和科隆)之外,几乎无人编纂过杰出得使作者家喻户晓的评注——即便是中世纪的神学家也没有。剑桥大学的多明我会教士罗伯特·霍尔考特是一个显著的例外,他的评注,特别是有关《智训》的评注,一直到16世纪还为人们所研究。

至于文学、法学以及后来的医学等学科,教学的方式是讲座和辩论,其中一些公开进行,以满足获取学位的需要。另外,按照法规规定,高年级神学学生须用拉丁文向同辈进行指导,又须在伦敦保罗十字教堂传道。

如果说神学具有高度的道德基础,那么仅仅是各个教派的存在才使神学在数量上相对于法学而占有优势。有人曾估计过,14世纪末期,3/4的剑桥大学神学学生是正式学生——各教派的成员,而在非教士当中,法学学生以4∶1的比例超过了神学学生。到15世纪早期,神学家的总数占学术社团的总比例已经由40%下降到了15%。在法学学生中,大约是1250年"法规"里所提到的基督教或者教会法学生,超过了民法学生。然而,并没有过多少年,第一个有记载的剑桥大学民法博士学位就在1255

---

① E. Leedham-Green, *A Concise History of the University of Cambridge*, Cambridge University Press, 1996, p. 18.

② Ibid, p. 18.

年颁发给了西蒙·阿西勒斯(Simon Ascels),他原来是牛津学生。就教会法的学生而言,重要的文本有时指定为《教会法典大全》(*Corpus Juris Canonici*),但《大全》的内容在不断变化。最初,在学习 12 世纪格拉蒂安(Gratian)编写的《教令集》(*Decretum*)基础上设置的教学大纲,不得不相继采用格列高利九世的《教令集》或《教令集外编》(*Decretals or Liber Extra*,1234)、卜尼法八世的《教令集第六编》和约翰二十二世的《克雷芒书》。这些文本和它们的评注到 1535 年正式取消前一直是课程的核心部分。①

在中世纪,高级学科中最小的学科是医学学科,其实在那之后很久,情形仍然是这样:1500 年前,只有 50 名毕业生,为数甚少,无法进行系统的教学,尤其是 1462 年和 1500 年免除医学毕业生的校务委员会职务以后。按照日常规定,医学毕业生可以不参加规定的讲座。人们认为,虽然大学讲授的亚里士多德自然哲学、形而上学和天文学与一个教学医生的知识结构都是紧密相连的,但是实际上的内科和外科知识实际是从其他地方(医学院)获得的。

五、学位与学生

从起源上讲,学位属于行会性质。在大学内部,通过授予学位保证其持有者的能力,同时对教学加以认可。学生研究学问及受教育 3～7 年之后,即经一种考试,验证其辩论及讲解的能力。如果及格,即授予"硕士"(Master)、"博士"(Doctor)或"教授"(Professor)的学位。取得这种学位,就是表示候补者已经经过了"学徒"和"满期学徒"各时期,且已经呈现其"杰作"了,这种情形,和在一切行会及其他各种中世纪的制度组织里面并无分别。中世纪时期牛津、剑桥大学作为"总学",享受到给予巴黎大学的特权,所以以巴黎大学为例说明牛津、剑桥大学的学位制度最合适。

从起源上讲,最久远的学位便是教学许可证。经过考察,候选人达到学校的条件之后,试讲一次课程,教师组成的评审委员会听课并要求候选

---

① E. Leedham-Green, *A Concise History of the University of Cambridge*, Cambridge University Press, 1996, p. 19.

人回答问题。如果评审委员会认为合格,便向校长提出建议,校长直接授予候选人证书。巴黎大学、博洛尼亚大学和牛津大学的硕士和博士,早就被认为有到任何地方任教的资格,不用再参加考试。其他大学逐步接受了这些"大学之母"所建立起来的传统。把授予通行的教学证书,作为大学的必要条件,1292年罗马教皇的训令,正式授予巴黎大学此种特权。

我们希望鼓励巴黎城内知识界的学生为获得硕士学位而努力,不论他们来自什么地方,都可以在他们获得学位的系科担任教学——根据这一文件的精神,我们命令在上述城内的任何学生,在教皇的指引下,通过具有授予各系科讲授权的人们,按照一向奉行的惯例进行考试并得到批准,可获得从事神学、民法、医学和文学等系科教学的许可证。——并且今后在上述城市以外的其他地方,享有教学权而不经考试和检查,不论是公立和私立或关于教学和讲学的任何其他新规定,即使有与此相反的管理或规定,他将不受任何人阻拦,不论他是否愿在有关系科讲学,总是把他作为博士看待。①

大学是从修道院学校演变而来的,教学许可证的发放当然来自主教或他的代理人。在修道院学校是学监(Scholasticusa),在大学,这个职位演变为校长(Chancellor),欧洲很多国家现在仍然沿用这个名称而不用President。在教皇格雷戈里九世的1231年训令中,巴黎大学校长接到了下列的指示。

未来的大学校长必须宣誓,除了能够给许可证带来荣誉的道德高尚的人士以外,不得接受任何人作神学或教会法的教授。要拒绝一切不称职的人,不管是谁或是哪个民族的人。在授予许可证以前,校长可以从申请许可证的日子起3个月内,询问神学教授或其他重要教学人员,以充分了解申请者的生活和仪表、知识、能力、是否热爱学习、发展前途以及渴望教学者所需要的其他品质。在这些调查完结之后,他必须凭借自己的道德心决定授予或拒发许可证。②

---

① 〔美〕克伯雷选编:《外国教育史料》,任宝祥、任钟印主译,华中师范大学出版社,1991年版,第181-182页。
② 同上书,第181页。

拉什达尔复制了一份大学教学证书,时间是1710年,但他认为同中世纪使用的样式类似,将其和现在的博士证书比较,两者之间有引人注意的相似。内容如下:

因为你已向我提出了民法和教会法的考试,并取得最著名、最优秀的神学博士、(提升者的提名人)、尊贵的爵士、有王权的伯爵和著名的博士符合惯例的同意,因为你已经受了艰苦而严格的考试,在考试中表现得学识丰富、才能出众,使最知名、最优秀的提升者全无异议——我重复一遍,全无异议——这就证明你配得上这种荣誉,因此我以副主教和老校长的权威宣布授予你以N. N.(即前述学科的博士)的学衔,给你们以讲学、升任讲座、编写文汇、注释、充当辩护者以及执行博士职能等各种权利,在这里和在全世界各地都一样;此外,还可以享受在培养你的学校中幸福的人们通常所使用和享受的一切权利。

我相信这一切将会使你的声望和学校的声誉不断得到提高。颂赞和荣耀属于全能的上帝和永享福祉的圣母玛丽亚。①

之后,出现了只属于大学并在大学内部标志等级的学位,并与其他行业的职位类似。在巴黎大学的艺术学院,学士文凭经常需要经过两个阶段的学习。当候选人在回答一位博士的提问,并被认定掌握其课程的基本文献之后,要在四位教师组成的答辩委员会前,表现其所具备的理论能力并能够独自开课。

《欧洲大学史》中将当时的大学生分为了五种类型。第一类,普通学生(Scholaris Simplex)。他们大多是些14~16岁的年轻人,多数来自中产阶级家庭,拥有基本的文法基础知识。他们并不想努力学习以获得高级学部的博士学位。他们不参加考试也没有学位,在大学的学习时间平均不超过1年零8个月。第二类,学士学生(the Baccalarius)。他们也出现在文学部,在年龄、学习经历和社会背景上与第一类差别不大,只是贫困生的比例升高了。在学术上,他们中2/3的人的唯一目标就是获得学士学位,这通常需要两年到两年半的时间。他们的年龄大概在16~19

---

① 〔美〕克伯雷选编:《外国教育史料》,任宝祥,任钟印主译,华中师范大学出版社,1991年版,第182页。

岁,在14世纪中叶到16世纪之间占大学总人数的20%～40%。第三类,教师学生(Master Student)。他们也出现在文学部。一般在获得学士学位后,他们又经过两到三年更深入的学习,然后获得文学硕士学位,这时他们的年龄在19～21岁之间。一般在获得硕士学位后,他们有义务在文学部任教2年,他们通常一边教学一边在更高级的学部——神、法、医中选一科继续学习。这种教师学生在学习巴黎模式的大学中尤为多见。虽然他们的人数因时因地而有所不同,但平均大概占大学在校者的10%～20%。第四类,贵族学生(Student of Rank)。与前三类有根本区别的是,他们在入学之前就不是普通人物,或者出身贵族,或者家财万贯,或者是教会权贵,因此,他们在大学享有地位上的优势。他们不需要像教师学生那样通过在大学获得学位来提高社会地位。一般他们年龄稍大、更为成熟,多数人选择学习法律。这类学生在学习博洛尼亚模式的大学中较为常见。第五类,专家学生(Specialist Student)。这类学生愿意完成全部学业以获得学位。在获得硕士学位后,他们会继续学习,直到获得一个资格证明,同时获得执教权。如果他们想要,还可以获得博士学位,这时他们通常已经20多岁或30多岁了。凭借资格证明和博士学位带来的荣誉和声望,他们可以轻易地在市政府、法庭或像多数人那样在教堂谋得公职。这类学生在大学在校者中占极少数,而且多数出身社会的上层阶级,对穷学生来说没有社会或教会的资助不可能达到这个水平。在所谓的"老年欧洲"①的古典大学,特别是在巴黎和牛津、剑桥大学的神学部中这类学生尤为常见。

这当然是一种理想化的划分,事实上中世纪大学生的类型常因时因校而异。但这种划分也确实能让我们了解当时不同大学生群体的学习动机和目标。

在中世纪的牛津和剑桥大学,第一类学生占了多数。他们多是一些小绅士、商人、工匠、各级政府雇员、哲学家、乡村官吏等的儿子们,还有一些富裕的农民和自耕农、教士的侄子和私生子等等。他们中的很多人进

---

① "老年欧洲"主要指以下地区:意大利、法国南部和西班牙北部一部分地区、法国北部莱茵河以西地区和英格兰。这些地区的居民有很多是古罗马帝国的后裔,古罗马的一些文化传统对这些地区有较大影响。可参阅《欧洲大学史》第一卷《中世纪大学》第八章相关内容。

入大学并不是为了学习,而是为了城市的繁华生活或大学生的特权。真正为了获得博士学位而投身学术的第五类学生是极少数。然而,政府和教会却需要一批在神学、医学、法学学科有较深造诣的学者。于是鼓励和资助学生从事高级学科的学习和研究成为了必要,而这一点正是最初学院创建者的主要目的之一。

15世纪,低年级的学生开始能住在学院里,自付食宿费,被称为自费生(Pensioners)。他们也被称为大学肄业生(Undergraduates),这个词的原意是"未取得学位的学生",因为他们要受已取得学位学生的辅导。学生必须在到达大学后15天内在学院院长的名单上注册在案,才能在学院宿舍里住宿。自从1499年起,学完第一阶段课程的毕业生名单都在每年四旬节①的第一天,即所谓的圣灰星期三(Ash Wednesday)这个宗教日期公布。

第二节 文艺复兴与宗教改革时期的牛津与剑桥大学

一、学院制的确立

16世纪,牛津陆续建立了6所新的学院,分别是布雷齐诺斯学院(1509)、基督圣体学院(1517)、基督教堂学院(1525)、圣约翰学院(1555)、三位一体学院(1555)、耶稣学院(1571)。剑桥大学创建了以下6所学院:基督学院(1505)、圣约翰学院(1511)、马德林学院(1542)、圣三一学院(1546)、伊曼纽尔学院(1584)和西特尼·苏萨斯学院(1596)。

在16世纪中叶以前,学院已在大学生活中起决定性作用。他们从学院成员中自行推选出一年一任的学监。学院院长同大学副校长及高级博士都是被称为首脑机关(Caput)的评议会的成员。大学负责安排教学和颁授学位,学院则负责提供学生食宿和个别教导。一直到16世纪末期,

---

① 复活节前的一段准备时期,是基督徒为了纪念耶稣的一个节日。天主教会将其称为四旬期,即大斋期,也称预苦期。

在剑桥大学的《伊丽莎白章程》颁布以前，两校的校规一直没有正式承认这一点。1570年颁布的《伊丽莎白章程》十分明显地体现了校长塞西尔和三一学院院长约翰·维吉福特的主张。它的基本宗旨在于限制宗教纷争、维护王权至上。《章程》对大学的管理、教学、学位的颁发、学生的住宿甚至连学生的服装都做出了详细的规定。这一《章程》在法律上确认了副校长和各个学院院长对大学日常事务的管理权。《章程》给予他们对此《章程》的唯一解释权。在大多数大学职位上他们都具有发言权。而大学管理机构评议会（Caput）成员的提名权给了副校长和两名学监，由他们每人提名5位。但此时具有选举权的除了任课教师之外还包括各学院院长、所有的博士、学监和两名来自非任课教师议会的监督者。在此之前，副校长是由任课教师自由选就，从1570年起，非任课教师也可参加投票，但被选举者被限定在由各学院院长提名的两名候选人之中。《章程》还规定，各学院的院士不能结婚，只能和学生住在一起过单身生活。这一规定一直实行到1861年，在不少学院里甚至还要更晚才被废除。①

1636年，牛津大学在劳德大主教担任校长期间将纷杂繁乱的规章制度修订后整理成一部校规，这就是著名的《劳德规约》。这部规约得到了王室的认可。和剑桥大学的章程一样，这部规约几乎涉及了大学日常生活的所有细节。在大学内部管理上，它做出了和剑桥大学类似的规定，只是在用语上略有不同，如管理大学日常事务的机构在牛津被称为校务委员会（Hebdomadal Board），而在剑桥大学则称为评议会（Caput Senatus）；全校教职员大会在牛津被称为"Convocation"而在剑桥大学则被称为"Council of the Senate"等等。在校长的任职期限上两校也略有不同。虽然两校都规定全校教职员大会是最高权力机构，但实际上真正掌握实权的是副校长、学监和各学院院长组成的校务委员会。中世纪的民主管理传统至此变成了学院院长的寡头统治。这两个校规一直实施到19世纪中期（1864年），期间没有大的变化。

《伊丽莎白章程》和《劳德规约》以法令的形式正式确认了学院在大学中的地位，它们的颁布标志着牛津、剑桥大学学院制的最终确立。牛津大

---

① E. Leedham-Green, *A Concise History of the University of Cambridge*, pp. 57-59.

学众灵学院院士、伯明翰大学校长罗伯特爵士指出："十七世纪末,英国大学发展和巩固的创造和形成时期已经结束。事实上,连伊丽莎白时期制定的《伊丽莎白章程》和1636年劳德制定的《劳德规约》已经确立了两校规程的纲要,这些规程继续实施到19世纪50年代牛津和剑桥两校皇家委员会的设置,没有重大修改。"①

牛津和剑桥大学实行学院制。学院属于大学,但是不由大学管理,而是独立自治的团体法人,由院长及院士共同管理;各学院有自己的领导机构和章程。学院的章程服从大学章程的有关规定。学院按自己的章程行事,不得随意改动章程。各学院都是独立的单位,有自己的财产及收入,有自己的规章、房地产,自己负责建筑维修。学院招收自己的学生,选举自己的院士。学院领导由全体(或部分)院士组成,选出一位院长。院士们分别担任导师、讲师或行政管理人员。高级院士(Don)的发言权很大,这个名称来自拉丁语的主宰(Dominus)一词。学院靠王室贵族这些有钱人捐赠的财富以及土地提供收入。土地收入是学院兴旺的一个重要因素。由于管理妥善和地价提高,有的学院能买下更多的土地。当时连小的学院也都由专设的总务长(Bursar)来兼管房地产。相比之下,大学则很少有独立的财源,比较拮据。

16世纪晚期、17世纪前期确立的学院制给予了学院凌驾于大学之上的地位,教学完全为学院所掌握,大学只保留了授予学位的权力。学院的各自为政和学院院长权力的过分集中为大学随后的发展带来了一些不利影响,特别是在教学方面。由于缺乏统一的教学管理和监督,各学院的教学纪律松弛、水平参差不齐。学院教学效率的低下加上其他一些原因,使17、18世纪的牛津和剑桥大学发展缓慢并受到多方诟病。尤其是工业革命过大学之门而不入更让这两所古老大学在英国科学发展史上颜面无存。19世纪中期在多方人士的呼吁和政府的干预下,牛津、剑桥对学院制进行了一些改革。虽然此后两校又历经多次改革,但是学院制管理的基本模式没有改变并一直沿袭了下来。

---

① 王承绪:《英国教育》,吉林教育出版社,2000年版,第236页。

二、导师制的发展

在16世纪,学院已发展成为独立的教学机构,尽管所有学院的学生都必须听讲大学的公共讲演。一个毋庸置疑的事实是,由于在伊丽莎白统治时期英国大学转变成为建立在学院单位基础上的自治机构,所以学院教学日益兴起之时,大学教学制已经黯然失色了。

大学负责聘请教授、高级讲师、讲师,安排讲课、研讨会、实验等教学活动以及聘用与之有关的教学人员和行政人员。大学所有的讲课、图书馆、实验室、考试和学位对任何学院的学生开放。大学负责考试和颁授学位。学院负责挑选、招收本科生并安排他们的食宿,学生必须先经学院接纳后,才能成为剑桥大学的学生。学院安排专人对学生进行辅导。大学的教学比较正规,学院的辅导较为自由。学院对大学的义务是按照学院的财富比例上交一部分以及在学院内为大学教授等高级教学人员保留一定的院士名额。大学与学院最重要的联系是教授、讲师等高级教学人员都分别在各学院担任院士,而各学院里的高级院士和院士也有不少人兼任大学里的教学或行政职务。

导师是学院制的核心。每个本科生进入学院后,学院从院士中指定一名导师和一名学习指导员。导师照料本科生的福利及纪律,指导他成长,对他的发展前途提供参考意见。学习指导员则对本科生的学术进展负责,还为本科生指定其所学课程的辅导教师,对其进行辅导。在整个学习过程中,本科生常有几名辅导教师,每个辅导教师专管某些特定课程。每学期终了,辅导教师将每个学生的进展情况向其导师报告。[1]

研究生的教学、研究条件由大学的系和学部负责。学位委员会为研究生指定辅导教师,由于研究生主要靠自己研究和参加大学的听课及研讨会,文科研究生与辅导教师一学期往往只相聚两三次。理科研究生因每天要在系或学部内做实验,与辅导教师接触较多。各学院只需关心研究生食宿等社会福利。

学院制使学生有不同的接触面。学生在大学讲堂和系里接触到其他

---

[1] 梁丽娟:《剑桥大学》,湖南教育出版社,1990年版,第80页。

学院的学生，可以进行学术交流。但学生绝大部分时间生活在学院，与不同学科和背景的人朝夕相处，这也可以扩大视野，活跃思想。学院里人数不多，容易互相结识，又有导师关切学生成长，这有助于培养学生对学院的社会责任感和忠诚度。

三、课程内容的世俗化

在欧洲大陆，文艺复兴从14世纪起已在意大利开始了，但是英格兰的文艺复兴在时间上比大陆国稍微晚一些，它几乎是和宗教改革同时进行的。自15世纪下半叶，文艺复兴开始逐渐地对英国大学的课程产生影响。在大学也产生了一批著名的人文主义学者，如伊拉斯谟、费希尔和托马斯·莫尔等。费希尔作了不少努力使剑桥大学成为英国文艺复兴时期的学习中心，并使剑桥大学在英国的教会改革中起了重要作用。由于他的努力，剑桥在16世纪初期成为英国最有影响的城镇。费希尔在1502年设立了玛格丽特夫人神学教授席位，亲自担任第一位教授。他还力排众议，争取荷兰人文主义者伊拉斯谟于1510年到1513年来王后学院担任玛格丽特夫人教授席位讲授希腊文。这个时期的学生在学习古典3门基础学科和4门自然学科的同时，还要学3门哲学（道德、形而上学和自然哲学），学2门学者语言（希腊语和希伯来语）。这个时期进行的这种半神学半哲学的探讨导致了16世纪的宗教改革和寺院解散。

文艺复兴给两所大学带来了人文主义，大学和学院的教学也相应地增加了人文主义内容。1540年，亨利八世在牛津和剑桥大学设立钦定教授席位来讲授神学、民法、医学、希伯来文和希腊文。剑桥大学新建的圣约翰学院和三一学院也把以人文主义精神为宗旨的"新知识"作为课程的核心。从此剑桥大学的教学和研究重点从宗教和神学转为希腊和拉丁经典、圣经和数学。可见，文艺复兴对大学的影响主要是在课程方面。人文主义对牛津、剑桥"绅士教育"理念的形成有一些影响，但对学院制的发展没有明显影响。

到意大利学习的英国人以及一些外国学者，如从意大利回到剑桥的甘索普（John Gunthorp）和意大利学者罗伦佐·特拉威尔撒尼（Lorenzo Traversagni），他们把希腊新学和人文主义思想带到了英国。1472～1482

年,意大利圣方济会的罗伦佐·特拉威尔撒尼在剑桥讲学,讨论被认为是西塞罗的著作《论修辞》和亚里士多德的《伦理学》;1478年,特拉威尔撒尼的学术著作《新修辞学》(Nova Rhetorica)由卡克斯顿出版印行。① 剑桥大学对于文学和文学风格的兴趣,在1488年赢得了很大支持,足以对文学硕士的要求做出实质性改变:从逻辑学那里拨出前两年,分配给文学艺术,把逻辑推迟到第三年,哲学推迟到第四年。同时,对文学硕士的课程重新做了调整,严格按照四艺的要求,除亚里士多德外,还在第一年加入算术和音乐学,第二年加入几何学和透视法,第三年加入天文学。②

文学学士课程于1495年再一次重新拟定,用单一作家特仑斯(Terence)的作品代替了1488年规定的那些笼统的人文主义书籍。特仑斯的喜剧被认为是拉丁文风格的典范,被认为是"一座真正的文法学特征的宝库"。几个世纪以来,特仑斯的作品作为教材受到广泛欢迎。

中世纪的学生学习亚里士多德论逻辑的核心著作是通过合称"工具论"的课程达到目的的。他们不一定非要接触或者经常接触原文。这一时期,由于印刷术的引进,使得人手一本书成为可能而不再只依靠教师的口头讲授,学生可以自己阅读学习,这一点在当时具有里程碑式的意义。

亨利八世1535年关于文学艺术教学大纲的"改革训喻"规定,必修课作者为亚里士多德、鲁道夫·阿格里科拉、米郎施东和特拉比松的乔治等人,禁止学习斯哥图斯、伯雷、特罗姆贝塔、布里克特和布鲁里费里乌斯等人的著作,认为他们的著作是经院辨证学者"琐屑问题和晦涩注释"的范例,是使自己研究根本不存在的问题。③ 从更加积极的方面说,训喻给所有学院都增加了一项义务:每日举办两场希腊文和拉丁文公开讲座。④ 这是一项还没有做出这种安排的那些学院所广泛接受的义务。同年晚些时候,镇压修道院的祸首托马斯·李受克伦威尔的委托到剑桥大学巡视,他得到的训喻是要求举办希腊文和希伯来文公开讲座。学院的捐助自然是资助希腊文讲座的延续,希伯来文讲座者从1535年到1539年则要通

---

① E. Leedham-Green, *A Concise History of the University of Cambridge*, p. 30.
② Ibid, p. 31.
③ Ibid, p. 36.
④ Ibid, p. 37.

过取消数学讲座得到经费。

高级学科的学习，也是由 1535 年的训喻做出调整的，人尽皆知的是禁止了教会法学科的开办。教会法的论辩和学位的颁发也因此陷于停顿。在神学学科，训喻又规定：无论公开的还是内部的讲座，都应该"根据其真实意义，而不是按照斯哥图斯的方式等"来讲述《圣经》，对《教父名言集》以及对其评注的研读，也予以正式禁止。① 这一工作并不完全行之有效。这样摧毁了当时最大的研究生水平的学科。当时英格兰大学面临的严重问题是：大学能做什么？习惯法由伦敦的律师公会教授，牛津和剑桥大学的医学也已成了陈旧的理论科目，研究它的只有少数威望甚高却毫无实际意义的医学团体，而绝大多数看病治疗则由学徒出身的外科医生和药剂师来进行。留给大学的只有"七艺"和神学系，培养的只是少数为国家控制的、规模甚小的教会服务的教士，他们大多不能在世俗政府中任职。② 在此背景下，答案只能是改变这两所大学的整个社会特性和理智特性，让它们在培养教区僧侣的同时培养一种新的世俗对象。"1530 年至 1570 年间的某段时间，绅士阶层子弟开始大量进入牛津、剑桥。大学不再仅仅是教会的教育机关。他们开始至少是部分地适应世俗统治阶级对教育的需要。"③此时的大学不得不迎合两大本科生群体的需要：一部分是绅士和贵族子弟，另一部分是有志于英国教会职业生涯的平民子弟。

为了继续亨利八世的改革工作，1549 年，爱德华六世的巡视官建议进一步调整文学课程，一方面为讲座制定了方向，另一方面也为学生做出了规定。哲学讲座者需要在亚里士多德的阅读书目中补充普林尼和柏拉图的某些著作。而普林尼的著作又在宇宙学领域内再补充以鲍姆珀尼乌斯·米拉、斯塔勃和托勒密的著述，在算术领域内的汤斯陶尔和卡尔丹、几何学领域的欧几里德和天文学领域的托勒密等人的著述则被推荐给数学讲座者。数学必须作为本科生的第一门功课，用来补充文学课程。攻读神学学士的学生，必须研读使徒书。攻读博士学位的学生，必须研读

---

① E. Leedham-Green, *A Concise History of the University of Cambridge*, p. 38.
② 伯顿·R·克拉克：《高等教育新论——多学科的研究》，王承绪等译，浙江教育出版社，第 29～30 页。
③ 同上书，第 30 页。

《旧约》和《新约》全本经文。① 为了增加学识渊博的神职职位，还设置了通往神学学士的途径，包括三年的文学艺术学习和四年的神学学习，这样就避开了文学硕士学位；而在大学讲堂里，在必要的作业之外增加了英语布道。

1551年，玛丽女王的巡视官又一次致力于调整文学教学大纲，指示哲学讲座者讲授亚里士多德的《问题集》、《伦理学》和《政治学》等书。亚里士多德讲座使用希腊文进行——这一要求在1560年增加了一项切实可行的附加条款："尽可能使用希腊文。"因此，对于天主教教义的回归，并没有以基础课程的巨大改变为标志，出于同样原因，伊丽莎白登基时，也没有对教学大纲做出什么改变。

上述举措虽然在一定程度上增强了大学教学的活力，学院却仍然是承担本科教学的主体。

1570年的大学章程中，巡视官并没有对文学艺术教学大纲提出重要改动，只是俯就地把昆体良、霍莫基恩斯的著作和西塞罗的演讲作为修辞学的适宜教材进行推荐。钦定希腊文讲座教授巴索洛缪·多丁顿曾经讲述过霍莫基恩斯，从大学图书馆里藏有他编辑的注释本就可以清楚地说明这一点。另外一方面，至少从16世纪初始，昆体良和西塞罗的著作就一直沿用下来。这里，说到早期有关课程的法规条例，我们可以看出在解释这些条例时是多么小心翼翼。在很多时候，这些条例只是编辑整理现存的实际做法，它们只标志所走过的历程，而没有标志具体的过程；每当试图做出重大变动时，这种变动往往语焉不详。对事实上构成文学艺术课程主要骨干的许多作者——例如瓦拉和伊拉斯谟以及后来的赛顿和拉莫斯等人，其著作就从来没有提及。1570年法规的效力，除了为数甚少的间断之外，一直延续到19世纪中期。

概括地说，在15世纪后半叶和16世纪末期课程设置变化的标志，就本科生而言，是文学艺术脱离形式逻辑和形态文法学而趋向于文学，对文学学士生来说，是摆脱高级逻辑与亚里士多德的自然和伦理哲学而趋向于更宽泛的自然和伦理哲学。就本科生特别是就文学学士生而言，对于

---

① E. Leedham-Green, *A Concise History of the University of Cambridge*, p. 37.

其阅读的控制权,实际上是由学院指导教师行使的。① 这些指导教师将通过租借或者出售的方式为学生获取必须研读的教材视为己任。而学生也或多或少地受到了这些教材的影响。例如,他们就受到过对待知识的拉莫斯式方式的影响。这种方式威胁了传统的亚里士多德主义,从而震撼了16世纪中期的巴黎大学。

与此同时,由于对希腊文以及在某种程度上对希伯来文的日益熟知,巩固了神学的基础,使神学越来越忽视烦琐哲学家,同时又越来越关注《圣经》经文本身,关注那些西英格兰以及越来越多的东英格兰教父的评注。16世纪中期的争议中,人们就经常引用这些评注。在医学学科,除加伦和希波克拉底更为出色的新著作之外,又增加了各式各样的大陆著作,其中不排除帕拉塞尔苏斯以及他那一学派的著述。在法学学科,无论是民法还是教会法,占据主导地位的仍然是继续意大利学派。

16世纪下半期,托马斯·克伦威尔的改革促使英国大学的课程发生了较大转变。这次改革的结果首先是禁止在大学中教授教会法和颁发相应的学位;其次,设置皇家教授职位,即大学中教授职位的设置均需国王批准。1546年,亨利八世在牛津和剑桥大学设立了5个钦定教授席位:神学、希伯来语、希腊语、民法(罗马法)和医学。从此,大学不再只是教会的附属机构,开始在一定程度上受制于世俗的统治阶层。诚然,大学继续为社会培养和输送神职人员,但是由于课程的改变,这些神职人员无法在大学学习教会法并获取相应的学位。由于强大的世俗力量,这些神职人员已开始趋于世俗化。总体而言,其社会地位和经济收入仍优于其他行业,但是他们不可能像过去那样完全垄断社会的各个方面。此外,更重要的是,一种旨在通过大学教育培养绅士阶层,而不是某种特殊的世俗行业或职业人士的观念正悄然兴起。昔日传统大学那种为社会培养神职人员、法官或律师以及医生等鲜明的专业或职业性质开始逐渐为造就社会的某种阶层所取代,即从16世纪开始,英国的大学教育课程不仅没有分化为更多、更细的专业或学科领域为社会或国家培养各种规格的专门人才,却反其道而行之,除了保留牧师的相关课程之外,大学教育的世俗色

---

① E. Leedham-Green, *A Concise History of the University of Cambridge*, p. 38.

彩愈发浓郁,古典人文教育成为课程的核心内容。两所古老的大学试图通过古代语言、历史及文学等方面的教育,提倡和追求人格的完善,以期达到造就绅士阶层的目的。正如英国教育社会学家劳伦斯·斯通所言:"这是英国历史上具有举足轻重意义的运动之一。通过这场运动,有产阶级利用并开发了国家高等教育资源。借助于此,他们促使自己适应在近代国家的新环境中成为统治者,并且还将受牧师垄断的知识转变为自己的财富。"①换言之,大学成为改造社会,以世俗取代宗教的工具和机构。至于大学的课程变化,科提斯教授还指出:"原先为宗教神学作预备开设的哲学(arts)课程也开始世俗化,并以研究和追求学问本身为目的。"②总而言之,从 16 世纪末期开始,英国大学的理念和课程均发生了变化,培养牧师和绅士成为大学教育的主要目标。

四、内部管理制度的调整

在爱德华六世时期,伊里大教堂主教托马斯·古德里奇(Thomas Goodrich)、托马斯·史密斯博士(Sir Thomas Smith)、托马斯·温迪博士(Dr. Thomas Wendy)等人进行了新一轮的巡视。这些人士带来了一套新的法规。关于学校宪章问题,他们重申:校长由剑桥摄政院硕士教师和非剑桥摄政院硕士教师在公开监督下选举产生。学生的生活更为朴素节制:在学校里传授击剑和在酒馆里掷骰子均被禁止;与圣诞节庆司仪类似的圣诞节庆监督的活动,也不再进行。虽然其他活动被禁止,但还是允许玩牌。指导教师对自己管辖学生的德行责任,也予以明确承认。③

1506 年,也许是出于需要经常为同市政当局争辩提供支持的压力,大学设立了教务处主任一职,并委派身为持杖官的罗伯特·霍比斯担任。

在玛丽女王期间,剑桥大学制定了一套新的法规,对副校长出任院长,所有学科博士和神学学士,以及对讲座出任副校长和院长提名等事宜,进行了特别的限制。委员会的成员资格,应在当年末至次年末予以确

---

① L. Stone, *The Education Revolution*; *Past and Present*, 1964, p. 41.
② M. Curtis, *Oxford and Cambridge in Transition*, Oxford,1959, p. 123.
③ E. Leedham-Green, *A Concise History of the University of Cambridge*, p. 51.

认,除非遇到特殊情况才能在每年的4次集会上投票通过。

1570年法规通过把摄政院职务的期限延长到5年,确实增加了剑桥摄政院硕士教师的数目和平均年龄。但是,这已经同举办讲座没有了关系,而且副校长和院长实际上早就在一直膨胀的权力,那时也从法规上得到了承认,赋予了他们解释法规的权力以及在大部分大学任命中的发言权。委员会成员的任命权则授予副校长和学监,他们每人任命五席成员,不过如今的选举团体并不是由剑桥摄政院硕士教师组成,而是由院长、所有的研修、学监和两名非剑桥摄政院观察员组成。到那时为止,副校长一直是由剑桥摄政院会员自由选举的;从1570年起,非剑桥摄政院教师也获得了投票权,由院长指派的候选人限制为两名。

五、专才培养到绅士培养的转变

由于英国封建制度已经基本确立,国家机构逐步完善,需要配备一定数量训练有素的官吏;教会势力日渐增长,需要更多通晓教义、能说会道的神职人员去扩大它的影响;日益复杂的法律诉讼需要懂得法理和能言善辩的律师、法官;治疗疾病、维护健康需要精通医术的医生,这些不但促使中世纪大学产生,也影响了大学的办学方向和职能。中世纪建立的牛津和剑桥大学明显地认为设立大学是为了给教会和政府培养服务人员,即培养牧师、官吏、法官和医生。这样,大学的职能就基本上是培养人才。到克伦威尔改革之后,大学开始由培养神职人员转向培养有教养的绅士,但这并没有影响大学职能的改变。

绅士在文化价值取向上追求"绅士风度"。英国人所追求的绅士风度是在贵族精神的传统上融合各个阶层的文化价值观念的基础上形成的。绅士风度既保留了贵族精神的某些内容,如追求高雅的生活情趣,向往平心静气的经济生活,重视人的内涵和文明举止,重视文学、艺术、哲学、诗歌等对人的陶冶,重视理性和理智,相对看低体力和技艺活动,强调主人翁精神和责任意识等等;同时,它又融合了中产阶级的价值追求,特别是公平而合理的竞争观念,坚忍不拔、勇往直前的气概,自我奋斗、自我塑造的精神等。总之,它既有进取性,又有较大的保守性。

1500年到1600年间,本科生学生人数和社会背景都发生了变化。

学生人数的波动,至少部分是对宗教变化趋向的反映,部分是包括汗热病在内的黑死病所造成的结果。从1544年起,除了1560年到1562年以外,都编制了录取登记表。登记表记载了从两种瘟疫威胁肆虐的1557年的59名报考者,到比前一年的239名急剧上升为1578年的527名,接着又是或多或少逐渐下降为1589年的300名。

为了在录取和毕业时收取费用,大学把学生分为三类:贵族生(Noblemen)、自费生(Pensioners)和减费生(Sizars)。贵族生支付高额学费,但可以不经或仅经徒有虚名的考试手续就获得学位。自费生和减费生,除了学费差别以外,在大学里地位一律平等。通常来说,在各个学院里,贵族生和其他阔绰的学生的地位不久即可以享有与研究员拥有的相同的权利,成为可以在研究员餐桌上或公共食堂进餐的学生,日后以他们所穿的精致袍冠而与众不同。自费生就是向学院交纳食宿费的学生。减费生则是由于经济拮据,或多或少干些粗活以维持生计的学生,诸如端饭送菜、打扫庭院以及后来的图书馆帮工等等。

各个学院的规模大不相同,可以说,从1564年的圣凯瑟琳学院21名研究员和学生,到三一学院306名不等,在这一个世纪里,大多数学院,都见证了来自有产阶级学生的增加,虽然人数仍然相当可观,但他们当中少有有志成为神职人员的学生。

第三节　17～18世纪的牛津与剑桥大学

一、宗教测试的加强

为了尊奉"国教",1613年,詹姆斯一世责成牛津与剑桥大学以署名同意"君权至上法案"的形式,将宗教考试加之于攻读任何学科博士和神学学士学生的身上,加上《公祷书》的使用以及1563年颁布的"三十九条信纲"的信仰至上。1617年,这三重誓约就成了在大学攻读任何学位学生的强制性任务。

1640年的附加誓约是强加于两所大学的:约束宣誓者不"试图改变

由大主教、主教主持和副主教等人员行使的教会管辖制度"。

1686年3月颁布了一项命令:禁止就有正义的题目进行布道。正如在大法官杰佛利斯勋爵支持下设立教会委员会的消息一样,这项命令蕴涵着相似的基调。该委员会在教会和神学诉讼事由方面都拥有裁判权,而且在修订学院法规方面又一次具有了权威——据推测,其用意在于撤销对天主教的歧视。11月,传来训令:任命约书压·巴设(Joshua Basset)为西德尼·苏塞克斯学院院长。巴设立即宣布自己是天主教徒。在巴设的默许下,委员会调阅并修订了西德尼学院的法规,允许录取天主教徒学生。

1619年剑桥大学招生人数在统计数字上达到了最高点,人数达到了509名。① 除了1631年和1667年,由于对那些在前一年因黑热病未能入学的学生也做了统计,一直到1861年没有任何一年超过以上这个数字。

二、17~18世纪牛津、剑桥大学的课程

文艺复兴时期发端于意大利的人文主义教育可谓绅士教育的滥觞。其内容可简单归纳为:注重健康体魄的锻炼、举止仪态的修养、实用知识的掌握,即德智体并重、身心健康和谐。首次提出绅士教育概念的是16世纪法国著名的人文主义思想家蒙田(Montagne,1535—1592)。他认为教育的目的在于培养身体健康、进退得宜、具有纯洁情操、高尚道德和通达世故的社会活动家。这类人物在法文中被称为绅士(gentil homme)。蒙田的教育思想未能在法国得到完全实现,却在英国教育界得到响应并发扬光大。

17世纪前半期,牛津和剑桥大学的课程设置不仅仅以文艺复兴时期发现的古代希腊和罗马著作作为核心内容,其人文主义教育的指导思想充分反映了时代色彩,内容也更加广泛多样。归纳起来,托马斯·埃利奥特爵士(Sir Thomas Elyot)和劳伦斯·汉默夫雷(Lawrence Humphrey)的人文主义思想较具有代表性。

埃利奥特在《统治者》(*The Governor*)一书中,系统地阐述了宫廷人

---

① E. Leedham-Green, *A Concise History of the University of Cambridge*, p. 69.

文主义教育学说。该书的主要内容为,绅士的社会和政治职能在于效忠国王。绅士教育的目的在于形成一个坚决拥护王权的少数精英统治阶层。对王权不可妄加评论和指责,更不应消极抵制和公开对抗。英国应提倡和实行绅士教育,但需着眼于服务和奉献,以效忠和顺从作为首要目的。① 在课程设置方面,《论仪态》(De Officiis)、《有关文雅的通信》(Epistolae ad Atticum)和《辩论术》(Rhetorica)以及古希腊雄辩家德漠斯塞勒斯(Demosthenes)和爱苏格拉底(Isocrates)等人的著作构成教育的核心内容。此外,有关逻辑、古罗马李维(Livy)和凯撒(Caesar)等人的历史著作、荷马(Homer)的诗歌等也包纳在课程之中。从中不难看出,埃利奥特的绅士教育课程几乎完全承袭了古罗马时代的高等教育内容,即将辩论术及其相关学科置于突出地位并以此培养公众生活中能言善辩、出类拔萃的精英人物。

与埃利奥特不同,劳伦斯·汉默夫雷在《贵族》(The Nobles)一书中提出了另外一种绅士教育的培养模式。汉默夫雷主张《圣经》的学习应优先于古典学科。在他看来,作为一位绅士,其最高的追求目标和最理想的模式是基督,绅士应具有"善良、虔诚、聪明和博学"的品质,即集宗教信仰与多才多艺于一身,而核心则是皈依宗教,信奉基督。他说,"基督理应作为最完善的模式,他是高贵的化身。没有基督,人间凡世皆为下品"②。与此相适应,汉默夫雷的课程更注重学习有关神学和道德培养方面的内容。在他看来,埃利奥特推崇的荷马、贺拉斯、吕西安、屋大维和维吉尔等人的作品过于荒唐、无聊和低级,因而不利于培养绅士的朴素、节俭、博爱等品行。相比之下,罗马时代的道德、伦理学家塞涅卡和法国宗教改革运动的代表人物约翰·卡尔文有关道德的学说和著作更适于培养绅士。

埃利奥特和汉默夫雷是17世纪上半期英国著名的人文主义者,都主张大学的教育目的不仅仅在于培养牧师,更应造就未来作为社会精英阶层的绅士。然而,两者的主张却又存在着极大的分歧。前者的世俗倾向鲜明突出,旨在培养听命于国王、效忠王室和宫廷的绅士,因而其课程设

---

① Thomas Elyot, *The Book Named the Governor*, Evergman Edition, 1962.
② Huge Kearney, *Scholar and Gentleman: Universities and Society in Pre-Indusrrial Britain 1500-1700*, Fabre, 1970, p.39.

置强调个人才华和学识的训练，更多体现了意大利文艺复兴时期的人文主义思想；而后者的宗教色彩浓郁强烈，追求造就人间凡世集基督与学者于一身的统治精英，所以着重伦理和道德的培养，反映了宗教改革对大学教育的影响。17世纪前半期，汉默夫雷的思想在英国大学，尤其是在牛津大学中占据主导地位。这一点从当时牛津大学开设的课程中明显地反映出来。据当时牛津大学的学生日记记载，当时的课程完全排斥诗歌和其他浪漫、富于想象的文学作品，大量充斥的是有关凯撒的传记和犹太人的历史、翻译等内容。此外，宣传新教徒和英国清教思想的书籍也成为学习的主要内容。①

16世纪末开始，剑桥大学同样兴起改革教育运动，但它既不受埃利奥特的宫廷人文主义思想影响，又未被汉默夫雷的清教式人文主义学说所左右。其基本特征在于培养注重实际、虔诚和具备经商才能的商人和企业家。这种教育迎合了当时逐渐兴起、日益壮大的工商业阶层的要求。

对于古典学科，剑桥大学既注重又不摒弃形式，既追求本质又不失于外表。但是，正如上述所言，剑桥大学的人文主义教育者尽管从整体上采纳传统的古典学科，并将它们作为课程的中心内容，却对几乎所有的亚里士多德学说思想，尤其是他的形而上学方面的论著采取全面否定的态度，其代表人物这样说道："……我认为亚里士多德十四本有关形而上学的论述充满了毫无意义的反复……我认为其神学（人们如此认为的）是一个极其令人生厌且离经叛道的大杂烩。我谴责某些基督教经院哲学中不可饶恕的罪过……但是亚里士多德的形而上学却是这类基督教宗教不折不扣的理论支柱。的确，他们的物理学课本传授亚里士多德学说，而其物理学确实充斥着讲述无限和永恒之类有辱基督教之名的神学。他们的形而上学课本也传授来自这种物理学和其他荒诞不经事务的学问。总之，我希望将来基督徒一定会为如此邪恶的神学感到羞耻并会忏悔和改过自新。他们不仅会摒弃这种异端神学，而且会皈依纯洁和更加高尚的福音。"②但是，亚里士多德有关伦理和其他有关自然知识方面的论著却未受到禁

---

① Huge Kearney, *Scholar and Gentleman*: *Universities and Society in Pre-Indusrrial Britain* 1500-1700, Fabre, 1970, pp. 44-45.

② Ibid, p. 49.

止。

尽管有关这一时期剑桥大学完整和详尽的课程资料未能保存下来，但是，从当时学生的笔记中大致可窥见该大学课程设置的某些侧面。据史料记载，在16世纪末，剑桥大学既设置几何学教授职位，另外有关商业、造船等学科的讲座也已开设。在哲学系，传统的逻辑、修辞和辩证法依然如旧，亚里士多德的《论题篇》(Topica)和《伦理学》(Ethics)等相继开设，不仅如此，世界历史和罗马史也相继进入课程之中。

17世纪有关牛津和剑桥大学的课程设置基本上反映在亨利·巴娄(Henry Barlow)的《学生指导》(Guide to Students)和理查德·霍尔沃斯(Richard Holdshorth)的《学生向导》(Directions for a Student)两部教育文献中。就本质而言，两部文献并无多大区别，而且两所大学在中世纪开设的课程也几乎大同小异。下面就剑桥大学的部分课程作简略分析。

《学生指导》开宗明义地指出，大学是为牧师和绅士提供"自由"教育的场所。因而其课程设置也就必须以古典人文主义教育作为核心内容。大学既不能迫于政治的压力成为国家和政治的附属机构和工具，也不能急功近利，接纳所谓科学或实用知识。该书认为，大学的课程设置可以基本上划分为上午学习经院主义哲学的有关内容，下午钻研古典学问。第一年学习逻辑和伦理学，第二年学习物理学和形而上学，第三年则在更高的层次上学习逻辑、伦理学，第四年学习塞涅卡有关历史和道德方面的著作以及亚里士多德的《论组织》(De Coelo)和《气象学》(Mefeorology)。

剑桥大学的《学生向导》也同样指出，"首先学习逻辑学，其次学习亚里士多德的《工具论》(Organon)以及其他哲学家对其的注释和评注，以提高哲学分析和希腊语表达能力……亚里士多德有关伦理学的著作以及当代学者对其评论也是必读的……此外，物理学和形而上学同样是课程中规定的内容"[①]。

从课程结构和内容来看，17世纪的牛津和剑桥大学几乎没发生根本性的变化。实际上，直到17世纪80年代左右，教育的目标仍然是培养牧

---

① Huge Kearney, *Scholar and Gentleman: Universities and Society in Pre-Indusrrial Britain* 1500-1700, Fabre, 1970, p.109.

师和绅士,并且以经院哲学(逻辑学、伦理学、物理学和形而上学)和古典学科(辩论术、诗歌、历史、文法)为核心内容。两所大学都竭力排斥科学和近代理性主义哲学进入课程,无视英国资产阶级革命给社会带来的巨大变化,表现出极大的保守性和滞后性。只是在17世纪末期,亚里士多德有关自然学科方面的学说以及笛卡尔的思想才逐渐进入大学课堂。如1683年,牛津大学成立牛津大学哲学协会,1664年剑桥大学开设笛卡尔哲学和数学讲座等,但这些并未能影响这一时期课程基本结构的改变。此外,"光荣革命"的结果导致英国绅士和教会势力的衰弱以及伴随而来的新兴资产阶级力量的壮大,因而旨在培养社会精英的传统大学教育基础不可避免地发生动摇和改变。大学不再骄傲地凸显于社会之上并以造就社会的统治阶层而自诩。17世纪以后,由于社会结构复杂化,大学及大学教育必须适应社会发展,而适应的结果,只能是作为大学核心和基础的因素——课程的改变。于是,18世纪以后的英国大学便进入从保守向改革、从传统向近代发展的时期。

对18世纪英国大学课程产生较大影响的是奥巴迪昂·沃克(Obadoah Walker)和约翰·洛克(John Locke)的教育思想。

沃克在《论教育:尤其是年轻绅士的教育》(*Of Education*:*Especially of young Gentlemen*)一书中,阐述了有关教育的培养目标和课程设置等方面的观点。沃克坚决主张捍卫传统的古典学科和经院神学,反对把近代科学知识纳入课程体系之中。他认为,"在英国,我们似乎在追求科学,并认为科学万能,实际上,我们生活中最伟大和最普遍的东西是聪慧、谦逊、精神的高尚和自由"[①]。除了强调精神的高尚和自由之外,沃克还坚持承袭中世纪大学中的逻辑、修辞学等课程,并极力推崇经院式的学习和研究方法,代表了传统的绅士教育学说和思想。

洛克和沃克不同,尽管前者也主张教育的目的在于培养绅士,并在《人类理解论》(*Essay Concerning Human Understanding*)和《教育漫话》(*Some Thoughts Concerning Education*)等著作中,对绅士教育的理想,

---

① Huge Kearney, *Scholar and Gentleman*:*Universities and Society in Pre-Indusrrial Britain* 1500-1700, p158.

即将教育的培养目标和最终归属视为培养绅士,而其内涵和实质却与 16 世纪以来代表不同流派的绅士教育内容大相径庭。这里我们不准备对其绅士教育思想作系统阐述和具体分析,只简明扼要地介绍和归纳其学说的基本概要以及对课程的影响。

一方面,洛克继承和接受了英国传统绅士教育中注重品行和道德教育的传统,认为德行是一个绅士必须具备的最重要的品质。他说,"我认为在一个或者一个绅士的各种品性之中,德行是第一位的,是不可或缺的。如果没有德行,我觉得他在今生来世就得不到幸福"①。"德行愈高的人,其他一切成就的获得也愈容易。"②因此,"把子弟的幸福奠定在德行与良好的教养上面,那才是唯一可靠和保险的办法。"③从这一观点出发,洛克在其设计范围广泛、科目繁多的课程体系中,肯定并包纳了传统大学中伦理学的教育内容。另一方面,洛克又鄙视中世纪以来将学术知识建立在亚里士多德和托马斯·阿奎那等人学说之上的大学教育。他强调教育的实用价值,认为教育应在训练与培养人类的理性和增进人类幸福的过程中发挥作用。因此,除了伦理学之外,洛克还把数学也纳入课程体系之中,用数学取代传统大学中的逻辑学,并与伦理学一样作为教育的最基本和最首要的内容。

沃克和洛克的绅士教育思想对 18 世纪英国大学课程设置的影响程度以及在课程中的具体表现如何不得而知,但是有一点是可以肯定的,那就是这一时期即使是素以保守和囿于传统闻名的牛津大学,其课程设置和教学内容也发生了某些变化。休·克尼(Hugh Kearney)在《学者与绅士》(*The Scholar and Gentleman*)一书中指出,尽管 18 世纪的牛津大学仍在极大程度上采取保守、反对改革的立场,但是在传统的、作为预备教育的哲学系课程中也还多少掺杂和引进了一些新科目和内容。相当于中世纪大学文学系的第一年学习的基本科目仍为传统的逻辑学、伦理学、形而上学以及 16 世纪以来新增设的物理学、古典人文主义教育内容;略有不同的是,教学的实质内容发生了变化,例如在逻辑学中,除了古代经典

---

① 洛克:《教育漫话》,人民教育出版社,1963 年版,第 19 页。
② 同上书,第 53 页。
③ 同上书,第 51 页。

作家的著述之外，16世纪以来有关逻辑学的著作也纳入课程范围之中，其中包括笛卡尔的某些学说。形而上学的内容也同样表现为新与旧、古代与近代思想与学说的混杂与调和。变化最引人注目的是物理学，尽管亚里士多德的学说仍在课堂中教授，但已不作为唯一内容或不再处于支配地位。古代希腊学者中其他诸如伊壁鸠鲁以及近代笛卡尔和莫尔、洛克等人的学说也相继进入课程之中，除此之外，解剖学、天文学、几何学、地理以及培根和皇家科学协会(Royal Society)探讨和研究的某些学问也在不同程度上为大学所接受。《牛津大学史》第五卷对18世纪大学课程内容的记载更为详尽。据该书记载，到18世纪，牛津文学系或哲学系的课程结构划分为两大部分，一部分仍沿袭传统的模式，以培养学生的辩论和演说能力为主；另一部分以经过改造的科目的系统讲座为基础。据牛津大学校史记载，哲学系的课程第一年为文法、古代希腊和罗马的名著选读以及建立在亚里士多德、西塞罗、昆体良等人理论之上的修辞学；第二年为亚里士多德的逻辑和道德哲学；第三年学习几何学以及通过钻研荷马、苏格拉底和其他古代经典作家的文章，提高希腊语的阅读与表达能力。① 关于文科硕士课程，牛津大学各个学院根据《劳德规约》提供以下课程的考试：自然哲学、形而上学、历史、地理学、年代学。

1707年，剑桥大学的罗伯特·格林出版了《学习计划》一书。在书中建议剑桥大学除开设拉丁语、希腊语、古代史、四福音、宗教训戒、宗教史、书法练习等课程外，还建议广泛开设新的科学课程。这表明1707年新的自然科学对剑桥大学的教学内容已发生了影响。格林推荐的数学和科学课程如下。

第一年

下半年

1.年代学、地理学和地图研究。

第二年

上半年

---

① L. S. Sutherland and L. G. Mitchell, *The History of the University of Oxford*, Vol 5, Cambridge University Press, 1986, p. 49.

1. 逻辑学——柏杰底西斯、洛克。

2. 几何学入门——欧几里德、斯特缪斯。

下半年

1. 算术。

2. 代数。

3. 微粒论哲学——卡特斯·瓦里纽斯、波依耳。

第三年

上半年

1. 实验哲学和矿物化学、植物学和动物学——波依耳。

2. 解剖学：

①动物解剖学——基耳、基布生、哈维。

②植物和蔬菜解剖学——格雷哲学等报告。

③矿物解剖学——胡克氏微动测计器等。

下半年

1. 光学、屈光学、测光学、颜色学等——牛顿、卡特斯、齐普勒等人。

2. 圆锥曲线和曲线性质——牛顿等人。

第四年

上半年

1. 力学哲学、静力学、流体静力学、流动率和逆动率等——波依耳、牛顿等。

2. 微积分学、无限极数、无限算术——瓦尼斯、牛顿等人。

下半年

1. 天文学（球状的、假设的、实用的和物理的天文学）——麦卡脱、牛顿、开普勒等人。

2. 对数和三角学——斯特谬斯、布尼兹、牛顿等人。①

---

① 〔美〕克伯雷选编：《外国教育史料》，任宝祥，任钟印主译，华中师范大学出版社，1991年版，第397-398页。

三、自然科学的加强

1649年,约翰·霍尔发表了他的《致国会:浅议知识进步与大学改革》,认为把这些学院同它们在大陆上的同行相比较,它们处在了不利的地位,而且特别为讲授化学、解剖学、植物学、数学和历史学缺乏设备而感到惋惜。霍布斯在他的《利维坦》一书中,攻击了对亚里士多德的卑顺以及其评论者所使用的不规范的拉丁文;弥尔顿于1659年因理查德·克伦威尔的倒台而被解除了拉丁文秘书的职责,他自己在《论从教会清除雇员的最可能措施》一文中,公开抨击了训练神职人员过程中神学对雄辩术和论辩的强调。① 早在1621年,弗朗西斯·培根就向大学图书馆赠送了《伟大的复兴》,三年后又赠送了他的拉丁文本《广学论》,两书都力主更为广泛的基础教育,同时又特别强调自然哲学的实验方法。

17世纪后半叶,对培根和笛卡尔的学习已成为常规。1647年,解剖学讲座也有了报酬。这是在威廉·哈维的包含着他在1615年首次提出的血液循环理论的《心血运动论》一书发表两年之前,也是在弗朗西斯·格里森论述佝偻病的著名论著《论佝偻病》问世三年之前的事情。

17世纪后半叶的剑桥,确实经历了重大、蓬勃的发展。从1655年起至1657年止,比较传统的学术研究蔚为壮观地通过布莱恩·华尔顿以及一群绝大部分来自剑桥的学者在其劳动成果《大圣经》多语种合参本的出版上展现了出来。

至于自然科学,几乎可以确定的是,至少植物学是在17世纪50年代由约翰·雷私人讲授的。当"统一法案"使他不得不踏上旅途的时候,他留下了《剑桥地区植物名录》这样一本具有同样意义的有关该地区植物的小册子。1726年,理查德·布拉德利被聘为第一位植物学教授,为了履行他的义务,他奋发不息,想创立一所药用植物园。约翰在1728年设置地质学讲座,并把自己的文集捐赠给其神学硕士约翰·伍德沃德,他在《地球自然史文集》中表明,自己认识到了地球外壳不同底层的存在,虽然他并没有从中悟出什么道理。从1683年起,医药化学讲座由维罗纳的乔

---

① E. Leedham-Green, *A Concise History of the University of Cambridge*, p. 93.

万尼·弗朗西斯科·维加尼主持,由于他的呕心沥血,本特利替他在三一学院装备了一间实验室,1700年,校方授予他教授职位。到1729年,他的收藏品陈列室仍用于教学,在王后学院一直保留到今天。

不过,以牛顿为首的剑桥人,最为人所称道的主要还是数学和天文学研究。17世纪中叶,剑桥大学的教育制度还渗透着浓厚的中世纪经院哲学的风格,而两年后令人耳目一新的卢卡斯讲座使圣三一学院别开生面。

卢卡斯讲座是由牧师亨利·卢卡斯设立的。这位在1639年至1640年间曾代表剑桥大学作为国会中的议员以慈善著称,曾慷慨解囊为贫困居民建立医院和养老院。1664年卢卡斯遗留下4000本图书,按照遗嘱捐赠给了剑桥大学图书馆。他还在其遗嘱中申明,将用他地产每年所得的钱,在剑桥大学设立一种荣誉数学教授职位,每年有100英镑的津贴,鼓励教授在这个讲坛上讲授自然科学知识,如地理、物理、天文和数学课程。他要求担任此职不需要再担任神职。英王查理二世在1664年1月18日正式批准开设这个教席。巴罗任第一任教席,他曾经断言,作为知识渊博的对大陆的最新著述了如指掌的数学从业者,同时作为一系列篇幅不长但在当时评价甚高的数学、几何学和光学讲座的作者,其值得人们关注。

巴罗使剑桥大学(特别是三一学院)熟悉了数学的新概念和新方法。牛顿的伟大学说和著作都是在剑桥时取得的成果,他的《光学》《广义算术》和《原理》不久就纳入大学的教学之中。在剑桥,探索自然哲学的机会由斯蒂芬·黑尔斯所把握,他虽然在剑桥生活的时间很短,但他撰写了知名的动植物生理学著作《静力文集》,还有化学、卫生和农业著作。他的不少有关人工通风和海水淡化的世纪发明都具有泛爱主义倾向,目的在于改善囚犯和水手的命运。

乔治一世在剑桥和牛津大学对现代历史学教授职务——任职者的薪金至少要供养两名现代语言讲师——的捐赠,专门用于"青年在国内或到国外旅行时的教育和辅导与频繁聘用外国人士"上,这些现代语言教授受聘的范围,自然不得而知,因为他们的聘用对于教授而言只是私人的事情。不过,我们确实知道,从1768到1771年主持这一讲座的托马斯·格雷就用自己的薪水聘用了法文和意大利文教师。

下面这张传单说明了新的科学和数学学科是如何进入大学的。

1793年10月10日于剑桥大学

星期一,11月18日　下午4时

主讲人:文科硕士、皇家学会成员万恩斯牧师

建议根据自然哲学4门课程的原理及其对各种问题的运用和在牛顿先生原理与最有用的演绎法的基础上,开始哲学课程的公开演讲。

每个星期一、星期三、星期五继续举行。

论及原理的那部分课程将为那些刚进入二年级的学生开设,在本学期末一直到下学期初进行讲授。

11月19日星期二在同一时间,他建议开始进行算术、代数、微积分、平面三角和球面三角、对数、比率等数学课程的公开演讲。

每星期二、星期四、星期六继续举行,每门课程第二次可免费听讲。①

导师在其后百余年间均遵循了一个简明的程序。比方说,三一学院的约翰·拜罗姆在18世纪头十年里,其本科学业中就包含了普卢塔克、洛克的《论人类理解论》、尼希米亚·格鲁的《神圣宇宙论》、雷的《上帝创世智慧》、怀俄的《读史方略》,其指导教师起草的年代手稿以及法文、意大利文、西班牙文和希伯来文著作等等。他也听几何学讲座、写文章、进行演说,也为学术演绎解释作认真准备,但对于其反对者却十分失望。1746年,彭布罗克书院在打算强制实行教学的某种统一方面为他们的指导教师制订了一项计划,具体规定了每周举办的数学和自然哲学的次数以及每年学习的古典著作,也要求定期写论文并进行演说。

四、绅士人才的培养

在宗教改革后,越来越多的绅士涌入中世纪就存在的4个法律协会,这样,17世纪的伦敦法律协会已扮演了另外一种形式的大学的角色。

在17世纪,教育是一项开支较大的消费,受教育者的父母必须支付

---

① 〔美〕克伯雷选编:《外国教育史料》,任宝祥、任钟印主译,华中师范大学出版社,1991年版,第399页。

学费、学生日用杂费和膳食费等,而且,受教育程度越高,这类支出越大。当时,牛津大学的学生主要分为两类:一部分为贵族绅士家庭出身的青年,他们中的大多数人事实上并不追求学位。另一部分"平民"出身的青年则为寻求在宗教界和专业技术界的发展而攻读学位。在牛津大学4个学院的入学考试注册中,33%的学生出身于绅士家庭,22%的学生是教士的儿子,16%的学生是富裕商人的儿子,只有15%的学生是约曼农的儿子,其余14%是"平民"出身的青年。① 17世纪中期以后,大学生入学人数在下降,进入大学的平民出身的学生人数就更少了。在伦敦4个法律协会中,绅士教育的排他性比在牛津大学和剑桥大学还要厉害。1610~1639年,在4个法律协会学习的学生中有90%的人来自贵族和绅士家庭,其中10%的学生来自商人和专业技术人士的顶层家庭。在17世纪上半叶教育大发展的顶峰时期,英国高等教育为贵族和绅士服务的导向并没有改变。

第四节　19世纪以前的英国大学制度分析

一、19世纪以前英国大学和政府的关系

欧洲中世纪被认为是人类文明史中最缺乏创造力、最为黑暗的一个时期,整个欧洲社会饱受封建等级制度和教会宗教制度的压制。欧洲中世纪的社会环境异常复杂,国中有国,王者不王,王权与神权之间存在着很微妙的关系,二者为了各自的利益需求时分时合。但是,恰恰在这个时期产生了在人类文明史上具有重要地位的中世纪大学,且其时的大学又以学者自治或学生自治而为后世所称誉。

中世纪大学产生之初,教会或国家授予其一定的特权,大学实行着自治。中世纪大学模仿当时盛行的商业贸易行会组织,由教师或学生组成行会,管理学校内部事务。博洛尼亚大学(1088年)和巴黎大学(1180年)

---

① 许洁明:《十七世纪的英国社会》,中国社会科学出版社,2004年版,第173页。

分别是不同管理形式的典型代表。博洛尼亚大学是"以学生为主体"管理学校的典型。来自不同地区或国家的学生,仿效行会的形式组织起来,以维护自身的利益。他们制定规章,管理聘用教授事务,监督教授们的工作,确定奖学金额,决定教学时数等。而巴黎大学则是"以教师为管理主体"的典型。教师们组成学者行会,选举校长,决定学生入学和管理学生、制定教学工作范围、举行考试和授予学位等工作。两种管理模式都反对外界干涉学校的生活,极力维护管理自身事务的权力。在必要的时候,学生行会可借助举校迁移方式来捍卫自己的权力,教师行会则可以通过停止工作来表示抗议。教会和国王授予大学特权,本来目的是为了借此控制大学,使大学成为教会或国家的一个从属机构,结果反而助长了大学的独立性。正是由于这些特权,使大学成为当时一种强大的独立的社会力量,在整个社会生活中发挥着任何机构都不能替代的巨大作用。

1167年,在牛津成立英国第一所大学——牛津大学,1209年又创办了剑桥大学,两所大学具备了中世纪大学的一切典型特征,并通过自己的发展逐渐形成浓厚的大学自治理念。它们是英国自13世纪到19世纪的600年间仅有的两所大学。① 正如伦敦大学教育学院教育史教授奥尔德里奇(Richard Aldrich)在所著的《英国教育简史》中指出:"教会控制教育是英国历史的一个基本特点。"②牛津、剑桥成立之初,均由教会掌管。林肯郡主教管牛津,伊里地区主教管剑桥。主教上面有坎特伯雷红衣大主教,他直接听命于罗马教皇。

下面是英格兰剑桥地区的一个文法教师于1276年在伊里教堂副主教面前的就职誓言,从中可见教会对学校的控制:

"你须发誓,要依从伊里教堂副主教及其助手,决不企图取得或通过别人取得任何东西。在你的权力允许的范围,也不要有任何反副主教的企图。……"③

---

① 〔英〕邓特:《英国教育》,浙江教育出版社,1987年版,第15页。
② Richard Aldrich, *An Introduction to the History of Education*, Hodder and Stloughton, 1982, p.40.
③ 〔美〕克伯雷选编:《外国教育史料》,任宝祥,任钟印主译,华中师范大学出版社,1991年版,第140页。

中世纪英国大学的创办和运转,与其他欧洲国家一样,主要依靠教会捐助。例如,1249年,主教威廉捐建了牛津第一所书院——大学书院,后来又创建了巴利奥尔书院和默顿书院。剑桥大学的第一所书院彼得书院也由教会捐办。教会还捐钱捐地,资助穷学生接受大学教育。中世纪英国大学教育完全以宗教为中心,受教会控制,其目标主要是培养牧师等各种神职人员。14世纪后,凭借大学很强的影响力以及他们的学生持续在教会和国家中担任重要角色,大学在国家生活中取得了独一无二的特权。这些特权主要有三方面:"法权自治——在教会的某些地区性限制范围内有向教皇上诉的权力;罢教和分离独立的权力;独揽大学学位授予的权力。"①

事实上,正是因为教会授予的种种特权,即大学有颁布教学证的权力、有独立教学和研究的权力等,使得教会控制大部分被停留在形式上。

"政府对教育的干预是英国历史的一个持久的特点。"②在英国,除了国王不能直接控制大学外,教会也同样不能直接控制大学。虽然中世纪的教会对英国大学的影响的确很大,但当国家和教会试图强行控制大学时,大学就以迁徙相威胁。如1209年牛津的部分师生迁徙到剑桥,这种威胁很有效。为了不使当地失去一所有声望的大学或为了不削弱一所大学的声望,市政当局、国王、教皇或教会都不得不确保大学享有充分的独立性和自治性。

此外,当大学从帝王、教皇、国王或市政当局获得特许状时,它所享有的独立性和自主权更是有了合法地位。③ 大学不仅享有自治,而且可以自设民事法庭,大学校长有权审理集市上引起的诉讼和一方为学者的民事刑事案件。大学的种种特权一直延续到19世纪才逐渐被取消。④ 由于大学地位上的独立,带来了学术上的自由,这表现在学术研究、言论著述、教学管理、教师聘任和招生等方面。

由于宗教在两所大学的重要地位,致使政府很难在大学推行某种政

---

① 〔法〕雅克·勒戈夫:《中世纪的知识分子》,张弘译,北京商务印书馆1996年版,第68页。
② Richard Aldrich, *An Introduction to the History of Education*, p. 40.
③ Clark BR (ed), *Perspectives on Higher Education*, University of Califomiapress, 1984, p. 70.
④ 许明:《英国高等教育发展研究》,辽宁师范大学出版社,1998年版,第15页。

策或是让学院支持政府理念,因此,政府觉得有必要加强对大学的控制。随着教会神学对人们的精神束缚日益严厉,教会肆意使用权力,从民间搜刮大量财富,并挥霍无度,他们的行径引起人民的普遍不满。大学一直是世俗政府想要控制的对象,所以政府利用这一形势,采取措施打击教会力量,从中篡夺权力。最有代表性的事件是亨利八世宣布与罗马教皇脱离关系,在英格兰创立新教,并于 1537 年促使国会通过《至高权威法》(*Act of Supremacy*),规定:"国王是英格兰教会最高权威,是仅次于基督耶稣的人","谁再提教皇就是犯罪,只准称罗马的主教"。英格兰新教的出现,促成英国国内政教合一。

大学里宗教控制减弱,取而代之的是朝廷控制增强。1549~1559 年,英王 3 次巡视牛津和剑桥大学。第 1 次是为了建立"国教",第 2 次是使教会与政府分离,第 3 次是重新确立新的信仰。在伊丽莎白一世女王时代,女王颁布了《伊丽莎白章程》,派宠臣去任校长,严肃纪律。从詹姆斯一世起,大学可以向议会派出代表,此特权直至 1948 年才被取消。[①] 1570 年伊丽莎白一世发布命令,规定大学使用《皇家语法》,禁止任何未得到主教批准的人任教。同年,伊丽莎白女王接受牛津大学校长塞西尔的意见,以法令规定牛津大学校董事会的成员多数由各学院院长充当,由他们执掌大学的大政方针,这有助于两所大学进一步摆脱教会的束缚。在伊丽莎白一世女王时代她又给了大学许多特权,强化了大学的独立自主权。

在神权削弱、王权上升的过程中,大学经费的主要来源已不再是宗教界人士,而是非宗教界的财主。如牛津大学在 1550~1630 年建立的 5 所书院,有 4 所得益于非宗教界财主的资助。从 1535 年始,由皇家委任牛津大学校长,使大学的培养目标和学生来源发生了显著变化,两所大学由初创时侧重培养教士等高级神职人员,转变为担负起培养国家官吏、世俗性专门职业人员和教会牧师的任务。正如休·克尼所指出:"1530 年至 1570 年期间的某段时间,绅士阶级子弟开始大量进入牛津、剑桥。大学不再仅仅是教会的教育机关。它们开始至少是部分地适应世俗统治阶级

---

① 张泰金:《英国的高等教育:历史·现状》,上海外语教育出版社,1995 年版,第 10 页。

对教育的需求。"①

16世纪英格兰宗教改革成功,与罗马教皇正式决裂,亨利八世成为英格兰教会的首领,实现了政教合一,朝廷势力在权力斗争中逐渐占据上风,教会势力成为王权的附庸,大学日益表现出摆脱教会控制、依附于朝廷的倾向。政治上的失利使教会更紧紧坚守最后的精神领地,对大学实施严格的控制。教士的垄断和对非国教者的排斥,使大学的学术氛围持续低迷,直接导致了英国大学的衰落。

1636年,牛津大学颁布章程,承认王室有至高无上的权力,学校要向国教教主作"效忠宣誓"。当时大学的成立,必须获得由皇室和国教颁发的皇家特许状,否则不允许建立。不久,英格兰国教的胜利影响到苏格兰,1707年苏格兰与英格兰《联合法》(the Act of Union)颁布后,英王每年给苏格兰4所大学拨款,借此对其进行控制。在以后的200年内中央政府对大学的控制,被看作是在全国范围内保证宗教和政治正统性的主要手段。这时期英国大学基本上沿袭着中世纪自治传统,教育科学部和地方教育行政机关都无权干涉高校内部事务。当然,国家对大学自治与学术自由的认可也是有限制或有条件的,即大学必须不干预政治,或者不依附教会。

总体说来,英国中世纪大学自诞生始,就处于一种矛盾的社会地位:既要争取独立,又要依附于宗教、朝廷。宗教给予大学财政收入,又决定着大学的教学内容;朝廷给予大学诸多特权,保护了大学,又限制大学进行重大改革。尽管如此,早期大学还是成功地利用了教会与世俗政府之间矛盾冲突的夹缝,不断扩大自治权限,获得在学校教学、管理、行政人员选举任免等方面的极大特权。总之,大学自治的深厚传统使得政府干预大学产生了一定的难度,这也是"国家控制型"的大学与政府关系模式无法在英国出现的一个重要原因。自治传统一直延袭至今,当代英国政府只涉及高等教育质量评估,按质量和招生人数拨款,其余事项都放权由大学自行决定。

---

① 伯顿·R·克拉克:《高等教育新论——多学科的研究》,王承绪等译,浙江教育出版社,第30页。

二、19 世纪以前英国大学内部管理制度

牛津大学初办时,师生均租私房而居。当时上学的许多人家境贫寒,一些教师便租房收留学生共同研究学问,学生与导师同住。导师不仅管学生学业,还管学生品行,收到了较好效果。于是,1410 年左右英国大学规定所有学生都必须寄宿。这就形成了师生同住、类似学馆的大学组织形式。1249 年,杜伦的威廉去世,留下 310 马克作为牛津大学十余名研究神学的文学硕士的房租;1280 年,大学当局又专门购置了一幢宿舍楼,称作大学会堂,作为他们同窗共读的场所,形成了牛津大学的第一所学院。剑桥最古老的学院是 13 世纪末期由主教建立的独立学院——彼得学院。到 16 世纪时,英国大学形成了以学院为主、大学为辅的管理体制。英国式学院管理模式也日趋完善,大学只是松散的组织,学院是大学的基本组成单位。学校的主要权限集中在学院,以大学名义组织的活动较少,这就形成学院独立、自治的传统。各学院都是独立的单位,有自己的规章、自己负责建筑维修房地产。学院招收自己的学生,选举自己的院士。学院领导由全体或部分院士组成,选出一位院长。院士们分别担任导师、讲师或行政管理人员。

财政上,学院靠王室贵族等有钱人捐赠的财富及土地提供收入,政府不为他们提供基金。土地收入是学院兴旺的一个重要因素。当时连小的学院也都由专设的总务长来兼管房地产。相比之下,大学则很少有独立的财源,比较拮据。大约从 16 世纪开始,大学不经过学院的同意就招不了新生,教学、寄宿、纪律、管理等都由学院自己负责。学院对大学的正式义务仅止于按照学院的财富比例交一部分收入给大学,以及在学院内为大学教授等高级教学人员保留一定的院士名额。例如圣三一大厅学院的 37 名院士中,21 人是剑桥大学的教授、高级讲师、讲师等,学院的副院长也是大学的教授。

牛津大学与剑桥大学的组织形式相似,即大学是由学院和系、学部及其他各种机构组成的松散的联合体。行政管理属于小型的寡头组织,在牛津和剑桥,大学的行政管理全由大学成员掌握。大学行政当局主要负责主持考试和授予学位。牛津大学的行政决策机构是理事会,由名誉性

的大学校长、实际主持大学行政工作的副校长、学监、财务干事、候补副校长以及高级教职员全体会议选举产生的18名代表组成。剑桥大学最初只是个当教师的硕士的行会,他们集体管理教学和纪律,有权颁发学位。1570年颁布的《伊丽莎白章程》规定,大学行政管理权归副校长和学院院长。到了16世纪末,各学院院长的权力迅速膨胀,大学的许多重要决策都由各院院长决定。由院长们选出的副校长是这些院长利益的当然代表。按照当时的规定,大学是实行自治的,只服从立法会议和法庭所制定的法规。而大学的重要事宜,如大学的课程、规格、全体教职员的任命则由大学自治行政机构决定。

牛津称立法机构为全校教职员大会,剑桥称其为理事会,由全体毕业生组成,但是他们只能接受或推翻送给他们审议的建议,当多数意见倾向于保守时,不利于改革。

第二章　伦敦大学的建立

19世纪20年代后期30年代早期，一场教育革命正在进行，一个具有新的目的和观点、与中产阶级茁壮崛起密切联系的新的教育制度正在成长。这场教育革命的主要事件便是1828年伦敦大学的创办。

伦敦大学的创建，对英国传统大学垄断高等教育提出了直接挑战，开始打破牛津和剑桥大学独霸高等教育的局面，扩大了非国教徒接受高等教育的机会。它在教学内容和培养目标上向牛津、剑桥提出了挑战，开设了科学和技术、医学和法律、传统的和近代的文科高级课程，顺应了时代要求，影响深远。伦敦大学成立后，各地的大学学院（University College）如雨后春笋，迅速遍及全国，形成了大学管理体制上的一个特色。从大学职能发展来看，伦敦大学的出现，突破了牛津、剑桥大学固守教学的传统，增加了研究的职能。因此，阿什比在《科技与学术机构》中认为："伦敦大学的建立标志着科学革命最终进入英国高等教育之中。"

1832年建立的杜伦大学是英国北方唯一的一所大学，享有独特的地位，但在1860年只有51名学生，其中30人学人文学科，20人学神学，只有1人学工程学。杜伦大学评议会指出，该大学并未能成为一所真正独立的学校，它是消极无力地，而且大部分又是不成功地模仿牛津和剑桥大学，成为牧师和圣公会教徒的学校，学生全部是男性，并且毕业生十之八九到圣公会供职。杜伦大学与古典大学并无多大差别，它的建立对古典大学来说也没有产生多大冲击，所以本章主要考察同时期成立的伦敦大学。

第一节 伦敦大学建立的因素及影响思想分析

一、伦敦大学建立的因素分析

(一)宗教原因

整个中世纪,在当时的欧洲各国,社会生活的所有方面都不可避免地印有宗教的烙印,大学也不例外。与当时的大多数机构相比,大学似乎受到了教会更多的青睐,宗教的影响遍及大学的各个方面。而且,与欧洲其他国家相比,由于英国一贯保守的民族性,宗教对大学的影响也相对更大,尽管哲学家和改革家做出了种种努力,英国的大学和获得捐赠的公学却几乎直到19世纪晚期还是一个封闭的社会和知识圈。牛津和剑桥大学是英国圣公会的机构,要想进入牛津和剑桥大学深造的学生,必须是圣公会的成员,它们培养的是同一种类型的人——英国绅士,这种类型的人注重的是道德的和社会的内涵而不是知识的多寡。所有不信奉国教的新教教徒、天主教徒和犹太人,都被排除在外。古老大学和迅速变化中的社会越来越失去联系。随着经济的发展,社会各阶层和力量的对比都发生了很大的变化,并且由于整体国民经济水平的提高,人们接受高等教育的需求不断高涨。但是一方面牛津和剑桥大学不可能满足如此多的人接受高等教育的需求,另一方面,传统而保守的牛津和剑桥大学也不可能给他们提供满意的教育,因此建立新的大学便成为必需。

(二)经济原因

19世纪工业革命首先在英国兴起,英国的资本主义经济迅速发展,对于高等教育而言,主要产生了两个影响。其一,各中小城市的工商业迅速发展,要求教育系统能为其提供大量掌握新型科学知识的人才,传统的学徒式技术教育已经不能再适应经济对人才质和量的要求。其二,工业的发展,使得人人都能从业,而且闲暇时间增多,高等教育的需求随之增加。工业革命呼唤一个扩大的高等教育系统。但这时一方面英国高等教育仍然主要由牛津和剑桥大学把持,入学机会极为有限。另一方面牛津和剑桥大学固守以前的传统,以培养绅士为己任,并且教学充满了宗教内容,排斥科学知识。牛津和剑桥大学的这种状况使其受到强烈的批判,要求进行大学改革的呼声日益高涨。

(三)政治原因

19世纪以前,英国大学的主要任务是培养人才,为教会服务,教学内容主要是神学和古典学科。大学及其下属学院都由私人或社会团体捐资创办,享有高度的自治权,既不依赖于教会,也不从属于政府,但事实上都有他们控制的影子。

到19世纪初,由于工业革命的兴起,英国的科学技术迅速发展,社会财富极大增加,对外扩张达到空前程度,它已成为当时世界上经济实力最强大的国家。由于大学传授高深文化知识,在一定程度上掌控着文化的话语权,并且随着社会的发展,大学的重要性日益凸显,各个社会利益团体都想对大学施加控制。在这种情况下,一方面,由于资本主义经济的发展,资产阶级不仅在经济上日益强大,在政治上也日益成熟,他们不满足于在政治上受到冷落,在社会生活的各个方面都要求体现自己的利益,要求对高等教育有所控制。另一方面,英国政府也一直想实施对大学的控制,而排斥教会的势力。但由于教会对牛津、剑桥大学的绝对控制,再加上牛津、剑桥大学的"自治"传统,使得政府和资产阶级都很难插手其中,它们要实现对高等教育的控制,就必须在牛津、剑桥之外建立新的大学。

二、功利主义流派的教育思想

功利主义(Utilitarianism)是一种以实际功效或利益作为道德标准的伦理学说。该学说认为,评价某一事物是与非的标准,关键是看其结果能否增进人们的幸福。功利主义流派代表人物有边沁(Jereny Bentham,1748—1832)、埃奇沃斯(Richard Lovell Edgeworth,1744—1817)和密尔(有译为穆勒)父子(James Mill,1773—1836;John Stuart Mill,1806—1873)等,他们认为"教育的目的是给个人带来幸福,不仅使自己幸福,而且使他人幸福",而达到幸福的手段则是传播"实用"的知识。

(一)边沁的功利主义教育思想

边沁1776年发表了他的第一部著作《政府散论》,1789年他最重要的哲学著作《道德与立法原理导论》问世,1827年发表《证据索由》,在教育方面的主要著作是《教育文集》(Chrestomathia,1816)。边沁一生为建立他的功利主义学说作出了巨大努力。边沁在吸收17~18世纪功利主义先驱者理论的基础上进行了独特的发挥和创造。他继承英国经验论的传统,主张对事物的理解应建立在感觉经验的基础上,排斥一切超出感觉经验范围的形而上学和宗教主张。

边沁的功利主义思想主要包括苦乐原理和功利主义原则。

1. 苦乐原理

在边沁看来,人类的一切行为动机都根源于快乐与痛苦,我们的所思、所言、所行都受它们的支配,换言之,对快乐的追求和对痛苦的避免是人的行为的最深层动机,在这个意义上,它们就成了人类行为的最终目的。他把道德标准的体验归结为快乐和痛苦。边沁在《道德与立法原理导论》绪论中指出:"自然把人类置于两个至上的主人——'苦'与'乐'的统治之下。只有它们两个才能够指出我们应该做些什么,以及决定我们将要怎么做。在它们的宝座上紧紧系着的,一边是是非的标准,一边是因果的链环。凡是我们的所行、所言和所思,都要受它们的支配;凡是我们所作一切设法摆脱它们的努力,都是足以证明和证实它们的权威之存在而已。"①

2. 功利原则

边沁在苦乐原理的基础上,提出了功利原则。他指出:"功利原则指的是无论我们对任何一种行为予以赞成或不赞成的时候,我们是看该行为是增多还是减少当事者的幸福;换句话说,是看该行为增进或者违反当事者的幸福为准。这里我说的是对任何一种行为予以赞成或不赞成,因此这些行为不仅要包括个人的每一个行为,而且也是要包括政府的每一种设施。"②"所谓功利,意指一种外物给当事者求福避祸的那种特性,由

---

① 周辅成:《西方伦理学名著选辑》(下卷),北京商务印书馆,1987年版,第210-211页。
② 同上书,第211-212页。

于这种特性,该外物就趋于产生福泽、利益、快乐、善或幸福(所有这些,在目前情况下,都是一回事),或者防止对利益攸关之当事者的祸患:痛苦、恶或不幸(这些也都是一回事)。假如这里的当事者是泛指整个社会,那么幸福就是社会的幸福;假如是具体指某一个人,那么幸福就是那个人的幸福。"①功利,就是效用,就是幸福,表现在个人层面就是个体幸福,表现在社会与国家层面,边沁认为是"最大多数人的最大幸福",后来又称之为"最大幸福原则"。从边沁的功利概念论述中,我们可以看出,他所认为的追求最大幸福是一种共同体的幸福,而并非只是个人幸福最大化。

然而,怎样让一个人成为有理智的人?怎样实现最大多数人的最大幸福?边沁认为教育是最好的工具。

边沁的功利主义教育观包括最大多数人的最大幸福和教育内容的实用价值。

1. 最大多数人的最大幸福。

很显然,边沁认为教育的根本目的是实现最大多数人的最大幸福,他从功利主义"量化"的层面对这种幸福进行了阐述,即"社会是由许多个体组成的,群体行为快乐的评判尺度是将许多个体的快乐感觉相加,从而计算出最大多数人的最大快乐。至于单独的个体则不具有内在价值,充其量只是一种放在快乐总和计算中的工具"。②

从谋求幸福的功利主义原则出发,边沁将教育视为实现个人幸福的重要工具,并大力提倡普及初等教育。每个人都有接受教育的权利,不能因其种族、阶级、性别等因素的不同而受到阻碍。在《教育文集》中,边沁提出建立功利主义示范学校,并将其设想为任何宗教信仰、贫富、性别的儿童都应当受到公正对待的学校。在这样的学校中,应该教授儿童可以获得最大幸福的实用的知识,虽然边沁不反对拉丁语、希腊语等古典知识带来的作用,但他更注重政治、法律和科学的学习,反对将大量时间放在古典知识的学习上。

边沁认为,如果没有实用知识并不参与社会实践,人们就会产生空

---

① 周辅成:《西方伦理学名著选辑》(下卷),北京商务印书馆,1987年版,第212页。
② 肖丹:《我们需要怎样的功利主义教育观——J. S. 密尔的应答》,清华大学教育研究,2010年第8期刊,第35页。

虚,为了摆脱精神的空虚,就会采取一些有害的、极端的方式来解决。他把这些有害行为比喻为"杂草","杂草"之所以能够生长,是由于大脑处于一种荒芜状态,解决这一问题的最好方式,就是在荒芜的环境中种植"鲜花"。可见,在边沁看来,如果实行功利主义教育,儿童中出现的极端的、有害的行为就失去了生长的土壤,而节制和助人为乐的品德就可以养成,"最大多数人的最大幸福"也就有了保障。

2. 教育内容的实用价值。

他举例说明社会更需要掌握实用知识的人:"有两个人,其中一个人在没有经过预先思考的情况下,可以将希腊语、拉丁语直译成英语,但除了数学常识外,他对科学技术领域的知识毫无了解。另一个人对科学技术领域的知识有一般意义上的了解,但不能将古典语言译成英语。设想议会在处理日常事务中更需要哪一个人?"边沁的回答是后者。在边沁设想的功利主义学校中,科学技术知识的学习占了很大比重,如:光学、力学、化学、机械学、地质学、气象学等,他认为这些知识与日常生活相关,并能快速运用到实际生活中成为谋生手段,产生实用价值。

(二)埃奇沃斯的功利主义教育思想

埃奇沃斯和女儿合著的教育著作《实用教育》(*Practical Education*)于1798年出版。在英国教育史上,《实用教育》被看作是较早将心理学与教育实践建立在科学基础上的一次认真的尝试。他们在书的前言里指出写作《实用教育》的目的:"我们选用《实用教育》这一书名是要指出,我们完全依赖实践和经验。在教育艺术领域要取得任何进步,都必须耐心地将它转变为一门实验科学。对这一工作的困难和范围,我们具有充分的认识;并且我们无意妄称在这一工作方面已经取得了很大的进步,因为即使经过许多代人的努力,这一工作也不见得能完成。我们奉献给公众的只是我们的实验结果,其中许多例子甚至就是实验本身。"①

《实用教育》一书流传甚广,埃奇沃斯重视幼儿天性与特点,注重教育研究的科学性,强调直观教学的思想,以及他所发明的各种直观教学和阅读拼写教学方法,在当时受到了许多教育家和教师的欢迎。与这一时期

---

① http://www.nal.vam.ac.uk/exhibits/miniaturelibraries/practical education.html.

的许多教育改革家一样,埃奇沃斯反对生吞活剥、死记硬背的方法,主张应在理解事物及词义的基础上学习词汇。他曾在《爱丁堡评论》(*Edinbergh Review*)上连续发表题为《论职业教育》(*Essays on Professional Education*)的文章,他提出"知识是否有用,要看其实用价值"①,倡导实用之学。

(三)密尔父子的功利主义教育思想

詹姆斯·密尔是19世纪英国著名的经济学家和功利主义伦理学家,也是著名的功利主义教育思想代表人物之一。他是边沁的好友,著作颇丰,其中《论教育》(*Eassy on Education*)是密尔阐述自己功利主义教育思想的论文。

密尔在《论教育》一文的开篇指出:"教育的目的是使个人尽可能成为实现幸福的工具,先是成为他自己的,然后是成为他人的。"②密尔的教育目的包括两层含义:教育第一是实现个人幸福的工具,第二是实现他人幸福的工具。也就是说,教育不仅要帮助个人谋求幸福,而且要帮助他人谋求幸福,但首先要实现个人的幸福。在密尔看来,只有当一个人真正体验过幸福,他才能知道应当给予他人的幸福是什么。密尔一方面认为教育目标是确保受教育的个人及其同伴的幸福,另一方面他承认幸福的实质乃是哲学家争论的一个问题。他坚信有可能找到培养人类幸福赖以产生的素质的办法。他从古希腊哲学家提倡的基本美德中选择出有利于产生幸福的素质:理智(知识和明智)、节制(控制自然欲望)、公正和慷慨。密尔将这些良好的素质与从事教育的机构联系起来,并认为家庭、学校和社会政治机构应该分别从事家庭教育、学术或者技术教育和社会教育。

密尔非常重视学校教育的作用,认为它是造成人与人差别的根源,学校教育的最终目的是实现社会成员的幸福。针对当时英国的教育远不能达到这一目的的现状,他积极倡导教育改革。首先,他主张实行教育民主。密尔认为,智力是人们实现幸福主要依赖的品质,它的获得离不开学

---

① Michael Sanderson, *The Universities in the Nineteenth Century*, p. 35.
② Burston. W. H, *James Mill on Education*, Cambridge University Press, 1969, p. 41.

校教育的培养。但是统治者剥夺了大多数人受教育的机会,这是因为他们看到了"智力意味着力量"[1],他们担心广大民众获得智力后会反抗其专制统治,捍卫自己获得幸福的权利。密尔尖锐地指出:广大民众是否应享有受教育权这一问题的实质是他们能否享有获得幸福的权利。他批评了弥尔顿和洛克的绅士教育观点,认为他们探讨的只是少数人的教育,具有一定的局限性。他赞同休谟的关于幸福是与智力相伴而生的观点,强调人人均享有幸福的权利,教育的福泽应惠及每个阶层。其次,他强调立足社会实际,对学校教育进行改革。密尔批判当时的中、高等教育机构暮气沉沉,无视社会的发展与变革。他认为,这些教育机构的垄断者具有强烈的抵制改革的意识,他们悠闲、散漫,喜欢做简单的事情,其价值观念矫揉造作。他明确指出:"在欧洲大学的教育史上,很少存在有如此仇视改革的记录。"[2]最后,他批判教会把持教育的行为,认为其结果只能是"从智力上或道德上损坏人类,或者两者兼而有之。"总之,在密尔看来,现存教育既无益于人们幸福的获取,也无助于社会的进步。他强烈呼吁进行改革,打破上层社会人士对教育的垄断权,改革教学内容,把反映科技进步的课程引进大学。在密尔等一批功利主义学者的努力下,一所面向社会现实所需的大学——伦敦大学诞生了。

最后值得一提的是密尔的知识观。他反对知识本身具有价值的思想,认为:"要最大限度地获得知识,但是仅限于知识是不够的,一本充满人们所熟知的事实的杂志是一种无用的财富。在人们所认识的各种事物中,需要一种选择的能力,一种分辨什么事物有利于实现我们的目标,什么事物不利于实现我们的目标的能力。"[3]密尔的上述观点与他强调教育与社会的关系及知识的功利性相一致。这种观点与纽曼等人所持的"知识本身即为目的"的主张形成了鲜明的对比。

---

[1] Burston. W. H, *James Mill on Education*, Cambridge: Cambridge University Press, 1969, p. 104.

[2] Ibid, p. 112.

[3] Curtis, S. J&Boultwood, M. E. A, *A Short History of Educational Ideas*, 3rd ed., University Tutorial Press Ltd, 1963, p. 408.

约翰·密尔是个多产的作家，且涉猎面广泛。政治学著作有《论自由》(1859)等；经济学著作有《经济学原理》(1848)；逻辑学著作有《逻辑学体系》(1843)；哲学著作有《汉密尔顿哲学之研究》(1865)、《孔德与实证哲学》(1865)；伦理学著作有《功利主义》(1863)。密尔的教育观点主要体现在《论自由》和《在圣安德鲁斯大学的就职演说》两篇著述里。

与其他功利主义学派人物一样，约翰·密尔也是个自由主义者，自由主义者担心政府日益干预个人的生活，他也不相信应由国家和政府负担起教育人民的责任。他写道：

"人们现在把国家应当教什么、应当怎样教等难题转成党派论战的主题，突然把应当适用于实施教育的时间和劳力消耗在关于教育的争吵上面；其实只要承认了强行普遍教育的义务，这些难题就迎刃而解。政府只要决心要求每个儿童都受到良好的教育，并不必自己操心去备办这个教育。做父母的欢喜让子女在哪里得到怎样的教育，这可以随他们的便，国家只需帮助家境比较困难的儿童付学费，对完全无人负担的儿童代付全部入学费用，这样就足够了。要知道，由国家强制教育是一回事，由国家亲自指导那个教育是完全不同的另一回事；人们所举的反对国家教育的一切理由，对前者并不适用，对于后者则是适用的。若说把人民的教育全部或大部分交在国家手里，我反对绝不后于任何人。前文已经说到性格和个性是怎样重要，又说到意见以及行为方式的歧异是怎样重要，所有这些都连带说明了教育的歧异也具有同样的不可言喻的重要性。要由国家主持一种一般的教育，这无非是要用一个模子把人们都铸成一样；而这个模子又必定是政府中有势者——无论是君主、是牧师、是贵族、或是现代的多数人民——所乐见的一种，随着教育的有效和成功程度，相应地形成对人心进而对人身的某种专制。这种由国家设置和控制的教育，如果还有存在之余地，也只应作为多种竞争性的实验之一而存在，也只应以示范和鼓舞其他教育机关达到某种优良标准为目的来进行。实在说来，只有当整个社会状态落后到不能或不想举办任何适当的教育机关而非由政府担负这项事业不可的时候，在'两害相权取其轻'的考虑下，才可以让政府自己来主持学校和大学的业务；正如一国之内若没有某种形态的私人企业适于担负工业方面的重大工作，政府便可以自己举办联合股份公司的业务。但是一般说来，如果国内不乏有资格能在政府维护之下举办教育事业的人士，只要法律既规定实行强迫教育，国家又支付贫寒子弟助学金，以保证办学不致得不到报酬，那么，他们就会能够也会情愿根据自愿原则办出一种同样良好的教育的。"①

约翰·密尔的这段话明确地表述了两层意思：一是由国家提供统一的教育，其结果必将是培养出"政府中有势者所乐见"的统一的人，这一方面会带来"某种专制"，另一方面会损害多样化的传统；二是政府或国家的教育职责应该只限于要求推行强迫教育以及提供某些资助，而不必参与、更不能干预教育事业。约翰·密尔的上述观点在当时是很有影响的，著名的《1870 年初等教育法》以妥协的"填补空缺"为原则，不能不说是与这种思想有关。

约翰·密尔于 1865 年当选为苏格兰的圣安德鲁斯大学校长。这一当选事先并未征得他的同意，他事后请求放弃这一职务。在友人的一再劝说下，他接受了这一大学校长职务，但把就职演说推迟到 1867 年。《圣安德鲁斯大学的就职演说》是约翰·密尔探讨自由主义教育的重要文献，演说很长，持续了三个小时，演说阐明了他对大学教育的有重大影响的反职业的观点。

约翰·密尔一开始就对教育的两种含义做了区分。从最广义上说，"任何有助于个人成为他所是，或阻碍他成为他所不是的事，都是教育的一部分"。从狭义上说，教育存在于"一代有意传给下一代，以使他们至少能够维持——可能的话还要提高——已达到的进步水平的文化"之中。他认为一所大学的工作主要是在后一方面。他着重指出，大学并非一所提供技术和专业训练的机构，后者主要是医学院、法学院、工程学院和工艺院校的职能。一所大学的真正功用是为学生提供一种自由教育："人首先是人，然后才是律师、医生、商人或工厂主；如果你把他们培养成聪明能干的人，他们就会把自己培养成聪明能干的律师和医生。专业人员从大学带走的东西不是专业知识，而是指导专业知识如何运用的知识，它能用

---

① 约翰·密尔：《论自由》，程崇华译，北京商务印书馆，1959 年版，第 115-116 页。

教养之光照亮特殊知识领域的专门性。"①

约翰·密尔认为,理想的做法是,普通学校负责进行基础知识教育,而大学主要负责自由教育。不幸的是,在苏格兰,学校未能履行自己的职责,结果导致大学忙于从事学校忽视的科目的教学。他断言,英格兰的状况更糟。因此整个英国的教育必须改革。

"在国民教育中大学的功能已经被很好地解释了,至少关于"大学不是什么"这个问题有一个相当普遍的认同,即它不是专业教育的场所。大学不倾向于教授那些一经掌握便可以胜任的获得生计的特殊方法。大学的目的不是造就熟练的律师,或者物理学家,或者工程师,而是使人类具备能力和修养。没有职业学习的专门机构这种做法应该是正确的,设有法律学院、医学院是可取的,如果有工程学院、工业技术学院也是可取的。有这些机构的国家会获得优势,据说在相同的地点,设立这样的机构并且将其置于统一的管理下是有意义的,因为这些机构适当地根据要求致力于教育事业。

但是对于接受教育后获得的那点知识,那些有专长的人是否会把它们当成智力的分支或者只不过是一项工作来学习,是否学会这些知识之后,他们就会理智地并认真地运用它们,或者正相反。如果教育想要使他们成为有能力的、通情达理的人,那么他们就会使自己成为有能力的、通情达理的律师或物理学家。人们应该从大学中获得的,不是专业知识,而是指导他们运用专业知识的方法,将普遍的文明之光照亮特殊职业的专业细节。并且,所有其他包括机械但有用的职业也应该如此,教育使一个人成为更有智慧的鞋匠,如果那是它的职业,不是教他怎样去做鞋,而是通过教育给他脑力训练以及使他成为使人铭记的习惯。"

约翰·密尔十分强调知识的全面性和系统性,针对当时科学教育和人文教育的争论,他说:

"首先让我先说一点关于这些天在高等教育问题上存在巨大争论的话吧。最明显的区别是划分成了教育改革派和保守派,在古典语言和现

---

① Michael Sanderson, *The Universities in the Nineteenth Century*, p. 128.

代科学以及文科之间令人烦恼的问题:是否普通教育应该是古典的——让我用一个更宽泛的表达方式,并且说文学的或者科学的……我就这个问题的唯一回答,为什么不两者都要呢?不同时包括文学和科学的教育能担当得起优秀教育的名声吗?没有比科学教育更能教会我们思考,自由教育更能教会我们表达的了。难道我们不是两者都需要么?任何一方有不足的人是人性当中一个奋发的、残废的、不平衡的、不完整的部分。

在真理实现的过程中,推理和观察已经被运用到自然科学中那些最伟大的著名的完善过程中。随着古典文学为表达艺术提供了最完美的典型,也用同样的方式为自然科学提供了思考艺术的典型。数学以及它在天文学和自然哲学中的应用,都是通过推理、试验的科学促成了真理的发现以及通过直接观察而促成的发现中最全面的例子。

一所大学应该做的是,不从权威的角度告知我们必须相信什么,使我们把接受信念当成一种义务,而是给予我们信息和训练,帮助我们运用适合有智慧的人的方式去形成我们自己的信念。这些有智慧的人会冒着危险去寻求真理,要求了解所有的困难,是为了使他们更有资格去寻找、去辨别解决问题最令人满意的方式。"①

功利主义者大多对牛津和剑桥大学的陈旧课程提出了批评,伦敦大学校务委员会的许多委员是边沁主义者,如詹姆斯·密尔、格洛特、托克和沃伯顿都坦诚自己是边沁主义者。密尔代表功利主义和各方面的进步力量,与伦敦商业区的商界和财经界人士经常往来。建立伦敦大学的领袖人物布洛姆则实践了边沁的许多思想。

三、关于古典教育和科学教育的第一次辩论

1809 年,埃奇沃斯(R. L. Edgeworth)出版了《论职业教育》,对当时的大学教育进行抨击,并提出"知识是否有用,要看其实用价值"②,发起了关于大学的激烈争论。牛津大学原新学院院士西尼·史密斯(Sidney Smith)利用辉格党人和激进改革者的宣传工具《爱丁堡评论》对传统的大

---

① Michael Sanderson, *The Universities in the Nineteenth Century*, p. 128
② Ibid, p. 35.

学发起了攻击。他批评说：

"每年，大学中无数天才在被教士教员的嫉妒中不幸毁掉。说我们已经在这种体制下培养出伟人是徒劳的，我们在所有的体制下已经培养出了伟人。每个英国人一生中半数时间要用来学习拉丁文和希腊文，古典学科被期望去培养不会消失的才能。不管情况有多差，都不可能阻止优秀的人在任何一种教育体制下成长。只教给人们占星术和希腊神话，也仍然将有一部分创造性人才，即使是这样一种或其他充满无知和愚昧的东西的学科。"①

"当一所大学长期以来一直在做无用功，那么它首先就会看上去降低作用。在牛津，一系列关于政治、经济的讲座不受欢迎，或者被鄙视，或被禁止，去讨论圈地，探讨进出口事宜，如此关注平常生活，将被视为不庄重并为人所不齿。同样地，在 Parr 或 Bentley 那个年代，在大学中，如果被与中性盐的发明者相提并论的话，人们将感到愤怒，但是，什么样的脑力劳动是有尊严的而又有用的呢？'大学'这一术语应该意味着什么？它事实上是这样一个场所：是教授任何一门自由的，同时对人类也是有用的科学之所。"②

《爱丁堡评论》对牛津的抨击激起了牛津大学保守派们的大肆反击。1810年，牛津大学奥里尔学院的院士爱德华·考波斯顿（Esword Copleston）进行了积极辩护，他是19世纪早期自由教育思想的主要捍卫者，他从三个方面竭力维护古典教育的价值。他首先从有用的角度指出，古典学科是了解政府管理最适当的形式；其次古典学科对人心智的训练使得人们能应付现实生活和事业中出现的任何问题；最后自由教育本身就是好的，因此是有用的。③ 他说：

"古典教育的目的不是使他适合某个特定的职业，或者说增加他的财富，而这些，我承认是大多数父母教育他们孩子的目的。但是，这是一个不仅不同于真正的哲学或者开明的政策的目标，而且甚至频繁地与它有

---

① Michael Sanderson, *The Universities in the Nineteenth Century*, p. 35.
② Ibid, pp. 35-36.
③ Ibid, p. 26.

分歧，个人独自的利益不总是与公众利益一致，或者说，很少有完全相同的时候。

它没有直接使一个人获得某种生存的职业，而是使一切都变得充实和高贵。它没有教他某项独特的商务或职业，而是使他能够在各项事务中更有魅力，举止更高尚。如果对其积极计划引导，会是彻底的丰富的教育的主要因素。它将使人在任何事务中，无论是私人的或公众的，战争的或和平的，都表现得恰当、有技巧而又宽宏大量。

功用，如果它意味着什么的话，那么它的意思是指能使之达到好的结果的东西，所以，一件事自身并不是好的，但可能是有用的，只要它通向好的结果，结果的价值决定了方法的价值。如果产生了关于两种事的比较性功用的话，那只能通过它们各自导向的结果决定。

现在所有的学科及研究都被与制造商增加收益或者增多生计的手段相联系。仅仅因为人类物质的需要，我们的房子装饰得更好，桌子供应得更好，空间更加宽敞，而这些都是人们要的结果。然而，如果一个人的儿女雄心勃勃地想要拥有哲学家的名声，他会支持这种观点吗？即这些正是人类生活的重要目标——一个理性的人正应该使自己的身体需要得到满足——去忙于突如其来的流行服装、住宅、设施或是饮食？必然有一些目标比所有这些更重要，比如他的才能适合去做的，他生性具有的冲动和趋向于得到和追求的。他能够遵循的这些冲动，与使其动机减弱的压力相称，而次于尊严，尽管优于必要性，使"必需"作为是否值得称赞或感到光荣的评判标准，是与对人类千篇一律的评价相对立的。

思维的培养是必须的，它自身是一件好事；一种最高程度的好事，没有任何与身体欲望或其他需要所直接相关的东西。而这种培养，我应该说，和很多工作或商业交易一样，不允许一种更直接责任打扰他。如果他们不被允许存在于同一个社会，那稍次重要的必须让道。但在目前来看，这并不是问题所在，不能设立任何假设，去从总体人数中抽出不当的比例来从事这些学科。因为它们自身是"不明事理"的，它没有立即倾向于那些所谓的实际好处。

如果古典教育被这样认为和考虑的话，那没有什么比这更完美无缺的了，荣耀的更高层次，出于伟大的目标视死如归，对祖国利益的热心奉献,对企业的热爱,对荣誉的热爱,都存在于第一个观点中,这正是学科传达给思想的东西。① 他对牛津的捍卫被大学视为如此有功绩,以至于他被授予神学博士学位。"

代表保守的托利党人和英国国教的《季度评论》(Quarterly Review)也参与了辩论,为古典自由教育摇旗呐喊。这场辩论实质是关于办学目的和方向的斗争。大学是为教会和统治者培养接班人,还是为社会经济发展培养人才?大学只是为少数人垄断,还是向广大群众开放?这次辩论整整持续了 20 余年。

1831 年,剑桥又掀起了一场辩论高潮。剑桥大学教授,后来成为剑桥大学三一学院院长和剑桥大学校长的惠威尔(William Whewell)竭力主张突出数学的功能。他认为,自由教育的目标是训练人的整个心智系统,心智系统由许多元素组成,推理是其中一个绝对重要的组成部分,而训练人们推理的最好工具是数学和逻辑。②

惠威尔的观点遭到了主张突出哲学的苏格兰学者汉密尔顿(Wiliam Hamilton)的尖锐批驳。在当时,牛津教育大部分依赖于古典文学,剑桥依赖于数学,所以,苏格兰大学将哲学视作智力培养的主要部分。汉密尔顿 1836 年在《爱丁堡评论》发表了题为"论数学研究"的文章,认为片面强调数学就间接消弱了自由教育的其他学科,而剑桥大学完全颠倒了学术政策的每一条原则。那么,在一所学校里应该得到优先考虑和加强的学科的基础性条件是什么呢?

汉密尔顿认为:首先,应该在更高层次上培育更多品质崇高的学科。数学对人心智的发展是不充分、不稳定的,其过分排他性的培养使人的才能缺失,心灵扭曲。其次,周围应该有一大批从事研究的青年学生。显然,与其他学科相比,数学在这方面是缺乏吸引力的。再次,对人们做事应该有最大效用,或者在工作之余能给人以享受。就前者来说,数学对于普通人做事是最没有用处的,而就后者来说,甚至比起前者更没有用处。最后,应该能够成为通向其他重要学科的通路。在这方面,数学不能直接

---

① Michael Sanderson, *The Universities in the Nineteenth Century*, pp. 37-38.
② Ibid, p. 68.

导向任何一个知识领域,即便有间接的作用,那也是微不足道的、偶然的、可有可无的。①

针对汉密尔顿的论点,惠威尔进行了反驳,批评了哲学教学中的问题。他在1837年《论英国教育的原则》一书中说:

"教育实验,从希腊文明开始至今,看起来已经获得了明显的和一致的结果。我们从中获取的教训是:就文明与人类知识的增长与传播的关系而言,我们看到,当数学在教育中得以流行时,文明就变得光辉灿烂,当哲学成为最受欢迎的学科时,文明就变得暗淡无光。我们充分相信教育对文明进步有着巨大的影响。我们还发现,这种影响遵循着一定的规律:当教育是实用的教学时,它是一种真正的文化,具有无限的生命力;当教育变成思辨教学时,尽管也有一些效果,但人类的心智,在某些方面,丧失了前进的动力。"②

惠威尔指出,我们选择的课程,应完全是不容怀疑的真理。质量最优秀的作品,必须要求学生熟记。这种课程就是数学研究和最优秀经典作家的作品。他认为,大学教学诉诸两种方法:一种是尊重的方法,一种是批判的观点。他认为尊重的观点是合适的教育路线,批判的观点似乎不是对学生的,而是对已受过教育的哲学家的。满足前者的学科是数学和古典文科,满足后者的学科是哲学。

1831年惠威尔和汉密尔顿的辩论已经深入到课程内容。双方的共同之处在于两人都承认大学教育的目的不是培养某些职业所需要的实用技能,分歧之处只在于两者对不同学科的重视程度。惠威尔对数学教育的探讨也推动了当时剑桥数学教育在内容和方法上的改革。在19世纪上半叶的大辩论中,反对牛津、剑桥办学方式的人形成了一个非正式的联盟。他们的成员有非英格兰国教徒、罗马天主教徒、犹太人、保守党政府内的自由派、科学家以及一些思想比较开放的国教徒,一些有影响的人在辩论中提出成立新大学的建议,这场大辩论有力地促进了伦敦大学的创办和发展。

---

① Michael Sanderson, *The Universities in the Nineteenth Century*, pp. 70-71.
② Ibid, p. 72.

第二节 伦敦大学学院与国王学院时期

一、伦敦大学学院的成立

早在17世纪,剑桥大学的威廉姆·德尔(William Dell)就提议"在全国每一个大城市至少建立一所大学"①。在伦敦建立英格兰第三所大学多次被人提起,人们希望这所大学能利用伦敦的资源,发展科技和商业教育。

1825年2月9日的《泰晤士报》(*The Times*)发表了诗人坎贝尔致布洛姆(Henry Brougham)的一封信,信中提到要建立一所主要为中产阶级服务的"大伦敦大学"(Great London University)。② 坎贝尔访问过波恩和柏林,在他心目中,这所大学是非寄宿制的德国式大学。信发表后,伦敦市长在伦敦酒店(London Tavern)召集了商讨伦敦大学创办的会议。

著名神父约翰·耶茨于1826年出版了《关于在英格兰发展学术教育的设想》一书,提出建地方大学的早期建议,他说:

"人口稠密城市中,很大一部分青年打算通过在他们家附近建立大学而受益,用适当的方式向他们开放,脱离等级制度。荷兰的统帅在西班牙战争结束后对雷登市居民的英勇奋战进行奖励。在免除赋税和建立大学的选择中,雷登人明智地选择了后者,荷兰现在有三所著名的大学,无差别地对所有的宗派开放,为什么与荷兰有同样的人口、财富、面积的约克郡和兰卡郡不能有大学呢?难道不能在这些地方建立一所大学,向该地的所有居民开放吗?对医学、法学、神学任何一个领域中追求进步的学生来说,现在的大城镇最大程度上提供了用武之地。认识不同种类的疾病

---

① W. H. G.. Armytage, *Four Hundred Years of English Education*, Cambridge University Press, 1964, p.23.

② H. C. Barnard, *A History of English Education*: *from* 1760, University of London Press, 1969, p.84.

对医学生是如此必要。然而，除了像都柏林、爱丁堡、格拉斯哥这样的真正的大都市之外，没有大学假装在恢复的文科领域给予足够的支持，同样的观察应用于法学。第三，最大的城镇为在不远处修缮一所大学的人的膳食、住宿，提供了足够的条件。"①

耶茨是位积极的捐助者。他是在利物浦出生的唯一神派（基督教一派，认为上帝系单一者，反对三位一体的说法）牧师，也在谢菲尔德和伯明翰工作，他出生于北方的这一事实促使他十分关注在北方建立大学。他在1832年捐资创办了杜伦大学。

在1825年到1826年间，布洛姆安排了多次公开的和私下的会议；于1826年2月11日签订了一份详尽的财产授予契约，决定通过出售每股100镑的股票，筹集总数达15万镑到30万镑的资金；从全体股东中推举28人组成校务委员会，全权负责管理伦敦大学的财产、聘任教授和管理学生等事宜；校务委员会不接受任何一位宗教牧师成为校务委员会的成员；新大学校务委员会的24名成员中，除了坎贝尔和布洛姆外，还有詹姆斯·密尔(James Mill)、赞查利·麦考莱(Macaulay)、沃林塞斯·格里高利(Olinthus Gregory)、格洛特(George Grote)、约瑟夫·休谟(Joseph Hume)、托克(William Tooke)、沃伯顿(Henry Warburton)、约翰·拉塞尔(John Russell)。

1826年2月校务委员会所拟定的伦敦大学的第一份《说明书》是世界高等教育史上的重要文件。《说明书》第一部分写道：

伦敦大学的计划现在全都成熟了。主管大学事务的校务委员会认为，必须把大学的纲要提交给公众，以便关心公共教育的朋友们有最充分的机会决定这所大学在多大程度上应该得到他们的支持，并且考虑在哪些具体问题上应当予以改进。

建校股票认购者的人数和姓名足以表明，在大学特别为他们设立的这个阶层的人们中，流行着对大学功能的坚强信念。在对大学的设置作出贡献时，他们既考虑自己的利益，也考虑公众的利益。

---

① Michael Sanderson, *The Universities in the Nineteenth Century*, p.56.

"伦敦市的人口,和丹麦王国、汉诺威王国、符登堡王国的人口差不多相等,而财富远远超过它们。每个王国至少有一所欣欣向荣的大学。假定过去五年的年增长率和前十年的年增长率相等,目前的人口不能少于14万,其中年龄在16~21岁之间的男子大约40000名;这是通常接受学术教育的时期。可以断言,在任何其他地方,没有同等数量的青年,其中有大部分的人感到缺乏自由教育。他们有资格受到这种教育,能够便利地在本地得到这种教育的好处,而很少能在其他地方得到这种好处。没有其他地方把知识作为希望的目的,或者作为喜悦的来源、改进的手段,或者作为诚实而有用的雄心壮志的工具。把这么多有志担任社会最重要职业的聪明、睿智的青年排除在自由教育之外,乃是我们制度的一个缺陷。这个缺陷,如果任其长期存在而不为人们所察觉,会触犯每一个有理性的人。总之,伦敦不论就智力或财富来说,还是从人口来说,完全可以被认为是文明世界的第一流城市。它既是最需要一所大学的地方,也是唯一没有一所大学的伟大首都。"①

对于早期伦敦大学学院的课程设置,《说明书》列出以下八类:②

一、语言

  1. 希腊语言、文学和风俗习惯

  2. 罗马语言、文学和风俗习惯

  3. 英国文学和写作

  4. 东方语言

    A. 从地中海到印度河的语言

    B. 从印度河到 Burrampooter 的语言

  5. 法国语言和文学

  6. 意大利和西班牙文学

  7. 德国与北方文学

二、数学

  8. 初等数学

---

① 王承绪:《伦敦大学》,湖南教育出版社,1995年版,第24页。
② 同上书,第25-26页。

9. 高等数学

三、历史

10. 历史

四、物理学

11. 数学物理
12. 实验物理
13. 化学
14. 地质学和矿物学
15. 植物学和植物生理学
16. 动物学和比较解剖学
17. 自然科学对艺术的应用

五、精神科学

18. 人类心理的哲学
19. 逻辑学

六、道德科学

20. 道德哲学和政治哲学
21. 法学,包括国际法
22. 英国法,(也许)有关宪法的讲座
23. 罗马法

七、政治经济学

24. 政治经济学

八、医学科学

25. 解剖学
26. 生理学
27. 外科学
28. 产科学和妇幼疾病
29. 药学
30. 疾病的性质和治疗
31. 开设临床讲座

由此可以看出,伦敦大学针对社会、经济发展的需要设置课程,主张理论联系实际,主要传授现代学术和自然科学。它的课程设置比较广泛,包括语言、数学、物理、心理学和道德、法律、历史、政治经济学。医学从建校开始就是一门重要的学科,1834年还创办了大学的附属医院。

1827年发表的《伦敦大学委员会对于其性质目标的阐述》对伦敦大学与牛津、剑桥大学的不同做了详细论述。①

"新的伦敦大学(现在的大学学院)公开其可以与老的大学区分开来的特征,尤其是它摆脱了宗教测试的束缚。它对'简单且适当的环境'中的人的吸引力,以及它强调职业训练。

令人遗憾的是,由于各种各样的原因,长期以来大部分英国年轻人上大学的权益被剥夺了。据章程规定,牛津大学只接收那些信仰英国国教的人,在宗教的核心问题上,剑桥大学的排他性实际上比牛津少一些。剑桥放松了对异教徒的禁止政策,允许异教徒进入剑桥大学进行学习,但是无法获得学位。另外一个排他性的原因,在于那些大学费用奇高。这倒不是大学收费高——这些是适当的——而是学习的其他费用高,尤其是学生生活方式太铺张造成的巨大花费。

因此,考虑到那些不属于英国国教的人的数目有多大,以及处于简单并且适当的环境中的人中英国人占多大比例,国家的最高利益迫切要求建立一些机构,使其能用合理的价格得到开明的教育,以及使各种信仰的人们被合理接纳,这是毫无疑问的。

还应记住,在牛津和剑桥大学,法律和医学课程的学习不在主导学科之列。这样,在英国的学科专业中,仅有非常有限的一部分,尤其是医学,在大学中接受教育。在英格兰只有100名内科医生毕业于牛津、剑桥大学,还有成百上千名内科医生没有上过大学。6000名外科医生协会成员中大学毕业的只有6个。法学界高层次法律工作者相当大的一部分毕业于牛津或剑桥大学。但最重要的部门在8000多人的诉讼师队伍中只有千分之一的人员受过大学教育。在政府中任职的公务员也没有上大学的机会。

牛津、剑桥两校建立以来,英格兰在人口、财富方面已经发生了重大

---

① Michael Sanderson, *The Universities in the Nineteenth Century*, p. 59.

变化,这就迫切需要建立一所新的大学。而伦敦则是建立这样一所大学最有利的地点。"

1827年4月,英王乔治三世的第六子、德国哥廷根大学校友奥古斯特斯·弗雷德里克·苏萨克斯公爵为伦敦大学奠基。1828年10月伦敦大学在伦敦市的高尔街(Gower Street)上创办。

伦敦大学招生不分教派,毕业也没有宗教测验,神学被排斥在课程之外。马修·阿诺德称之为"高尔街上不信神的大学"①。1830年牛津、剑桥大学一年的学习费用达到200到250英镑之多,②伦敦大学的年均费用很低——每年25到30英镑,仅仅是牛津或剑桥一小部分课程的费用。③ 伦敦大学的创建是当时教育界的首要大事,尽管在当时很多人都没有意识到这点。这个建立在垃圾堆旧址的学校由于适应了社会需要,收费低廉,摆脱了宗教束缚,因此发展非常迅速,到1830年,它已经拥有500多名学生,其中大部分是学医学的学生。④ 伦敦大学的创建,以功利主义和世俗主义为导引,成为19世纪英国大学制度改革运动的开端。⑤

二、国王学院的成立

伦敦大学的创办在教育领域无疑引发了一场革命,它的革命性一方面表现在无上帝的课程设置上,更重要的是它是英格兰第一所不限制学生宗教信仰、招生不必通过宗教考试的学校。这种新机构对传统的大学构成了威胁,因此必然遭到牛津和剑桥大学保守势力和国教会的反对。布洛姆、密尔等人在高尔街建成伦敦大学的时候,教会人士对新成立的伦敦大学不设教堂、不进行宗教教学予以谴责和抨击。1826年10月,塞福克郡哈德雷(Hadleigh)的教区长罗斯牧师(Hugh James Rose,1795—1838)在一次布道中讲到宗教在教育中的地位问题,批评了当时的非宗教主义。1827年1月神学季刊《不列颠评论》发表长篇文章,把罗斯布道的

---

① H. C. Barnard, *A History of English Education: from* 1760, p. 84.
② Ibid, p. 83.
③ Ibid, p. 84.
④ Ibid, p. 85.
⑤ Ibid, p. 84.

原则和新成立的伦敦大学《说明书》中提出的原则相对比，谴责新成立的大学，并提出应该在伦敦另建一所学院的问题。

1828年2月，罗斯的好友曼纳斯—塞顿（Manners-Sutton）大主教的牧师、兰贝斯教区长陶伊利博士（George D'oyly）以信使陶伊利为笔名，以伦敦大学问题为题，致函内政大臣皮尔（Robert Peel）。皮尔赞成教育的宗教基础，陶伊利为得到皮尔的支持，指出伦敦大学的根本缺陷，即"完全删去和基督教有关的一切"。他认为，反击伦敦大学的影响的唯一有效的办法是在伦敦建立第二所大学。在这所大学里，"按照英国本国规定的更为正确的形式，以基督教原则灌输青年的心灵，将是所传授的教育的主要部分；同时，在这所大学里宗教仪式应按照我们国教的指示进行"。

由于陶伊利的信，结果发起了根据明确的英国国教的原则创办新的国王学院的计划。1828年6月21日，在首相惠灵顿公爵（Duke of Wellington，1769—1852）的主持下，一批国教会的高级人士举行了一次会议，会议达成以下共识："会议的意见认为应该在首都建立一所以普通教育为目标的学院，在这所学院中，文学和科学的各种分支成为教学科目的同时，像英格兰和爱尔兰教会那样用基督教的教义和责任滋润年轻人的身心也将是这种制度的根本组成部分。恭请英王陛下乔治四世为新学院的保护人，并准许命名它为'伦敦国王学院'。"①按照牛津和剑桥大学的传统，承认英格兰教会对学院的主宰地位。

在国王学院正式成立之前，成立的临时委员会制订的学院规程规定，全日制学生必须参加每天在学院教堂举行的宗教仪式和每周一次神学讲座。院长必须是牧师。除了担任科学和近代语的教授外，其他教授均应为英国国教教徒。学院的任务是培养商业从业人员，或到其他大学攻读学位。没有做出授予学位的规定。② 1829年8月14日，政府颁发特许状，学院获得皇家批准，1831年10月8日，国王学院（King's College）举行开学典礼，正式招生，在离伦敦大学仅2英里的地方与其唱起了"对台戏"。

---

① H. C. Barnard, *A History of English Education*: *from* 1760, p. 85.
② 王承绪：《伦敦大学》，湖南教育出版社，1995年版，第30页。

国王学院设高级部和低级部两部分,高级部入学年龄为16岁,每星期一至星期六下午都上课,星期天上午礼拜。每学年学费25镑5先令,经学院捐献者或股东提名,减为21镑。① 教授"宗教和道德、古典文学、数学、自然和实验哲学、化学、自然史、逻辑、英语文学和写作、商业原理、普通历史。此外还有现代外语的教学,有些科目与特定的职业有关,如内科、外科、法学等"②,低级部为预科,限收男生。每学年学费18镑15先令。经学院捐献者或股东提名,减少为15镑15先令。③ 国王学院开学时学生人数很少,在1831年至1832年之间,它总共有162名学生,其中114名是全日制学生。1836～1837年,数字各增长至380和183,但之后有一个扩张期,到1843～1844年,总共有465名学生,其中全日制学生为293名。④ 学生三年修业期满,对成绩合格、行为和参加教堂礼拜令人满意的学生,授予国王学院学士证书。

由此,伦敦大学第一种模式结构,是分别以坎贝尔和布洛姆发起的大学学院和随后成立的国王学院为代表的模式。这种模式,取法于苏格兰和德国大学的组织形式,是单一型的模式结构。

第三节 国立伦敦大学时期

高尔街上的伦敦大学对学生入学坚持不作宗教的要求,也不安排宗教的教学,触怒了保守派和当权派,身为大法官的布洛姆多次申请特许状。但牛津和剑桥大学以及医学团体都向枢密院提出异议。布洛姆问:"请问,现在是什么东西在阻挠伦敦大学授予学位?"他得到的回答是:"普遍的奚落和人类的蔑视。"因此,高尔街上的伦敦大学学院在1836年之前虽多次申请政府颁发特许状,但由于排除宗教教学,长期未能解决。国王学院建立后,由于实行宗教教育,1829年获得特许状。于是,伦敦出现了

---

① 王承绪:《伦敦大学》,湖南教育出版社,1995年版,第31页。
② H. C. Barnard, *A History of English Education*: *from 1760*, p. 85.
③ 王承绪:《伦敦大学》,湖南教育出版社,1995年版,第31页。
④ H. C. Barnard, *A History of English Education*: *from 1760*, p. 85.

两所相互竞争的学院：一所获得政府特许状，自称学院（国王学院）；一所未获得特许状，自称大学（伦敦大学）。

　　伦敦大学和国王学院虽然是竞争对手，但除了宗教上的对立，两个学校有许多共同之处。它们的课程设置都比较广，学生来自不同社会背景的家庭，课程设置以及学生成分的多样导致学生职业选择的多样。伦敦大学虽然称为"大学"，但并没有获得标志大学地位的皇家特许状，它与国王学院一样都没有学位授予权，于是1830年便有人提议两校合并，1831年合并得到准许。① 但两所办学思想迥然不同的学校合并在一起也遭到了人们的反对，尤其是牛津和剑桥竭力反对给予它授予学位的权力。事情闹到枢密院，1835年3月，保守党政府在议会经过长期的辩论后，通过一项动议，请求国王给予伦敦大学学院颁发皇家特许状。后来，辉格党政府经过枢密院和内阁的多次讨论，于1835年6月达成一个妥协方案，主要内容如下：

　　"政府打算采取以下步骤，在伦敦给所有宗教派别的人提供授予学位的模式，没有区别，不强加任何检验或取消资格。

　　1.塞沫塞特公爵等申请的特许状将予以批准，把有关各方组成'伦敦大学学院'；

　　2.同样的特许状将授予此后可能成立的任何同样的机构；

　　3.另一特许状将授予文学和科学方面的著名人士，组成主考人委员会，并完成剑桥评议院主考人的职能，这个机构定名为'伦敦大学'；

　　4.大学学院和国王学院的学生，凭读完两校课程，熟练取得通过学位的证件并在为人表现方面得到两校董事会认可，准予参加考试，并根据他们的相对成绩分级；

　　5.任何其他教育团体，不管是否法人，可以随时由王国政府指定，准许他们的学生参加学位考试；

　　6.同样的原则适用于医学学位；

　　7.授予的学位有文学士、文硕士，法学士、法学博士，神学学士和神学博士；

---

① H. C. Barnard, *A History of English Education: from* 1760, p. 85

8. 王国政府有权随时任命新的和增设的主考人；

9. 所有关于处理伦敦大学的规章和条例应呈送给国务大臣，由议会负责；

10. 国王是观察员；

11. 收取学位费以支付主考人的费用，但须经财政部规定和审批。"①

1835年的方案建议伦敦大学学院和国王学院合并成为新的伦敦大学，并拟提供授予学位的权力，且由政府提供经费。1836年经过王室批准由英国政府直接设立伦敦大学。这样，高尔街上的伦敦大学改称为伦敦大学学院（University College, London），和国王学院一样独立办学，但均无授予学位的资格。新成立的伦敦大学凌驾于学院之上，对上述学校的毕业生进行考试，并拥有授予文学、法律和医学学位的权利。从此形成了伦敦大学的第二种模式结构。这种模式在某些方面与法兰西大学相似，与以苏格兰和德国大学为模式的伦敦大学的第一种模式结构完全不同。从此，伦敦大学开始了一个新的历史发展阶段，成为主持考试、授予学位的机构。负责教学的是各个相关学院，如伦敦大学学院、国王学院等。这一模式延续至1900年。

国王威廉四世根据1836年12月28日颁发的特许状，宣告新的国立伦敦大学的目的是："为了宗教、道德的进步和有用知识的增进，对于一切阶级和教派的我们忠诚的臣民，没有任何区别，鼓励他们接受正规的自由教育。同时，考虑到首都和我们联合王国其他地区，许多人确实从事或完成他们的学习，应该给他们提供这种设施，这是必要的。同时，应该授予他们荣誉和奖赏，使他们坚持这些值得称赞的追求，这是公正的。伦敦大学的设立，目的在于通过考试确立在文学、科学和艺术方面通过教育达到精通的人；同时用学位奖赏他们，作为他们各自的成就和与之相称的荣誉的标志的证明。……"②

联邦制伦敦大学是由政府直接设立的，这与原来伦敦大学的私立性质不同，不过，就办学的原则、目标、学科与课程而言，原来伦敦大学的世

---

① 王承绪：《伦敦大学》，湖南教育出版社，1995年版，第34-35页。

② 同上书，第37-38页。

俗主义原则与功利主义精神大体被保留下来。

1841年,有人希望修改特许状,允许将英国本土以外的领地高等院校隶属于伦敦大学。1850年,伦敦大学获得一个补充特许状,允许英帝国所有领地的院校学生都可以应考伦敦大学的学位。1858年英国政府给伦敦大学颁发第三个特许状,对1836年的规定作出重大修改,除对医学学位考生仍按规定执行外,所有其他考试对所有人开放。

1884年,曼彻斯特欧文斯学院和利物浦大学学院组合成维多利亚大学(维多利亚大学只存在于1884～1903年,1903年被解散),曼彻斯特获得学位授予权。伦敦大学学院和国王学院做出强烈反应,他们感到,曼彻斯特得到的,正是他们所缺少的,即对本院学生的学位授予权。两校的规模都比曼彻斯特欧文斯学院的规模大。他们深信,1836年决定的有关学术活动的分工以及1858年所达成的重大妥协,越来越不利于伦敦担负教学任务的院校,大学本身徒有虚名。1884年5月,伦敦教学大学促进会成立,会员来自大学学院、国王学院和伦敦各医科院校。促进会的目的在于赋予从事大学教学和考试工作的人对大学管理发表意见的机会,并承认具有伦敦大学等级的现有院校作为大学的基础或组成部分。对现有伦敦大学嫁接一所教学大学,改组成双重组织,制定了管理教学大学的学部和各学科的学术委员会。大学学院的著名的应用数学教授皮尔生(Karl Peason)说,"伦敦根本没有任何大学,最接近这种机构的乃是大学学院和国王学院,以及医学院校。把在伯林顿大厦主持考试的机构称为大学是语言的无用,没有特许状或议会法能给予真正的认可。"伦敦大学副校长潘杰特爵士(Sir James Paget)对改革建议比较同情,理事会也采取灵活态度,但是校务评议会表示反对,抓住教学和考试权力分离的原则,认为任何改革都将危害这个原则。

在这种情况下,大学学院联合国王学院,请求在伦敦创办一所新大学,命名为阿尔伯特大学,并于1887年草拟了特许状,建议以大学学院和国王学院为第一批组成学院,规定准许医学和其他院校加入,也对学部组织和各学科学术委员会作了安排。他们在给枢密院的请求中说,"伦敦大学除了大学总部的所在地,并不比属于英格兰或英帝国其他各地更加属于伦敦或伦敦地区;鉴于伦敦大学对很多教育结构所施加的影响是有价值的，它对教育事业所提供的服务是巨大的，它的存在和目前的工作并没有提供反对在伦敦和为伦敦建立一所大学的论据"。请愿书认为，把学位的考试工作和高校教学工作分离开来，"对大学教学会产生有害的后果"，"剥夺教学和学习的具有价值的功能即转变学生思想的力量"。①

　　由于各方争论、意见不一致，理事会建议政府委派皇家委员会进行研究。1888年5月，政府任命皇家委员会，研究"为促进伦敦的高等教育，是否需要任何新大学或权力，以及什么样的新大学或权力"。委员会共有委员7人，塞尔朋勋爵（Lord Selbourne, Roundell Palmer）任主席。1889年委员会提出报告，否定设置非大学机构单独授予医学学位的要求，并对大学教学问题进行了论证。但是，他们还不清楚应该怎么实施。三位委员主张对大学进行改组，与教学院校取得密切的联系——"尽量在一所大学集中和利用现有大学和所有教学机构的一切力量和经验"；另有三位委员则持有异议，他们对"有效地把一所考试大学的职能，把教学和考试结合起来称为伦敦大学"存有疑虑，因此，"我们倒希望为伦敦建立一所教学大学，让伦敦大学继续履行它现在的职能"。但是，他们有些矛盾，说"我们在建议中默认在一所大学中统一教学和考试职能的尝试"。委员会中明显的意见分歧，使争论无法妥善解决。于是，政府另任命一个皇家委员会，库柏（Lord Cowper）任主席，另有委员12人。1894年1月其提出报告，意见仍不一致，多数委员主张"伦敦应该只有一所大学，而不是两所"；现有大学应该进行改组，建成一所教学大学，"使它在保留其现有权力和权利的同时，全面有效地执行并正确要求伦敦教学大学所做的工作，不阻挠它履行作为从英帝国各地来的学生的一个考试机构的重要职责"；应该有校内生和校外生，"两类学生的唯一区别在于：校内生在大学内修习课程，然后参加考试；校外生则在其他地方接受教学，像目前一样，仅在大学参加考试"；伦敦的各教学机构都被称为大学的"学院"，保留其各自的身份，它们的教师成为整个大学任命的或承认的教师；大学应促进教学和科研，特别是"英格兰所忽视或设施不足，伦敦教学大学肯定应该提供海峡对岸的高级学生要到其他地方去从事的科研部门"；坚决地向财政部建议

---

① 王承绪：《伦敦大学》，湖南教育出版社，1995年版，第65-66页。

增加拨款；对理事会的组成、学术委员会以及学部和学科委员会提出了具体的建议；委员会还建议应通过立法而不是采取特许状的办法进行改革。

1898年议会通过改组伦敦大学的法案，负责使1898年议会法得以通过的是霍尔登(R. B. Haldane)。他对伦敦大学的影响之大，没有一个人能和他比拟。作为国会议员，他用全力使伦敦大学改革法在下议院获得通过。他和韦伯(Sidney Webb)形成策略同盟。通过的伦敦大学法设置了一个以霍尔登最尊敬的律师戴维勋爵(Lord Davey)为主席的委员会为大学草拟必要的条例，1900年2月为改组的伦敦大学提供了一部组织法。1900年以后，促进科研和改进教学成为伦敦大学两大新的职能。伦敦大学开始成为从事教学和科研的联合大学，即伦敦大学的第三种模式结构。

凡是原来和伦敦大学有联系、并有学生参加伦敦大学学位考试的伦敦地区的许多院校，都被任命为伦敦大学的"学院"(Schools)，它们的学生，都称为"校内生"(Internal Students)。在其他任何地方或并不在校内学习的学生，则称为"校外生"(External Students)。这两类学生应分别参加单独为校内生和校外生举行的学位考试。1900年，伦敦大学本部也开始招生，这就形成了校本部和校外部两大块，但只有校本部才负责招生、上课、科研等活动，而校外部只负责学位考试和教学质量监督，这种体制一直延续至今。

第四节　伦敦大学的教学与管理制度

伦敦大学首开许多教育方式、制度的先河，影响极为深远。正如校务评议会主席泰勒爵士所言："世界上很少有大学，而不列颠也没有一所大学能够自称像伦敦大学这样，在教育思想和实践的发展与传播方面起到如此重要的作用。"[1]

---

[1] http://www.ucl.ac.uk.

一、伦敦大学的内部管理制度

19世纪创立的伦敦大学是众多学院和研究所的联合体,被称为"联邦性大学"。对于这样一个规模庞大、兼容并包的教学机构来说,高效、严密的组织和管理尤为重要。

伦敦大学的行政管理体制是不断发展的双重领导体制。1836年,伦敦大学由大学学院和国王学院合并成立后,设置了大学校务委员会(Senate House),负责大学的整个管理工作,监督大学的事务和资产,决定大学的政策,制定必要的规章和条例。但是批准的权力牢固地由政府最后控制。所有规章和条例首先呈报国务大臣,由国务大臣批准和会签。

校务委员会成员均由政府任命。第一届理事成员有38人,其中许多人是医学界和科学界的名流。第一任校长柏林顿勋爵(Lord Burlington Cavendish),第一任副校长鲁伯克爵士(Sir John William Lubbock),都是从剑桥大学毕业的,两人终身服务于伦敦大学,为伦敦大学的发展作出了卓越的贡献。校务委员会的成员还有布洛姆、法拉第(Michael Faraday)以及托马斯·阿诺德(Thomas Arnold)。阿诺德由于无法说服大学对学生进行基督教考试而于1838年辞职。

校务委员会是学术事务的最高管理执行机构,成员包括校长、副校长、校务评议会主席、某些学院院长、校务评议会代表以及教师和学生代表。它负责任命所有教师和高级讲师。大学校务委员会主要通过5个常务委员会行使职能。它们是:学术委员会、校外学生委员会、学院委员会、校外课程委员会以及大学入学和学校考试委员会。[①] 委员会由校外人士和校内学者组成,这标志着学者势力有所增强。到了19世纪末,英国皇家颁发的大学特许状仍然强调把学术自治权留给学校教授,但实际上那种传统的自治观念正在发生改变。学校自治渐渐演化成一种学术自治。在非学术性的事务方面,校外人士发挥着越来越大的作用。以副校长为首的学者势力力图保持住大学自治的权力,即使是新大学也不愿放弃在学术方面的独立性。他们认为这是大学民主化的重要标志。

---

① H. C. Dent, *Education in Engl and Wales*, Hodder and stoughten, 1982, p. 151.

19世纪40年代,伦敦大学的毕业生中有不少人感到需要有某种形式的组织。1845年,部分毕业生建议成立伦敦大学校务评议会,以形成一种团结精神,促进大学的利益,建立并维护毕业后同学之间的友好情感和相互关系。1848年6月,部分毕业生在共济会会堂召开大会,希望使仅有考试委员会骨架的大学有某种团结的精神,当时毕业生达400余人,新成立的校务评议会开始对大学事务发表意见。他们的目的在于使校务评议会(Convocation)在大学组织法中有它的重要地位。经过10年的努力,其在1858年的特许状中获得承认,成为大学的"政治和法人实体","具有与大学有关的任何问题的权力以及接受大学的任何新特许状的权力"。所有毕业达一定年限的毕业生每年缴纳10先令6便士就能成为会员,缴纳3基尼会费可成为终身会员。校务评议会推举6名校务委员会会员,有权"讨论任何与该大学有关的事务,并向委员会阐明它对这些事务的看法"。1877年,校务评议会作出决议,请求委员会"考虑加强附属院校和大学的联系的措施",提出在大学和各学院之间加强某种互利的影响的主张,认为"对大学事务有主动兴趣的校务评议会成员,很少人同意大学完全作为政府考试委员会的性质"。校务委员会对校务评议会的这些主张明显缺乏热情。

　　1836年到1900年,由于伦敦大学实际上是一个考试机构,校务委员会无权干涉各附属学院的教学,伦敦大学校务委员会的任务,就是考试、授予学位,自己不招生、不上课。伦敦及各地成立的学院,在招生、教学、经济、管理上均独立自主。但在教学内容和标准上,受伦敦大学颁发的教学大纲制约;在质量上受伦敦大学监督。这种大学与学院的关系,和牛津、剑桥是不同的。伦敦大学的管理模式不同于牛津和剑桥,而是取法于德国和法国的大学。在这种新模式下,英格兰各地先后在15年内办起了80所学院,形成了大学教育大发展的局面。这种新型的体制一直延续到今天,英国很多地方都出现了"大学学院"这一名称。

二、伦敦大学的学部

　　伦敦大学以文学部作为预备教育,上设不同的高级学部,然而,传统大学中的神学部却从课程中消失,为理科所取代(表1),反映了新型大学重视实用技术知识、排斥神学至上的世俗化特点。伦敦大学冲破中世纪以来旧大学传统的文、法、医、神4个学部的安排,选择原来的文、法、医3个学部,排除神学部,在当时是与众不同的,甚至是激进的。

表1 伦敦大学1826~1858年设置的学部(Faculty)

法学部	医学部	理学部
文学部(Faculty of Arts)		

伦敦大学初创时,考试虽然强调科学科目,但根据1836年特许状却仅授予文学、法学和医学的学位。1857年7月,以皇家化学学院霍夫曼(A. W. Hofman)、皇家科学院丁德尔(John Tyndall)、科学和艺术部普雷费厄(Lyon Playfair)、皇家矿冶学院赫胥黎(T. H. Huxley)、大学学院沙沛(William Sharpey)和威廉姆逊(A. W. Williamson)以及国王学院惠特斯东(Sir Charles Wheatstone)和李厄尔(Stir Charles lyell)等为首的24名著名的科学家致信校务委员会,希望考试中心能更加注重实验科学。为此,校务委员会组织了一个重要的委员会,委员除了校长、副校长和注册主任之外,其他为皇家学会会员。委员会举行了一系列会议,收集证词,最后,赫胥黎执笔给大学一份强有力的请愿书,该请愿书在伦敦大学的知识重组过程中起了关键性的作用。①

"目前学术界公认人类知识有文、法、医、神四个分支。这种四分法虽然在大学兴起的时代可能是足够的,但是,作为对目前推动个人理智训练或促进人类幸福的知识分类的认识,已变得完全不适当了。事实上,知识的第五个分支——科学——探索赖以支配自然现象的法则的结果,除开这种法则对艺术的任何直接应用——已经逐步成长;同时,由于没有从整体上被认识,已经变得被肢解了。有些部分包含数学和物理学能够进行数学处理的分支,隶属于文科;其他科目如比较解剖学、生理学和植物学,依附于医学。它们在这些学科的教授中出现。

这种安排对一个世纪以前,电学、热学、磁学、有机化学、组织学、形态

---

① 王承绪:《伦敦大学》,湖南教育出版社,1995年版,第50-51页。

学、地质学、古生物学等构成区别于文科和医学的科学的真正精髓的知识分支还不存在的时候,对还不发达的科学不能造成祸害。但是,现在大家公认的要精通这些科学中的任何一门,是一生劳动的有价值的目标;同时,社会认识到这些科学的成果在缓解人们知识匮乏方面的价值,实际上把研究这些科学看作专业,并且尊敬从事这些专业的人。

另一方面,学术团体继续忽视科学作为一个独立的专业;甚至特别创办了满足近代需要的伦敦大学,不能给这个时代的第一流化学家和物理学家授予学位,除非它同时对古典文学的了解达到中等以上的水平。……我们认为这样一种事态,不仅本身是反常的,对科学的进步也是最大程度的祸害;指导青年的人,发现科学不被承认是一个专业,因而不把科学作为一种追求……

我们认为,补救这些祸害应该是:英国的学术团体应该(像法国和德国的学术团体那样)承认科学是一门学科和一个职业,应该把它放在和文学、医学和法学同样的地位上。"

赫胥黎在对委员会所做的陈述中分析说:"我认为,任何一个注视目前知识的进步的人,必须看到科学在世界事务中正在不断发挥越来越大的力量。同时,这样的时刻将很快到来,没有一个对科学完全不熟悉的人能参加关于科学的谈论,或者认为自己是一个受过教育的人。"经过努力,1858年特许状同意伦敦大学授予科学学位。大学建立起第四个学部——理学部,授予理学士和科学博士。理学士条例规定通过两次考试,第二次考试包含5门必考科目:机械和自然哲学;化学,有机和无机,理论和实际;动物生理学;地质学和古生物学;逻辑学和道德哲学。参加荣誉学位考试的人必须加考几门科目。1860年,爱丁堡大学的学生布朗(Alexander Gram Brown)成为第一个荣誉理学士学位的获得者,两年后,即1862年又通过博士学位考试,成为第一个科学博士。1858年特许状同意伦敦大学设置理学部,授予科学学位可以看作是伦敦大学对人类的巨大贡献。

伦敦大学学部制度的改革工作,到1900年基本完成。首先是音乐在1877年获得学部地位。1900年,伦敦成为具有教学和考试双重职能的大学。在这一年,神学、工程和经济学都设置学部。从伦敦大学的历史来看,接受神学部在平息旧时的争论和标志着激进的大学已经成为教育体制的一个组成部分方面是重要的一步。由此,伦敦大学设立了9个学部中的8个,文、法、医(1836年)、理(1858年)、音乐(1877年)、神、工程、经济学(1900年)。

表2 伦敦大学1858~1900年设置的学部(Faculty)

学部	音乐学部	工程学部	神学部	经济学部
设立时间	1877	1900	1900	1900

伦敦大学在绘制纯粹科学的学术蓝图方面是英国的领先大学,作为使工程学成为大学科目的世界领袖也独具一格。伦敦大学的工程学部,在1900年从一个纯粹的考试机构改变成一个联合的教学大学之后,才单独设置。伦敦大学是在还没有设置工程学部就开始工程学的教学的。从伦敦大学初创开始,大学学院和国王学院就设置工程学讲座,聘请著名的实践家担任教授。他们在从事一段时间的铁路和桥梁建筑之后,来伦敦大学讲课一段时间,来回往返。尤以国王学院坚持这种办法,从不间断,办出了特色。伦敦大学学院是英国高教史上首先建立工程学讲座的学院。1827年,大学学院聘请约翰·密灵顿(John Millington)为第一任"土木工程和应用机械科学和化学与工艺和制造教授"[①](Professor of Civil Engineering and the Application of the Principles of Mechanical and Chemical Science to the Art and Manufactures)。这是联合王国的第一个工程学讲座。密灵顿早在1823年就在皇家机械学讲习所讲课并出版了一本书,包括物质的性能、机械学、气体力学、声学、流体静力学和水利学等章。1828年版增加了蒸汽机一章。由于诸多方面的原因,讲座创办一年后,密灵顿教授辞职,工程学方面的课程改由数学和物理学教授兼任。1841年,大学学院恢复工程学讲座,聘请著名的铁路和土木工程师维格诺尔斯(Charles Vignoles)为工程学教授。

1838年国王学院设立土木工程和采矿系。维多利亚女王捐赠了350多件珍贵的科学仪器。该学院首次招生31人,开始时也设置数学、力学、化学、物理学和地质学以及机械学、测量学和矿物学等课程;由著名电化

---

① 王承绪:《伦敦大学》,湖南教育出版社,1995年版,第199页。

学家、气象学家、化学教授丹尼尔(John Frederick Daniel,丹尼尔电池发明者)担任化学教学,惠斯通担任物理学教学。1840年霍斯金(W. Hoskin)被聘为"与土木工程和建筑有联系的工艺和建造教授",所以,霍斯金是英国第一位在真正的工程系任教的工程学教授。

在大学学院连续两任工程学教授詹金(Henry Fleeming Jenkin)和富勒(Fuller)分别离职后,伦敦大学工程学实验室著名的机械工程学教授亚历山大·肯尼迪(A. W. B. Kennedy)从1874年开始在那儿工作,并创立了一套完整的通过工程学实验室来从事教学的体系。在"肯尼迪模式"问世之前的15年里,英国的工程学教学主要是在大教室里进行的。肯尼迪把实验室变成了工程教育的工具。在他看来,实验室"有三个主要目的——第一,让学生取得日后可能用得着的实验工作的一些实际经验;第二,教他如何进行实验;第三,提供从事创造性研究的机会和工具,从而为增进知识作出贡献"①。肯尼迪还这样谈论实验室的功能:"一旦把一个好学生放入实验室,你就能够激发他从事研究的热情;一旦把一个好教师放进实验室,你就可以确保他永远虚心好学。"②肯尼迪所创造的实验室模式先后被伯明翰大学、利兹大学和爱丁堡大学模仿,甚至还受到了欧洲大陆、美洲以及澳大利亚的一些大学的效仿。③

剑桥大学在1875年才设置机械工程讲座,比伦敦大学晚30年。牛津大学设置工程系的时间更晚。工程学的教学,要求有实践的经验,需要有机器、设备和实验室。所以,工程学是把以实验室为基础的教学的仪器和方法引进大学的最早的科目。这种方法很快为伦敦大学的实验科学所仿效。这种方法上的创新,对大学教学的方式、内容和效率,有不可估量的重要性。

三、伦敦大学的课程

伦敦大学在系别结构和课程内容上与传统大学有很大不同,它从一开始就摒弃了牛津、剑桥大学传统的学院制和以全科教学、道德熏陶为特

---

① George S. Emmerson, *Engineering Education: A Social History*, p. 102.
② Ibid, p. 102.
③ Ibid, p. 189.

征的导师制,采用苏格兰的单科教授制,按照学科标准建立学部、系所等基层组织。与德意志北部的欧洲模式一样,苏格兰的大学和学院彼此融合,教师一直身兼学院和大学两种身份。巴黎、牛津那种以学院为中心的教学安排,从来没有被苏格兰大学模仿。

在伦敦大学,不仅整个大学的课程结构发生了变化,文学部内部结构也发生了变化,大量新兴学科进入大学基础教育阶段。除了保留部分传统和古典人文主义教育课程之外,传授近代知识的特殊学校开始出现在文学部中。伦敦大学不仅在学部结构上与传统大学不同,在课程内容方面也给人耳目一新的感觉。表3是1826～1926年各学部开设的不同课程。

表3 1826～1926年伦敦大学学院各系设置的课程名称①

学部	文学部		法学部	理学部	工学部	医学部
课程名称	比较语言学	特殊学校	比较和国际法	应用数学和机械学	应用数学和机械学	植物学
	拉丁语	东方语言学	罗马法	应用统计学	纯物理学	比较解剖学和动物学
	希腊语	美术	法理学	纯数学	纯数学	化学
	考古学	建筑	宪法和历史	自然哲学	民用和机械工程学	物理学
	哲学和心理学		英国法	物理地理	电机工程学	物理学和生物化学
	英国语言和文学		商业和宪法	地质学和矿物学	市政工程学	解剖学
	法语		印度法	化学	卫生学和公共健康	病理化学
	德语		工业法及其历史	植物学	化学	药物学
	意大利语			动物学和比较解剖学	地质学和矿物学	医学史

---

① 黄福涛著:《欧洲高等教育近代化——法、英、德近代高等教育制度的形成》,厦门大学出版社,1998年版,第110页。

(续表)

学部	文学部		法学部	理学部	工学部	医学部
课程名称		语音学		生物学和解剖学		卫生学
		闪尔特语		病理化学		外科学
		希伯来语		运动解剖学		临床医学
		埃及学				临床牙科学
		荷兰语				药剂学
		斯堪的维亚语				
		历史				
		政治经济学				
		经济地理				
总计	18		4	8	12	9	14

根据 H. Halle bellot, University College, London 1826-1926, University of London Press, 1929, Chart1、2、3、4、5、6 做成。

注：表中仅列出各个系中设置的课程名称，有关各个系中开设的详细科目或具体内容可参阅该书有关资料。

从上面可以看出，文学部设置的各种语言和文学等课程一方面具有实用性，另一方面并未完全放弃学校传统的、旨在训练心智的希腊语、拉丁语、希伯来语以及有关学科的教学。这说明伦敦大学在极大程度上仍注重传统的自由教育，仍然无法摆脱传统的影响。古老的法学和医学部虽然在大学中仍然得到了保留，但是教育内容已经发生了很大变化。法律完全摒弃教会法等有关内容，代之以适应工商业发展需要的国际法、商业法和工业法等。医学部不再以古希腊、古罗马的经典著作为授课的理论基础，而是引进近代科学内容并注重临床教学，表现出科学理论和实际操作相结合的特点。[①] 在初期阶段，各个学部下设科目的基本结构和课

[①] 黄福涛著：《欧洲高等教育近代化——法、英、德近代高等教育制度的形成》，厦门大学出版社，1998年版，第111页。

程内容都比较稳定，但1870年以后，尤其在工程学、理科等自然科学中，由于引进新学科和新知识的缘故，不仅专业划分越来越细，而且某些专业科目的教学还根据内容的变化不断进行调整。

知识的分化和增加，要求进行系统的分类和安排。在知识的各部门的重组工作中，伦敦大学发挥了重要的作用；在绘制新知的蓝图中，走在各大学的前列。知识的重新组织，伴随着大学里学部的重新组织。在这方面，伦敦也居于领先地位。

在伦敦大学早期，数学、化学和物理学都是文学士学位范围内的科目。从制度上说，文学部包含所有不接近医学的那些科学。对我们来说，这好像混淆了明显的分离的知识和研究的各个分支，但是和当代20世纪欧洲大陆把"科学"和"科学的"这些词包括我们认为是"人文学科"或"艺术"的用法相比，就不会感到混淆或不一致了。这种用法的理由是："科学"乃是指包含系统的思考和受过训练的科研的一切学习部门。

随着科学成为独立的学位专门化，很快导致不同科学的增加和界定：例如，生物学在1863年从化学中分离出来，1866年生物学又被分成植物学和动物学。伦敦大学在这些方面处于英国领先地位。19世纪60年代以来，伦敦大学在紧跟科学发展、承认新的科学分支和命名新的领域方面一直处于最前沿，如20世纪早期的遗传学和结晶学或微生物学。伦敦大学的活动，特别是自然科学、生物学、动物学和植物学对宗教教义的挑战孕育了进化论。

伦敦大学在1900年以前的那些年代里的许多活动，对社会作出了极其重大的贡献，伦敦大学在工程学方面的革新工作及其实际的效用是不容低估的。伦敦大学学院的工程学教授亚历山大·肯尼迪声称，他的学院中有90%的毕业生都成为工程师或与工程有关的高级技术人员。国王学院的亚当姆教授认为，"工程系的学生绝大多数毕业后都在企业或者工厂中从事工程技术工作"。伦敦大学在创办之后，尤其是在19世纪末20世纪初，其设置的课程基本上是面向工业需要的，专业教育和实用科目的教学得到了极大的重视。因此，阿什比指出："伦敦大学的建立标志着科学革命终于开始进入高等教育之中。"①

四、伦敦大学的考试制度

伦敦大学成立后,1838 年 11 月举行了第一次考试,因为校务委员会决定,在学位考试之前,必须先进行入学考试。考生必须通过 4 门科目的考试,即古典语、数学、自然哲学及化学、植物或动物任选一门。校务委员会成员担任主考。考生 23 人,22 人通过,并有资格参加学位考试。1839 年 5 月举行第一次文学士学位考试,考生 7 人,全部通过。法学士、医学士和医学博士于 1839 年下半年举行考试,14 人获得学位。第一次文硕士考试于 1840 年举行,第一次法学博士考试于 1843 年举行。② 伦敦大学这种联邦制的大学管理模式产生了积极后果。在这种新模式下,其他一些机构也逐渐成为伦敦大学的附属学院,到 1851 年,伦敦大学的附属学院遍及英格兰,共有 29 个普通学院和将近 60 个医学院。③

1836 年第一个特许状规定,参加学位考试的考生必须持有伦敦大学学院、国王学院以及首都和其他地方经过批准的伦敦大学的附属学院读完规定课程的证书。而伦敦大学的附属学院中有的只达到中等教育程度,1841 年,部分学院如爱尔兰的圣·帕特立克学院(St. Patrick's College,Carlow)向大学请愿,考试的必考科目数量和种类都太多,负担过重,杜伦的圣·克斯伯特学院(St. Cuehbert's College,Ushaw)的教师声称,"如果迫使我们这么多主要院校的学生学习许多科目,使他们分散注意,多数伦敦大学毕业生的知识整个来说是肤浅的"。1843 年,有若干所非国教派学院也认为要求"过高"。1847 年,圣·安德鲁斯大学的医学教授说:"联合王国任何一所大学的教授,没有一个能回答你们主考人出的题目。"大学方面坚持己见,拒绝放宽坚持的严格标准。

1841 年,有人希望修改特许状,允许将英国本土以外的领地的高等院校隶属于伦敦大学。1846 年,英属澳大利亚新南威尔士悉尼学院院长提出要求:伦敦大学新生入学考试可以向其殖民地的考试开放,派人来殖

---

① 阿什比:《科技与学术机构》,麦克米伦公司,1966 年版,第 29 页。
② 王承绪:《伦敦大学》,湖南教育出版社,1995 年版,第 41 页。
③ H. C. Barnard, *A History of English Education*: *from* 1760, p. 104.

民地主持新生入学考试,以免除考生远涉重洋往返万里之劳。他还说,这种考试的标准,应由英国的学术团体确定。1850年,伦敦大学获得一个补充特许状,允许英帝国所有领地的院校学生都可以应考伦敦大学的学位。

1858年英国政府给伦敦大学颁发第三个特许状,对1836年的规定做出重大修改,除对医学学位考生仍按规定执行外,所有其他考试对所有人开放。从1858年起,非学院的学生只要缴纳考试费,在伦敦大学报名就可以参加学位考试,及格者均可拿到伦敦大学的学位,这就使大学变成了一个更为纯粹的考试机构。同时,对学位条例进行重要修改。文学士学位考试分两部分。第一部分,在通过入学考试后至少一年时间内举行,要求通过4场考试,第一场拉丁文和罗马史,第二场英语、文学和历史,第三场数学,第四场法语或德语。至少一年后进行第二部分考试。通过5场考试:第一场古典语,第二场希腊史,第三场自然哲学,第四场动物生理,第五场逻辑学和精神及道德哲学。第二部分考试通过后可参加"荣誉"考试(可获得奖赏和为期3年的每年50镑的奖学金)。文学士学位考试向所有人开放,每一部分缴纳考试费5镑,但是参加学位考试以前应该清除的障碍不是放松而是提高了。大学入学考试的条例也作了修改。大学入学考试每年2次,分别在1月和7月举行。考生应通过5场考试:第一场古典语,第二场英语,第三场英国史和近代地理,第四场数学和自然哲学、化学,第五场法语或德语。考试共需28个小时,分5天举行。通过考试的考生可以参加数学和自然科学、古典语、化学和自然史的荣誉考试(可获得为期2年、每年30镑的奖学金)。[①] 1861年以后,单独的荣誉考试废止,文学士第一部分考试获得2800分中的1600分以上的授予荣誉证书。1862年,很多教师表示此要求过严,但是,校务委员会坚持认为,这样的严格标准是必要的。大学意识到入学考试不仅是取得大学学位的第一步,也是"对由于环境关系不进一步从事系统学习的大量中学生所能接受的文学和科学教育"的终点。如果说大学没有什么别的事情,它必须坚持高标准。伦敦大学的"校外学位"的做法是一个巨大的历史进步,它后来延伸到英联邦国家和地区,使无数有志青年获得了接受高等教育的

---

① 王承绪:《伦敦大学》,湖南教育出版社,1995年版,第43-44页。

机会。伦敦大学为所有前来的应试者提供了一条艰难、但是可能的和令人鼓舞的道路,提供了从底层走向教师、新闻工作者或者不论什么样的职业,使年轻人可以找到他的前途的一个难得的机会。据统计,自 1838 年至 1900 年,伦敦大学接受英帝国(包括本土和领土)大专院校学生参加入学考试的为 17427 人,其中通过入学考试为 12721 人,占 73％;接受文学、法学、理学、医学外科、音乐 5 种学科学士学位考试的人数为 31055 人,通过学位考试的为 16263 人,占 53.3％;自 1870 年至 1900 年,伦敦大学接受英帝国(包括本土和领地)大专院校文学、医外科硕士以及文学、科学、医学与音乐博士学位考试的人数为 567 人,其中通过学位考试的人数为 345 人,占 61％。①

伦敦大学从 1838 年起举行大学入学考试,从 1839 年起举行文、法、医三科学士学位考试,从 1860 年起举行理学士学位考试,1870 年起进行外科学士考试,从 1880 年起举行音乐学士考试,到 1900 年止,共有 31055 人参加大学文、理、法、医、外科和音乐的学士学位考试,16263 人通过,通过率为 53.3％。学士学位的通过率:文:56％,法:25％,医:62％,理:51％,外科:75％,音乐:31％。②

伦敦大学的大学学院管理模式、非寄宿制的学生管理模式以及对神学教育的摒弃,在高等教育领域引起了一场深刻的革命,开启了英国大学制度改革之路。它的成立标志着科学革命最终开始进入英国高等教育之中,开始打破了牛津、剑桥长期以来的垄断地位,为 19 世纪中后期兴起的城市学院(Civic College)提供了原型。这些学院有着共同的特点:它们都坐落在人口稠密的工业城市,从一开始就跟地方工业有着千丝万缕的联系;它们一般不采用寄宿制;它们的课程比较现代化,涉及面比较宽,"这些新型的大学学院从最初就有一个优先的目标,即发展那些被认为能够给当地工业直接带来益处的学科"③。伦敦大学和城市学院的兴起改变了英国高等教育的传统结构,既满足了中产阶级对高等教育的需求,也发挥了高等教育促进科技和生产进步的作用。

---

① 王承绪:《伦敦大学》,湖南教育出版社,1995 年版,第 48 页。
② 同上书,第 60 页。
③ 殷企平:《英国高等科技教育》,杭州大学出版社,1995 年版,第 25 页。

第三章 城市学院的兴起

伦敦大学的创立,在英国大学制度改革道路上迈出了坚实的一步。不过,仅仅一所大学同古典大学竞争难成气候。从19世纪50年代初到20世纪初的半个世纪里,具有功利主义思想的地方政治家、实业家和学者聚在一起,在英格兰地方各重要工业城市陆续创办了十余所无宗教甄别、重实用课程的新式高等学院,统称为"城市学院"(Civic University)。这些学院从创设地点来看,集中在工业重镇与重要港口城市。从创设时间来看,主要集中在19世纪70年代与80年代第二次工业革命初期。这些学院通常采用股份公司的形式,由当地实业家投资创办,在内部管理上属于私立性质。从教育层次来看,这些学院属于高等教育性质,虽然创办初期也兼办中等教育。其高等教育主要针对课程与学历,城市学院的毕业生修完规定的课程后可以拿到该校的学历证书。但是,这些学校均没有学位授予权,为了毕业生能够顺利取得学位,它们通常采用伦敦大学的联邦模式,作为伦敦大学、杜伦大学或维多利亚大学的附属学院。

城市学院将功利主义精神带到英格兰各个重要城市,大力推行专业教育与科技教育,并在高等教育与当地社会结合方面有重要突破,出现了高等教育的社会服务职能。

第一节 城市学院兴起的理论基础与社会需要

城市学院的兴起除了伦敦大学的示范作用外,还有其深刻的社会背景。19世纪中叶,英国的工业革命早已完成,钢铁、煤矿、纺织业、机器制造业已经率先实现了机械化,全国建成了铁路网。内燃机的发明尤其是蒸汽发电机的推广,使英国迈进了电气化时代。工业的发展使城市人口进一步集中,到 1851 年,英格兰和威尔士城市人口占总人口的比例已高达 50%,但此时美国和德国等资本主义国家也迅速崛起,世界资本主义的竞争加剧,这需要英国不断改革高等教育,加大人才培养的力度。同时,随着资本主义的发展,中产阶级的队伍不断壮大,在获得了接受中等教育的机会后,他们迫切需要接受高等教育,而原有的高等教育机构显然不能够容纳也不能够满足他们的需要,因此,新型高等教育机构的出现成为一种客观的社会需要。

在资本主义世界中,英国是最早开始工业革命的国家。英国工业革命始于 18 世纪 60 年代,以棉纺织业的技术革新为始,以瓦特蒸汽机的发明和广泛使用为枢纽,以 19 世纪 30~40 年代机器制造业机械化的实现为基本完成的标志。工业革命使英国各主要工业部门取得了巨大成就,在 1850 年的世界生产中,英国采掘了一半以上的煤炭,生产了一半的生铁,加工了将近一半的棉花。英国凭借这种工业优势,取得了世界工业和国际贸易的霸主地位。

工业革命的开展使人们对科学技术的要求大大提高,也使得对劳动者素质的要求大大提高,要满足这种要求,只有依靠教育来完成,这为教育的发展提供了一种内在的社会需求环境。工业革命是一场以机器生产代替手工劳动的大变革,工业化各部门工序的革命必然要有科学技术革命来配套。例如,"当水力机和走锭纺机代替纺车时,整个不列颠诸岛就找不到足够的草地来漂白兰开夏棉布"①。这就需要一场化学革命来解决漂白问题。又如,随着工业化深入发展,要求解决机械动力问题,则需要热科学、机械物理学上的进步来完成。但无论是化学革命,还是热科学理论都不能凭经验来完成,必须由受过化学教育、物理教育的人才能解决。同时,工业革命的过程又是从手工工厂到工厂制度建立的过程,这就需要大批守纪律、肯服从的技术工人,这也只有教育才能承担这一任务。"18~19 世纪之交英国普通教育发展的动力就在于希望借此培养出适应工厂制度的守纪律的劳动者。"②主日学校(Sunday School)就曾因培养了

---

① 〔法〕保尔·芒图:《十八世纪产业革命》,杨人木译,商务印书馆 1983 年版,第 258 页。
② Lawrence Stone, *Literacy and Education in England*, *Past and Present*, CUP, 1969, p42.

许多"温顺听话"和"上班准时"的工人而受到称赞。另一方面,机器生产也需要识字的熟练工人。因为"做某些工作,几乎包括工业中的一切工作在内,都需要有相当的文化程度……都需要一定的技能和常规性,要达到这一点就要求工人具有一定的文化水平"①。为此,只有给工人提供受教育的机会,使他们掌握读、写、算的基础知识,才有可能让他们掌握一定技能,以满足机器大生产的需要。随着工业革命的开展和工业化水平的提高,这种要求愈加迫切,尤其是对高等教育的要求更加显著。这是因为,在工业革命的早期,由于科学技术的简单性,推动生产发展的发明创造"主要应归功于一些没有受过教育的工匠"②。但是,到19世纪50年代,科学技术日趋复杂化,"工艺上的发现,更需要科学家、工程师以及工艺专家精心设计的实验,而不是简单的机匠所能胜任的了"③。培养具有高度文化科学知识、技能的专门人才正是高等教育的任务。

工业的发展使城市人口进一步集中,英国的城市化速度很快,城市人口占总人口的比例,1801年为33.8%,1841年为48.3%,1851年为54%,1861年为58.7%,1871年为65.2%,1881年为70%,1891年为74.1%,1901年为78%。④ 1841~1901年的60年间,年均城市人口比例的增长达5%。与欧美其他大国相比,英国农业过早衰退,农业占国民收入总的比例不高。1870年时英国农业产值占国民收入的15%,法国为45%,德国为30%,意大利为57%,美国为30%。⑤ 到1891~1896年时,农业产值占国民收入的比例,英国为8%,法国为21%,意大利为28%,德国为20%,美国为16%。⑥ 农业就业人口随着农业生产状况的变化而变

---

① 恩格斯:《英国工人阶级状况》,《马克思恩格斯全集》(2),人民出版社,1972年版,第363页。
② 〔英〕J·D贝尔纳著:《科学的社会功能》,陈体芳译,北京商务印书馆,1986年版,第64页。
③ R·Freeman Butts, *The Education of the West Volume* Ⅱ, McGraw-Hill Book Company, 1973, p319.
④ F. Bedarida, *A Social History of England 1851-1975*, Methuen, 1979, p17.
⑤ 奇波拉:《世界人口经济史》,黄朝华译,北京商务印书馆,1993年版,第77页。
⑥ 波斯坦:《剑桥欧洲经济史》(第2卷),钟和译,北京经济科学出版社,2004年版,第557页。

化。农业部门就业人口占总就业人口的比例,英国1750年为65%,1850年为22%,1900年为9%;法国1750年为76%,1850年为52%,1900年为42%;瑞典1750年为75%,1850年为65%,1900年为54%;美国1800年为80%,1850年为65%,1900年为38%;整个欧洲1900年为51%;全世界1800年为85%,1900年为70%。①

城市化与工业化同步进行。18世纪60年代发生于英国的工业革命,从根本上动摇了传统的物质生产结构。这场工业革命在城市中发生,城市因而被称为工业革命的摇篮,反过来,在城市发生的工业革命又极大地刺激了城市的发展。英国最初发展的工业是棉、毛纺织、钢铁、采矿等重型工业,需要吸引大量的劳动力,工业、人口、财富的集聚使城市不断扩大,工业化加强了地域分工,促使工业在地域上集中,并促进了商品交换,出现了一批以工业和商业经济职能为主的新城市。

18世纪初,英格兰南部米德尔塞克斯、萨里、肯特、格洛斯特、萨默塞特、威尔特、德文莱7郡人口占全英格兰人口的1/3。工业革命开始后,英格兰中部、西北部由于纺织业和煤铁业的发展,纺织厂、煤矿、炼铁厂及其他制造业急需劳动力,南部人口北移,苏格兰和爱尔兰人也多涌向北部工矿区,遂使这些地区中人烟稀少的农村迅速转变为稠密的城市地带。自1801年至1871年的70年间,英国总人口增长了1.54倍,其中西北部工业集中地区和南部的伦敦及其郊区人口分别增长了2.58倍和2.11倍,而在西南部和东安格里亚等非工业集中地区,人口增长不到1倍。这种区域城市化的态势在维多利亚时期一直保持并不断发展。

农村人口的大转移,使城市由小变大,由少变多,促使了新城市的诞生,导致了城市群的出现。19世纪英国的城市数量不断增加,一方面使新兴城市不断涌现,另一方面使古老的工业城市得以扩大、发展。环绕大城市出现了许多中小城市,大城市不断吞并中小城市,形成了举世罕见的城市群。如纽卡斯尔、加兹海德、北谢菲尔德、南谢菲尔德、瓦尔索德和雅诺构成了一个大的新兴城市复合体,伦敦的发展吞噬了邻近的威斯敏斯特、索斯沃克、格林威治、乌利奇、德普特福德等,形成了一个庞大无比的

---

① 奇波拉:《世界人口经济史》,黄朝华译,北京商务印书馆,1993年版,第30-31页。

都市区——大伦敦市。1841年时大伦敦市人口为223.9万,占城市总人口的29%;1851年人口为268.5万,占城市总人口的27.1%,1861年人口达322.7万,占城市总人口的27.3%。①

英国在城市化过程中因工业化造就了一批新兴城市,它们分布在资源丰富、交通比较方便、有利于发展现代工业的地方。一些古老的城市中心发展缓慢,有的趋向衰落。表4和表5是古老城市与英国新兴城市人口发展状况的比较。②

表4　工业革命前存在的主要城市中心的人口发展状况(万)

年份 城市	1700	1800	1841	1851	1871	1891	1901
诺里奇	2.9	3.6	6.2	6.8	8.0	10.1	11.2
布里斯托尔	2.5	3.6	12.4	13.7	18.3	22.2	32.9
纽卡斯尔	2.5	3.3	7.0	8.8	12.8	18.6	21.5
埃克塞特	1.4	1.6	3.1	3.3	3.5	3.7	4.7
约克	1.1	1.6	2.9	3.6	4.4	6.7	7.8
科尔切斯特	0.8	1.0	1.8	1.9	2.6	3.5	3.8
考文垂	0.7	1.6	3.1	3.6	3.8	5.3	7.0
总计	11.9	18.8	36.5	41.7	53.4	70.1	88.9

表5　工业革命时出现的主要城市中心的人口发展状况(万)

年份 城市	1700	1800	1841	1851	1871	1891	1901
伯明翰	1.0	7.1	18.3	23.3	34.4	47.8	52.3
利物浦	0.6	7.6	28.3	37.6	49.3	63.0	70.4
曼彻斯特	0.9	8.1	23.5	30.3	35.1	50.5	64.5
利兹	0.7	5.2	15.2	17.2	25.9	36.8	42.9

---

① P.E.赛丁:《移民和地理变迁》,牛津大学出版社1984年版,第54页。
② P. Bairoch, *Cities and Economic Development—From the Dawn of the History to the Present*, Redwood Press, 1975, p161.

(续表)

年份 城市	1700	1800	1841	1851	1871	1891	1901
谢菲尔德	0.8	4.5	11.1	13.5	24.0	32.4	40.9
布拉德福德	0.4	1.3	6.7	10.4	14.7	26.6	28.0
斯托克	0.3	2.2	5.0	5.4	5.3	7.0	9.3
总计	4.7	36.0	61.5	76.8	105	153.5	185.6

从上面的统计可以看出，工业革命前占支配地位的 7 个城市起点较高，1700 年时总人口达 11.9 万，而工业革命时 7 个主要城市的人口才 4.7 万。但工业化时代的城市发展是在 1841～1901 年的 60 年间，7 个古老城市人口增加了 52.4 万，增长了 2 倍；7 个新兴城市人口增加了 124.1 万，增长了 3 倍。在人口增长的绝对数方面，1901 年时，7 个新兴工业城市比 7 个古老城市人口多 96.7 万人。在人均收入方面，1800 年为 22 英镑，到 1860 年又翻了一翻。在这种形势下，中产阶级数量迅速扩大，为城市学院的创办提供了资金来源。工业的大发展造就了一批热心办大学的工业家，他们为城市学院的创办提供了资金。

19 世纪人口的增长是建立新的城市大学的更深层的原因，在这里，帕蒂森(Pattison)简明地阐述了数据条件。

"很清楚，大学与我们国民生活之间的连接点是它们的普及程度。我们的大学可能是受尊敬的，但并不是普及的。当拿英国大学只有 5000 名学生和德国大学有 20000 名学生进行对比时，就常常听到这个观点。但是用来比较的数字并不能估计出我们大学教育的普及程度。因为这两个国家之间的巨大差异在对比时必须考虑进去。仅仅一个不同，即两国财富的差别就能使比较不对称。如果拿大学生的人数做比较，而不分别比较英国与德国的人口，却比较两个国家可变卖财产的数量，这个区别可能仍然偏向于德国更强大。但是除去任何比较，难以想象 2100 万人口以及大约 600 亿英镑的可变卖资产，5000 名学生仅仅是我们所有青年中能够进入自由教育的一小部分。人口表显示，在英国和威尔士处于 10 岁到 21 岁的人数超过 160 万，在初等学校入学率的估算中，通常假设进入比较高级的学校的儿童与进入公立初等学校的儿童比例为1∶7,这就说明男女青年处于18岁到21岁之间的人数有228500,其中将近一半,即114000可能是男性,在这114000中,在我们大学中大约有5000名学生,把所有提供处于18至21岁之间成年男子自由教育的所有学院或其他机构算在内,我认为6000是集合在一起的学生总数的最大容量。这是对智力的巨大浪费。"①

在工业革命的推动下,这一时期的英国中等教育也取得了很大进展,不仅表现在对传统的中等教育即文法学校(Grammar School)和公学(Public School)的改造上,还体现在许多新型中等学校的创办上。文法学校和公学是从封建社会流传下来的,它们原是作为统治阶级子弟的教育体系而存在,主要用以培养贵族和高级僧侣子弟。工业革命兴起后,原有的中等教育已不能满足经济发展的需要了,为适应工业革命的需要,这些学校在教学、管理、办学条件等方面开始加强自身改造,朝着"现代化"要求的方向发展。如文法学校改革宗教教学,削减古典科目,增加实验课程,改善寄宿制度和允许最高年级实行学生自治等,力图培养具有现代知识和现代眼光的资产阶级新人。1840年英国政府颁布了《改进文法学校条件,增加文法学校津贴的法令》。这一法令对扩大文法学校办学规模,改善其办学条件,增加中产阶级子弟入学具有重要意义。同时,公学的改革也在进行。如施鲁斯伯里公学校长巴特勒,在1798年首先对公学的教学工作提出改革措施:废止古典语文,改授历史、地理等有用知识;鼓励学生竞争,争取高分;各班设班长,培养学生的自治精神等。影响更为深远的是托马斯·阿诺德1828年至1842年任拉格比公学校长时所实行的改革。他注重从根本上扭转校风,注意改善师生关系,培养学生的自治能力;在课程及教学方面,特别注重学习历史和现代语法的知识,并呼吁纠正咬文嚼字、空洞机械的讲授方法;在办学的方针政策方面,摒弃教派偏见,大胆地吸收非国教的优秀子弟来校学习。阿诺德的改革使拉格比公学面貌一新,并为各地公学和文法学校所争相效仿。此外,在工业革命的刺激下,许多新型中等学校应运而生。这类新型学校注重传授工商业知

---

① Michael Sanderson, *The Universities in the Nineteenth Century*, pp. 155-156.

识,因而受到了人们的青睐。如1823年创立的伦敦机械学院,其目的在于向各行业的工人、技师提供学习物理、化学的经费和机会,让他们接受职业教育。这所学院很快成为英国普及技术培训教育的典范。由于工业革命发展的需要,这类职业技术学院普及的速度非常快,1826年只有100所,而到了1840年,已超过了300所。① 伴随产业革命的浪潮滚滚向前,英国中等学校毕业生人数大增,出于自身地位、利益考虑,他们要求更多接受高等教育的机会,而英国已有的大学,无论在数量上还是在类型上,都不能满足他们的要求,因此,建立新型的适合于中产阶级需要的实用高等教育机构已经迫在眉睫。

传统的牛津、剑桥大学改革迟缓,不能适应形势发展的需要。当迅猛发展的工商业急需大量技术人才和管理人才的时候,以牛津大学、剑桥大学为代表的传统高等教育机构却未能满足这一需要。这一事实突出表现在3个方面:①教学内容以古典文科和神学为中心。牛津大学和剑桥大学是英国高等教育的最高机构,它们素以实施"自由教育"而著称。长期以来牛津和剑桥大学虽屡经改革,如曾在1685年设立化学讲座,在1747年建立数学荣誉考试,但始终未能冲破自由教育的传统,"直到19世纪中期……古典的、文学的学习仍然是牛津大学和剑桥大学的重点内容……除了神学之外,现代专业学习在这两所大学仍然没有立锥之地"②。②轻视科学研究。从传统上看,英国大学重视的是教学而非科学研究,在教学上也以适合英国统治者的社会、道德及政治特性为主。直到19世纪前期,英国大部分科研工作仍然是在皇家科学普及协会或富有者的私人实验室这类地方进行的。由于激烈的政治斗争,科学在大学难以立足,甚至到了19世纪中叶,著名工业化学家达瓦(Sir James Dewar)还因从事研究而被解雇。③生源和分配与工商业联系很少。牛津、剑桥大学素以培养牧师、政府职员和国家官吏为目的,而很少将培养工商业需要的高级人才作为自己的任务。在19世纪中期以前,英国大学虽也经历了各种职能的

---

① 李维:《试论英国工业革命和初等教育普及的关系》,《世界历史》,1995年第1期,第19页。

② Fritzk·K·Ringer. *Education and Society in Modern Europe*, Indiana University Press, 1979, p. 211.

转变,但没有一个职能与工业有过密切联系。如在 1752～1849 年,剑桥大学毕业生中,有 60% 进入国教会,15% 成为土地经营者,10% 从事行政管理,10% 当了教师,没有一人从事工商业;牛津大学的情况类似,在 1752～1886 年的毕业生中,有 64.2% 成为牧师,8.7% 从事法律,5% 从事学术,仅 0.6% 进入工商界。很清楚,直到 19 世纪中期前后,当技术队伍的壮大和科技水平的提高已成为决定工业化速度快慢的关键时刻,工业化在世界占优势的英国,其高等教育却仍然未将培养高级科技人才作为自己的主要任务。这从小威廉·亨利·珀金(小珀金教授 William Henry Perkin Jr,他父亲是老珀金教授 William Henry Perkin)的回忆中可以看出。18 世纪 70 年代和 80 年代科学类毕业生的短缺开始说明了工业发展的劣势。在这里,小珀金教授回忆了他父亲所处的环境,虽然他父亲是第一个苯胺染料的发现者,却不得不离开工业。小珀金教授将许多斥责归结为缺乏毕业生,这样的形势产生了发起创立城市大学的运动紧迫性。

"我不完全同意这个我如此频繁地听到的观点,即这个国家的制造者们对煤炭工业的损失负有全部责任。相反地,我总是持有这样的看法,即大学在这个问题上应该被狠狠地责备。煤炭工业的衰落以及它渐向德国转移可以说开始于 19 世纪 70～80 年代,我父亲在 Greenford 公司工作是在 1874 年,它被卖给了 Simpson 和 Spilere 的公司,我父亲离开 Greenford 公司的首要原因是因为他对于工业事业天生的不喜欢和完全献身于理论化学的愿望。

但是让我父亲做出放弃这一工作的另一个重要原因是,焦油工业发展历史清楚表明,除非获得一批一流的化学家,并且雇用他们开发已有的项目,开展新的发现,否则无法同正在崛起的德国工业竞争中取得成功。我非常清楚地记得许多英国大学由于希望产生新的发现而要求用生物化学的模式方法教育年轻人,但是没有成效。在那时,生物化学在其他比较古老的大学很少被认识到,并且现在我们如此理所当然地为此感到自豪的较新的大学并不存在,值得一提的是在那时并不仅仅只有生物化学没有得到繁荣,甚至在今天它也没有繁荣,在我们许多大学中它的状况几乎像在每一所欧洲大学中一样,我坚信这一观点,即在 19 世纪 70 至 80 年代的重要时期,生物产品的制造由于我们的大学忽视生物化学而处于非常困难和无实际可能性的境地。

如果我们国家的大学在那时培养的化学家供给我们的制造商自行分配,我深信现在我们应该可以维持煤炭工业,并且由于这一原因我清晰地阐明了这一观点,即大学比制造商们更应该为工业损失受到责备。"①

第二节　关于古典教育和科学教育的第二次大辩论

19世纪上半叶的教育大辩论促进了伦敦大学的建立。19世纪的英国,工业革命蓬勃发展,整个社会结构发生急剧变化。为适应这种变化的需要,维护本阶级的利益,资产阶级把目光转向高等教育,开始对英国封建传统与宗教势力的堡垒——牛津、剑桥两所大学发动攻击,力争让科学知识在教育体系中占有一席之地,出现了关于古典教育和科学教育的第一次大辩论。在这种背景下建立起的伦敦大学及一些技术学院重视实用的技术教育,以培养实用的专业技术人才为己任。它们的出现危及了英国高等教育几百年来形成的古典人文主义的教育传统,使英国大学"绅士教育"模式的基础开始动摇。为了维护传统大学的地位,使其免受功利主义价值观的侵蚀,以纽曼为代表的资产阶级教育家对"科学教育"进行了猛烈攻击,认为大学乃是"一切知识和科学,事实和原理,探索和发现,真理和思索的高级包围力量;它描绘出理智的疆域,并表明……在那里对任何一边既不侵犯也不屈服"②。19世纪中期,英国围绕古典教育和科学教育的优劣开展了更加广泛、激烈和持久的辩论。

这次教育辩论起因于极力维护古典主义教育的纽曼在都柏林天主教大学发表的一系列演说。1849年,在都柏林成立的贝尔法斯特女王学院,信奉天主教和新教的人都可以自由入读。这样,爱尔兰天主教徒也想建立一所国王学院一样的大学来与之抗衡。1849年,保罗·卡伦成为爱

---

① Michael Sanderson, *The Universities in the Nineteenth Century*, p. 153.
② John Wyatt, *Commitment to Higher Education: seven West European thinkers on the Essence of the University*, Society for Research into Higher Education & Open University Press, 1990, 29.

尔兰的大主教,并聘请牛津大学奥里尔学院的纽曼做院长。1851年,他写信给纽曼谈到建立这样一所新大学的计划,但是在爱尔兰天主教徒中有着对建立这所大学目的的困惑。纽曼在他的校长演讲上试图帮助他们澄清这个问题,他所主张的就像他说的"去教爱尔兰人教育是什么,大学是什么,对于我作为一个校长他们怎样履行义务"①。1851年,纽曼就任都柏林天主教大学校长,1852年,他在都柏林天主教大学发表一系列演讲,系统地阐述了有关大学教育的思想,极力维护古典自由教育,为牛津、剑桥的传统做法辩护,同时攻击伦敦大学,挑起了关于大学教育的辩论。从总体来看,纽曼的大学教育思想主要包括以下几个方面。

一、大学是什么

纽曼在《大学的理念》中指出:"大学是传授普遍学问的场所。"②他认为大学"传授普遍学问"的特性就是大学的本质,是大学区别于其他教育机构的典型特征。在他看来,古代的大学是一种Studium Generale,即大学是一种"普遍性的学术机构",认为"大学的这一称谓包含着许多互不相识的人从各自不同地域而来,聚在一处的意思"。"不同地域"为大学提供了教师和学生的多元选择,使大学的存在和发展有了人员方面的保障;"聚在一处"则意味着有相对固定的场所,为大学作为一种机构存在提供了物质环境。针对19世纪出现以应用性技术为主要学科领域的伦敦大学,纽曼指出,大学不是探索某一个或某几个学科领域的学问的场所,而是传授普遍学问的场所。

二、大学的职能

1809年威廉·洪堡在德国创办柏林大学。洪堡指出,大学兼有双重任务,一是对科学的探求,二是个性与道德的修养。大学的职能是教学与科研的统一。在大学的职能上,纽曼坚持教学是大学的唯一职能,认为大学为传授知识而设,而不是为科学研究而设。他从"大学是一个传授普遍

---

① Michael Sanderson, *The Universities in the Nineteenth Century*, p.115.
② 〔英〕约翰·亨利·纽曼:《大学的理想》,徐辉等译,浙江教育出版社,2001年版,第1页。

知识的场所"这一命题出发,指出:"一方面,大学的目的是理智的而非道德的;另一方面,它以传播和推广知识而非增进知识为目的。如果大学的目的是进行科学和哲学的发现,我不明白为什么大学要有学生;如果大学的目的是进行宗教训练,我不明白它如何能成为文学和科学的中心。"①他进而指出:"从本质上讲,大学是教育的场所(a place of education)而不是教学的场所(a place of instruction)。"②"教育"表明对智力品格以及性格形成所起的作用。它是个体化、永久性的东西,而且通常与宗教和美德连在一起;而教学对心智本身很少或者几乎没有影响。

三、大学应培养什么样的人才

在19世纪以前的大学发展史上,大学教育以自由教育为模式,以通才为培养目标,并不承担培养某一特定职业人才的任务。但到了19世纪纽曼所生活的时代,专业教育逐渐兴起,一些教育家如洛克、边沁、赫胥黎等主张大学应以专业教育取代自由教育,培养更为"实用"的专门人才。在这种情况下,纽曼坚守自由教育的理念和培养通才的传统。他指出:"通过某种教育,理智不是用来造就或屈从于某种特殊的或偶然的目的,某种具体的行业或职业抑或是学科或科学,某种具体的行业或职业,而是为了理智自身进行训练,为了对其自身固有的对象的认识,也是为了其自身的最高修养。这一训练过程称作自由教育。"③"大学并不培养诗人、作家,也不培养教育家、殖民地统治者或他国的征服者,大学也不承诺造就一代诸如亚里士多德、牛顿、拿破仑、华盛顿、拉斐尔或莎士比亚那样的伟人,也不满足于培养批评家、科学家、经济学家或工程师,尽管这些都包括在大学的培养目标里。"④大学是为自由教育而设的,大学培养的是"绅士"(gentleman),这种"绅士具有开化的心智、高雅的品味、公正的心灵、高贵而有教养的举止"。

---

① 〔英〕约翰·亨利·纽曼:《大学的理想》,徐辉等译,浙江教育出版社,2001年版,第1页。
② 同上书,第33页。
③ 同上书,第72页。
④ 同上书,第86页。

四、自由教育的"实用性"

自由教育和"实用性"是相对立的,功利主义者们正是抓住自由教育缺乏"实用性"而对其进行责难和批判。爱丁堡评论派曾批评说:"古典教育的现状是过多地培养了学生想象力,而对其他心智的训练却太少了。它把许多年轻人培养成一种优雅的低能儿,完全与先天赋予他们的才智不相符。"①纽曼说:"对心智的培养既包括我所讲的自由教育或非专业教育,也包括评论家所讲的实用教育。"②但他同时回击说:"自由教育即使是在使用的范围内也远远高于通常所说的实用主义教育;而且即使是专业教育通常包容了实用的名堂,自由教育还是有它的必要性和实用性。"③纽曼主张理智的训练就是自身的目的,因为自身有了目的,也即自身有了用处。纽曼进一步指出,如果自由教育在于理智的培养,而且这种培养本身是好的,那么自由教育也是有用的。自由教育尽管并非专业教育,但它具有真实和充分的实用性。实用的不一定是好的,但好的必定是实用的。这是对实用主义者责难的有力回击。

纽曼认为,实用主义者的实用教育是以损害个体的全面发展为代价的,而自由教育势必会把公民的塑造放在专业利益之前;而且,它在促进人类的善心这个更广阔的利益同时,也会有益于顺利地实现那些纯粹是个人的目标。自由教育虽未直接教人如何胜任生活中的工作,却使人能在各行各业中更高明地扮演自己的角色,使人在各行各业中,无论是个人的还是公共的,也不论是和平时期还是战争年代,能表现得公正无私、精明干练、豪爽大度。这是在更高的层次上阐述了自由教育的实用性。

纽曼的观点首先遭到斯宾塞(Herbert Spencer)的反对。1861年,斯宾塞发表《教育论》一书,该书第一章为"什么知识最有价值"。在斯宾塞看来,教育的目的是"为完满的生活做准备"。在此基础上,他把人类活动归纳为五大类,并认为按照对个人生活的重要程度可依次排列如下:①直

---

① 〔英〕约翰·亨利·纽曼:《大学的理想》,徐辉等译,浙江教育出版社,2001年版,第82页。
② 同上书,第83页。
③ 同上书,第90页。

接有助于自我保全的活动;②从获得生活必需品而间接有助于自我保全的活动;③目的在抚养和教育子女的活动;④与维持正常的社会和政治关系有关的活动;⑤在生活的闲暇时间满足爱好和感情的各种活动。① 针对纽曼的观点,他猛烈地抨击了古典学科。

"我们教育制度的缺点在这里就暴露得更明显。它为了花而忽略了植物。为了想美丽就忘了本质。这个制度不供给有助于保全自己的知识;对于帮助谋生的知识,它只粗略给一点,而让大部分到日后生活中去碰运气取得;对于完成父母的职责它完全不顾到;对于公民职责它给了一堆知识,许多是无关的,剩下的也缺乏钥匙;它可是勤勤恳恳地教那些增加虚文华饰的东西。"②

从教育目的来看,既然教育是为生活做准备,那么学校课程就应该围绕生活来组织。斯宾塞详细论证了这 5 种活动与科学的关系,由此得出科学知识最有价值的结论。在斯宾塞看来,"什么知识最有价值,一致的答案就是科学。这是从各方面得来的结论。为了直接保全自己或是维护生命和健康,最重要的知识是科学。为了那个叫做谋生的间接保全自己,有最大价值的知识是科学。为了正当地完成父母的职责,正确引导的是科学。为了解释过去和现在的国家生活,使每个公民能合理地调节他的行为所必需的不可缺少的钥匙是科学。同样,为了各种艺术的完美创作和最高欣赏所需要的准备也是科学。而为了智慧、道德、宗教训练的目的,最有效的学习还是科学。……学习科学,从它的最广义看,是所有活动的最好准备。"③

斯宾塞的观点遭到了哲学家、经济学家密尔(John Stuart Mill)的挑战。密尔把科学和古典文学一同看作是完整高等教育的组成部分。对于当时正在进行的维护古典主义教育传统和提倡科学教育之间的争论,总的来说,密尔持一种折中的观点,由于早期接受严格的古典教育对他产生了重要影响,他有时倾向于古典主义。他认为大学教育的主要任务是培

---

① 〔英〕赫·斯宾塞著:《斯宾塞教育论著选》,胡毅、王承绪译,人民教育出版社,2005 年版第 2 版,第 12 页。
② 同上书,第 33-34 页。
③ 同上书,第 44-45 页。

养学生的智能,加强他们的哲学修养。在他看来,既要学习文学,也要学习科学,只要教学方法得当,两者可以也必须兼顾。1867年,在圣安德鲁斯大学的就职演说中,密尔说:

"首先让我说一点关于这些天在高等教育这个问题上存在的巨大的争论的话吧。最明显的区别是划分成了教育改革派和保守派,在古典语言和现代科学以及文科之间令人烦恼的问题:是否普通教育应该是古典的——让我用一个更宽泛的表达方式,并且说文学的或者科学的……我就这个问题的唯一回答是,为什么不两者都要呢?不同时包括文学和科学的教育能担当得起优秀教育的名声吗?没有比科学教育能教会我们思考,自由教育能教会我们表达的了。难道我们不是两者都需要么?任何一方有不足的人是人性当中一个奋发的、残废的、不平衡的、不完整的部分。"[1]

同纽曼一样,密尔也承认自由教育具有内在和外在价值,只是纽曼把社会价值放在次要的位置,密尔则把内在和外在价值放在同样重要的位置。在密尔看来,虽然开办诸如工程、技艺、律师和医学等专业学院是有意义的,但他认为大学不是进行专业教育的地方,大学应该设置这些专业,这些专业教育应该在大学以外的场所进行,因为"这一切与文明和价值所主要依赖的东西一样,不是每一代所应传给下一代的一部分"[2]。密尔认为,大学不是为了传授人们赖以谋生的知识而创办的,大学的目的不是培养熟练的律师、医生和工程师,而是培养有才能的、有教养的人。

"人首先是人,然后才是律师、医生、商人或者工厂主。如果你把他们培养成能干的、明智的人,他们就会使自己成为能干的、明智的律师或者医生。专业人才从大学里学到的不是专业知识,而是能够指导他如何运用这些专业知识的知识,它能用普通文化之光照亮具体技术性事务。一个没有受过大学普通教育的人,可能会成为能干的、明智的律师或医生,但是,普通教育却可以使他成为富于哲理性的律师——他要求理解原理,而不是死记硬背细节。"[3]

---

[1] Michael Sanderson, *The Universities in the Nineteenth Century*, p.128.
[2] Ibid, p127.
[3] Ibid, p128.

与纽曼把哲学知识看作自由教育的最高顶点不同，密尔主张提供一种整体的普通教育。对此，他使用"General Education"一词，把它看作是自由教育的同义语，认为"General Education"将使专业人员掌握学科的基本原则，当然，它不是以学科的方式进行讲授，而是通过心智训练和习惯的培养。他指出，任何一门学科的学习，如果同时排斥其他学科的学习，就会使人的思想变得狭隘，而且形成一种偏见，这种偏见的产生是由于不能理解和正确评价其他专业领域所致。但随之而来的疑问是，学生有时间学习更多的学科吗？密尔的回答是肯定的，但前提是教学应该是富有成效的。基于以上观点，他指出，课程不应该是完全古典、排他的，而应该是尽可能广博、全面的。

牛津大学林肯学院的帕蒂森（Mark Pattison）指出，目前所谓的冲突实际上是普通教育与专业教育的矛盾。他认为：每一个人都要通过职业来赚取面包，或者至少是能够在生活中履行职责，由此就需要有与职业相适的专业知识。每个人都是社会的一员，是人类群体的参与者，其心灵能够自我发展或完善，为此就要受到普通或文雅学科的训练和学习。面临这样一个双重的问题，我们每个人都有意或无意地把职责的特殊性和文化的一般性结合起来。不同时期、不同国家对生活中这两个方面的价值形成了不同的评价。这种不同的评价直接影响着高等教育的行动。此时可能完全指向自由教育，彼时又可能转向追求实际应用知识的细节。①

同密尔一样，帕蒂森虽然并不否认科学，但他也仅仅是把科学看做训练其他心理功能的一种手段。1876年，他在《关于教育的演说》一文中，为密尔的反专业立场进行了辩护。他指出，大学不能办成专业学校，大学不是为了人们谋生而设，大学的目的不是用来传授法律、神学、金融或工程，而是训练心智，培养智能。大学应该占有所有科学和所有知识，但这些科学和知识绝不是为了赚取财富。

托马斯·亨利·赫胥黎既是一位著名的自然科学家，又是一位诲人不倦的教育家，他积极提倡科学教育，尖锐地批判传统的古典教育。他一生追求的目标就是："促进自然科学知识的发展，尽己所能去推动科学研

---

① Michael Sanderson, *The Universities in the Nineteenth Century*, p. 130.

究方法在生活各方面的应用……以及普及科学知识,发展和组织科学教育。"对于科学教育他提出了一系列主张和观念。他对古典教育进行了有力批判。1874年,他在任职阿伯丁大学校长时发表演讲,对密尔的演说予以反击,驳斥了密尔"古典语作为最好的文学教育"的论断,指出"科学是教育的重要组成部分"。他后来在梅森学院的演讲中对阿诺德的古典文化观进行了批驳,指出古希腊在科学方面的成就包括在"最好的思想和言论"之中。

"如果我们不了解希腊人关于自然现象的看法,我们就不能理解希腊人所有最好的思想和言论。如果我们不了解受到某些科学概念影响的那种生活评论的范围,我们就不能充分理解他们的生活评论。如果我们不能像他们中最有才智的人那样,深信按科学方法自由运用理性获得真理的唯一途径。我们就是在错误地自诩为希腊文化的继承者。"①

19世纪中期的英国,许多人主张自由教育,并认为只有通过自由教育才能获得文化。但是这些人所谓的自由教育实质上等同于文学教育,甚至等同于古希腊罗马文学教育,对于这种视自由教育为古典教育的传统观念,赫胥黎进行了尖锐的批评,并赋予自由教育新意。

1868年1月4日赫胥黎在向南伦敦工人学院学员所作的题为"自由教育及从何处寻找它"的演讲中认为"自由教育就是在自然规律方面的智力训练,这种训练不仅包括了各种事务及其力量,而且包括了人类及其行为方式,以及把感情和意志转变成与自然规律协调一致的真诚热爱的愿望。在我看来,教育不多不少都是如此,任何自称为教育的东西都必须对照此标准来衡量;如果它未能通过此标准的考验,我不会承认它是教育,不管对方权势多大"②。在他看来,"首先,从广度来说,这种教育不受限制,它涉及所有领域中必须认识的事务,锻炼人的全部官能,而且对人类全部活动的两大方面——艺术和科学给予同样的重视。其次,这种教育适宜于全体自由公民,他们可以选择任何一种职业,国家要求他们能够胜

---

① 〔英〕托·亨·赫胥黎:《科学与教育》,单中惠,平波译,人民教育出版社,2005年第2版,第107页。
② 同上书,第62页。

任各种职务"。赫胥黎提倡的新自由教育中,对人类活动的两大方面——艺术和科学给予同样的重视。可见,赫胥黎提倡新自由教育的真正目的是加强科学教育在学校教育中的地位。

在提倡科学和科学教育的同时,他还提出了文理互通的观点,明确阐述了科学和文学、艺术、美学的关系,强调科学教育和文学教育具有同等的地位。他认为,"科学和文学不是两个东西,而是一个东西的两个方面"[1]。在他看来,除了自然科学外,还有其他的文化形式。因此,应当把一种完整的和全面的科学文化引入到一切学校去,绝不能为了科学而扼杀或消弱文学和美学。为了防止培养一些片面发展的人,为了使学生获得真正的文化,赫胥黎主张既要进行科学教育,也要进行文学教育。因为"单纯的科学教育确实与单纯的文学教育一样,将会造成理智的扭曲"[2]。

在这场辩论中,英国诗人和文艺评论家阿诺德(Matthew Arnold)对赫胥黎的观点提出批评。由于所处的维多利亚女王时代很少有关生活品质的概念,或即使有,也是片面的,为此,阿诺德诉诸于古希腊人以寻求解答。在他看来,如果英国想要摆脱过于热衷手段的话,古希腊人有关人类完美的整体观念正是英国所需要的。那么,是什么导致了人类本性的美好和价值呢?阿诺德的回答是,它涉及了全部的人类经验,如艺术、科学、诗歌、哲学、历史和宗教。为此,他支持一种广博的课程。但在这种广博的课程中,他指出自由教育的最好内容是古典文学而不是自然科学。"教育的首要目的,是使一个人了解自己和这个世界",对于那些希望了解自己和世界的人,他建议说:"一个人了解自己的最好东西是世界上已经想好和说过的东西……这个最好的东西的最主要部分就是希腊和罗马的古典文学,这个部分是最为令人满意的"[3]。古典文学是人类智慧的最高成果,具有最高的价值。

在这场辩论中,几位思想家对于古典教育合理性的辩护,既根植于自由教育的古希腊传统,也从英国社会的现实背景中寻求立足点。他们都

---

[1] 〔英〕托·亨·赫胥黎:《科学与教育》,单中惠,平波译,人民教育出版社,2005年第2版,第20页。

[2] 同上书,第108页。

[3] Michael Sanderson, *The Universities in the Nineteenth Century*, p.139.

把自由教育定义为一种独特的和有价值的人类活动,极力支持自由教育和知识的非智能化功能。

这场辩论的焦点是关于知识的价值问题。以斯宾塞、赫胥黎为代表的科学教育派,极力推崇科学知识的价值;而以纽曼、阿诺德为代表的人文主义派则坚持认为古典人文知识最有价值。这场辩论的意义在于提高并确立了科学(包括历史学)在大学中的地位,进而影响英国最终将科学引入大学课程。同时,辩论认为大学不单是教学,而且是科研的中心,它是"知识创造的地方"。这次辩论将伦敦大学建立以来的大学教育发展和改革推向了新的高度,有力地推动了城市学院的建立。

第三节 技术教育和高等科技教育的发展

英国在 19 世纪 30 年代至 40 年代完成了工业革命,从 50 年代开始,英国经济快速发展,在世界上处于绝对领先地位。1860 年,占世界人口 2%和欧洲人口 10%的英国,几乎生产了世界上 40%～50%的工业产品和欧洲 55%～60%的工业产品。历史上把 1850 年至 1873 年称为维多利亚中期大繁荣时代。①

为了标榜英国"世界工厂"的成就,1851 年 5 月 1 日,在维多利亚女王的丈夫阿尔伯特亲王主持下,第一届国际工业博览会在伦敦举行。女王在海德公园的水晶宫内揭开了大展览的帷幕,来自世界各地的手工和工业制品展现在世人的面前。英国的展品,集中展示了维多利亚时代英国的繁荣与财富,最令人目眩的是各类机械的发明,其中包括自动纺纱机、大马力海船引擎、蒸汽机、水压机和各种隧道、桥梁和汽车模型。当时世界上没有第二个国家可以与英国的惊人创造相比。大博览会历时 140 天,全欧洲成千上万的人涌向伦敦,大英帝国风光无限。但同时,英国人也隐约感到了欧洲大陆国家的进步,他们看到博览会上展出的来自欧洲大陆的玻璃和陶土器皿的设计是那么美丽、雅致时,感到了不安。

---

① 王觉非:《近代英国史》,南京大学出版社,1994 年版,第 541 页。

在1851年国际博览会之后,英国的各种皇家委员会以及有志于教育改革的人士把目光投向了欧洲大陆的一些先进经验。最著名的是里昂·普雷费厄(Lyon Playfair)。他在博览会结束后到各地做了一系列的演说,强调国家对振兴科技的紧迫需求。其中有一段话是这样说的:

"除非我们的学校接受这样一个活生生的信念,即研究自然学科比研究朱庇特和维纳斯的艳情更可能增加国家的财富,否则我们的工业学院就无法跟欧洲大陆的那些学院匹敌。"[1]

1864年普雷费厄在皇家矿业学院的开学典礼上所做的就职演讲是一个预言式警告。他宣称:"就像太阳过后一定是黑夜一样,英国作为工业国家也必然会衰退,除非它的工业人口比现在更精通科学和技术。"后来在阿尔伯特亲王的要求下,里昂·普雷费厄环游了欧洲大陆,目的是研究第一手的科学教育。回来后他深刻地指出:"英国教育过分重视人文而轻视科学和技术。尽管英国在夺取奖牌时有出色表现,但它是为数不多的几个没有系统的技术教育的国家之一。"

当时比较保守的《泰晤士报》也在博览会结束后这样评论道:

"我们必须大大改变我们的教育制度——必须用活生生的科学来代替死气沉沉的文学,必须使荣誉和报酬的分配给整个英联邦都带来硕果,而不是把奖赏局限于专攻深奥学问的职业、陆军和海军的军人以及待在大学里的人。"[2]

这些宣传得到维多利亚女王的丈夫阿尔伯特亲王的支持。他和普雷费厄、亨利·科尔爵士等人在博览会以后筹集了大笔资金,在伦敦南肯辛顿地区购置了大批房地产——在随后的50年里,这些房地产被用来建立了一个又一个跟科技教育有关的院校和机构,其中比较有名的包括芬斯布雷技术学院(Finsbury Technical College)、城市行会学院(City and Guilds College)、皇家科学学院(Royal College of Science)、皇家矿业学院(Royal College of Mines)。著名的帝国理工学院(the Imperial College of Science and Technology)就是由这后三所学校合并而成的。这些院校都

---

[1] Michael Argles, *South Kensington to Robbins: An Account of English Technical and Scientific Education Since* 1851, Longmans, 1964, p. 7.

[2] Ibid, pp. 1-2.

侧重应用科学。比如,"芬斯布雷技术学院由以下系科组成:机械工程系、电子工程系、技术化学系、应用工业系和商业系"。又如城市行会学院,它的目标是培养工科教师、工程师、建筑师和工厂经理等。事实上,"它是英国最早教授高层次应用科学知识的学府之一"。这些高层次应用学科的出现为以后高等技术教育的发展打下了基础。

在1851年国际工业展览会以后,推动技术教育的主要政府机构是科学工艺部(Department of Science and Art)。这一机构的前身是1835年成立的威廉·爱沃特特别委员会(William Ewart's Select Committee)。该委员会受下议院之托,负责"调查研究在本国人民(尤其是从事机械制造业的人口)中间推广设计工艺和原理的最佳方法"。1853年,英国政府将以上机构正式命名为科学工艺部,由普雷费厄和考尔(Cole)任联席部长(Joint Secretaries)。科学工艺部的目的是扶持应用科学的教学,受到该部资助的有前面提到的皇家矿业学院;除此以外,它还鼓励并支持各类学校开设如几何、机械制图、建筑学、物理、化学和自然科学史等课程。到了1873年,受到科学工艺部资助的班级达到1182个,学生达24674人。虽然这些课程很少带有高等教育性质,但是它们为以后高等科技教育的大规模发展打下了一定的基础。

1867年的巴黎展览会则给了英国人深刻的教训。在此次世博会上,法国等欧洲大陆产品使英国人感到了巨大的威胁。90个展览门类中,英国只获得了10个优胜奖,其陈列品被描绘成一堆滥竽充数的废铁和原材料的混合物,而法国、德国的工业产品已显示出明显的优势,英国人1851年的预感被证实。世博会只是一个缩影。虽然从1851年起,英国举国上下对科技教育的重视程度已大大提高,但是它的起步太晚——此时德、美、法等国已经凭借它们的科技实力大大加强了自己的经济实力。从1870年起,它们的经济增长率都已经超过了英国(表6)。[①] 自19世纪70年代开始,英国的世界经济垄断地位逐步丧失。19世纪50年代,英国经济总量占世界的40%,70年代只占32%;而美国在70年代则占到27%,德国占13%。到1900年,美国以31%的优势居世界之首,德国也上升到

---

① 王承绪、徐辉:《战后英国教育研究》,江西教育出版社,1992年版,第3页。

16%,英国则跌到了 18%。到 20 世纪初,德国也超过了英国。①

表 6　英、美、法、德、意 5 国经济增长率比较(1870～1913 年)

国别	国内生产总值平均年增长率	平均每个就业者产量的年增长率
英国	2.1%	1.0%
美国	4.3%	1.9%
法国	1.6%	1.4%
德国	2.95%	1.6%
意大利	1.4%	0.8%

同时,英国工业的绝对增长率在 19 世纪后半叶呈大幅度下降的趋势(表 7)。②

表 7　19 世纪后半叶英国工业增长的百分比

时间	百分比
1860～1869	33%
1870～1879	23%
1880～1889	16%
1890～1899	24%

面对这种情况,英国朝野均感到了严峻的危机。从 19 世纪 60 年代起,关于技术教育对经济兴衰影响的讨论充斥了各类出版物。尽管政府、实业界和学者及不同派别看问题角度不一样,但还是形成了如下共识,即英国要维持在世界上的地位,越来越依赖于它的技术和技能水平的进步和提高。③一些激进人士直接为技术教育摇旗呐喊,他们指出,是技术教育落后导致了工业的落后和帝国的逐步衰弱。要巩固其即将丧失的"世

---

① 〔日〕宫崎犀一:《近代国际经济要览》,中国财政经济出版社,1990 年版,第 21 页。
② 王承绪、徐辉:《战后英国教育研究》,江西教育出版社,1992 年版,第 3 页。
③ E. W. Evans and N. C. Wiseman, *Education, Training and Economic Performance: British Economists Views 1868-1939*, Journal of European Economic History Vol13-No. 1,1984.

界工厂"地位,必须大力发展技术教育。其中,拉塞尔的观点最为引人注目。

约翰·斯考特·拉塞尔(John Scott Russell),1808年出生在苏格兰一个牧师的家庭。1825年,17岁的拉塞尔从格拉斯哥大学毕业后在爱丁堡的莱斯(Leith)技工讲习所任教,1844年移居伦敦。他先是在一家杂志社工作,后来参与了伦敦世博会的筹备。拉塞尔在交通技术、流体力学及数学等领域多有建树,担任多个英国皇家协会的会员,被誉为维多利亚时代的伟大工程师。1869年3月,他以《要对英国人进行系统的技术教育》(*Systematic Technical Education for English People*)上书女王。在长达436页的报告中,他提出了用学校职业教育逐步取代旧的学徒制,在英国建立国家技术教育体系的构想。

拉塞尔强调了技术教育在国家发展中的极端重要性。报告中,他深刻地分析了自1851年第一次世博会到1867年由于忽视技术教育给国家经济带来的危害。他说:"我们在1851年看到的情况是很有教育意义的,但没有使英国人感到耻辱,也没有使英国的制造商们及时意识到威胁的存在。直到巴黎展览会,我们才突然从梦中惊醒,完全警惕起来。我们认识到,英国不是被赶上了,而是在几乎所有我们引以为自豪的方面被某些国家超过了。"[①]拉塞尔从他的技术教育经历和工程实践经验出发,深刻地指出了英国经济衰退的症结所在。他说,良好的教育胜于黄金,技术是通向财富和富裕之路。德国等国家的产品优势在于其成功的教育。德国人口是英国的1/12,但其教育规模与英国相当,特别是它的技术教育发达,技术大学、技术学院培养技师和工头,覆盖了各个领域。相比之下,英国是个病态的国家,不喜欢教育,尤其反感技术教育。英国人不太相信技术教育能给他们带来好处。现有教育中,技术教育严重不足。这正是1851年大博览会以来英国落后于人的一个重要原因。4次博览会是国家没有及时汲取的4次教训。英国已经沉睡了,在1851~1867年这段时间内,整整一代有经验的工人已经在其他国家培训出来了。针对英国忽视技术教育的弊端,他大声疾呼:国家要重视技术教育,这是国家经济发展

---

① John Scott Russell, *Systematic Technical Education for English People*, London, 1869.

所必需的。两种教育类型——普通教育和技术教育的价值都应在国民教育系统中得到体现。技术教育是对国家经济发展来说一种好的投资方式。

拉塞尔不仅竭力倡导技术教育,同时借鉴德国等国的经验,对英国未来技术教育的组织、结构、类型及管理提出了建议。①

一是英格兰应普及技术学校、贸易学校和科学学校。已经存在的培训机构应该扩大和加强,而不是改造或减弱。技术学校不是小学的竞争对手,也不是中学的对手。技术学校是对高中和文法学校的补充。应该在所有城镇建设新的技术学校,每两万人的居民区设立一所技术中学,招收12岁至15岁年龄段的学生。

二是建立培训熟练工人和学徒的技术教育机构。只有受过教育的手工艺人才能完成完美的工作。受过教育的工人在最普通工作中的表现优于未受过培训的,教育教会了快捷容易的工作方法,而无知的人浪费材料、工具和时间。由于缺少熟练、懂技术的工人的工作,社会财富的积累受到限制。学徒教育是培训熟练工人的重要方式,要建立新的学徒制度,学徒年限要缩短。

三是关注妇女的职业教育。家庭妇女的工作是管理家务。家庭的建立,聪明地花费丈夫的收入,家庭衣物材料的选择、裁剪、缝纫、刺绣、修补,健康和有关疾病的预防,这些妇女的特殊工作都需要教育和培训。妇女的教育还应该包含她的孩子所需要的知识。特别要关注穷人妻子的受教育。

四是建立地方技术学院。在艺术、制造和商业中心建立15所地方技术学院机构,既作为大学的准备,也作为服务地方工业、商业和农业的学校。这些学校的教学内容和方法要适合本地区的需要。在纺织业地区就要教装饰设计、染色,在商业城市对商人进行教育,在矿区对矿工进行教育,在港口城市对水手和造船工人进行教育。地方技术学院的特殊属性是为了适合地区的贸易需求,技术学院的模式要研究贸易的特殊性和工人的分类,要满足不同的需要,形成不同课程分支。

---

① John Scott Russell, *Systematic Technical Education for English People*, London, 1869.

五是要区分技术教育的类型。实施技术教育必须从当前职业分类入手,在不同职业中找到不同的技术培训的内容和方式。要区分农艺师和农业工人、矿工和金属冶炼者、制造业者和操纵机器者、民用工程师和建筑家、教授和教师等人的不同职业取向。

六是建立技术教育的组织,明确培训方法、方式。政府的商业组织在技术教育中负有责任,需要一位合格的公共教育部长,一个称职的教育委员会以及一批技术熟练的教师。政府要鼓励人民接受技术教育,受过培训的工人应挣到双份工资。

上述思想反映了拉塞尔的远见卓识。遗憾的是这些技术教育的建议并未受到最高决策层的重视,反而被束之高阁,不了了之。

在巴黎博览会以后的30年时间,英国政府曾经多次组织皇家调查委员会,专门对英国工商业落后的原因以及科技教育状况进行研究。根据斯图尔特(W. A. C. Stewart)的考证,"在英国历史上,没有另一个30年产生过如此之多的有关教育的报告,如此之多的皇家委员会"[①]。这些委员会的报告都"承认美国和德国制造业工艺的优势与这些国家的先进技术教育有关"[②]。

1867年,普雷费厄在出席博览会之后写给学校调查委员会委员长的信中,谈到英国的产品质量与欧洲各国相比是劣等的,其原因是法国、普鲁士、澳大利亚、比利时、瑞士等欧洲各国都拥有对工厂和生产现场的管理者、监督者进行技术教育的优良制度,而英国则完全没有。

学校调查委员会也知道这一事实,1867年由议会任命塞缪尔森(Bernhard Samuelson)为科学教育特别委员会委员长。该委员会认为英国的初等和中等教育是不充分的,从事科学教育的教员不足是英国技术教育落后、问题多的主要原因,并建议应当完善小学制度(初等教育制度)的改革计划和健全中等教育及科学教育设施。

在对英国科学技术教育的落后状况提出各种意见和建议的基础上,1871年成立了以"调查科学教育和科学进步"为目的的委员会,并任命德

---

① W. A. C. Stewart, *Higher Education in Postwar Britain*, Macmillan, 1989, p. 332.

② Keith Evans, *The Development and Structure of the English Educational System*, University of London Press Ltd, 1975, p. 250.

文希尔(Duke of Devonshire)公爵为委员长。1875年该委员会提交了报告，汇总了1872年至1875年的情况，同时也包括对欧洲各国的先进技术的调查，从而提出如下建议：

"应该从小学就开始教授有关科学的内容，为此必须建立培养教员的大学。

让索斯·肯辛顿讲习所的科学技术教育能表现出更好的效果。

对进行科学技术教育的机关和设施增加补助金。

在大学里进一步增加科学教育内容，但并不希望过于专门化。

关于国家对政府部门的科学机构、研究组织以及对科学的援助，应立足于建立更多的国立试验研究所，增加研究费，更为重要的是要新设教育科学部，以便妥善处理科学技术行政。"

但报告未引起政府的足够重视。1881年塞缪尔森再次受命担任皇家技术教育委员会的主席，负责调查外国的技术教育并提出对策。1884年，塞缪尔森委员会公布了《关于技术教育的报告》，报告重申了德文希尔委员会提出的观点，并阐述了自己的修改意见：小学阶段增加基础科学、初级绘画和工艺课程量，鼓励中等学校开设现代的科学和艺术课程。该《报告》强调，英国要赶上欧洲大陆其他国家的发展，必须建立更多的高质量的技术学院。皇家技术教育委员会工作历时4年，成效显著。

除了组织皇家委员会以外，英国政府还通过立法来推动科技教育的发展。在19世纪后半叶，至少有三个法案对英国科技教育有重大影响。第一个是《1870年初等教育法》。从表面看，这部法律主要是针对初等教育颁发的，但是"它的操作范围涉及了中等教育和技术教育"[1]。由于《1870年初等教育法》大大促进了中小学的发展，技术教育（包括高等科技教育）的发展在生源上就有了保障。

第二个是1889年颁布的《技术教育法》(the Technical Instruction Act)及其《1891年修正案》。该法规定地方当局有权征收技术教育税，并

---

[1] Michael Argles, *South Kensington to Robbins: An Account of English Technical and Scientific Education Since* 1851, p. 36.

且规定各类培训班和学院的技术教育课程应由科学工艺部审批。① 从此,英国的技术教育开始走向正轨,为高等科技教育奠定了基础。

第三个是1890年通过的《地方税收法》(Local Taxation Act)。根据这项立法,海关税收和国内货物税收的一部分将发给各地方政府当局,用于两个方面:或是用来抵消一部分地方税,或是用来资助技术教育。起初,多数地方政府总是想方设法把钱用于前者,但是后来在公众的压力下,用于技术教育的那部分钱不断增加。1898年,各地方当局所得以上税收的总数为807000镑,其中740000镑被用于技术教育。②

由于英国政府各项政策以及立法的影响,加上有像普雷费厄这样的人在一旁宣传和鼓励,"一些富裕的工业家从实用主义的角度出发,开始把高等教育视为值得他们支持的投资领域"③。同时,一些商人干脆直接掏钱兴办技术院校。这个时候建立的技术院校,不同于20世纪60年代的多科技术学院,它类似于我国的职业高中。这些19世纪的多科技术学院后来逐渐开设高等技术教育方面的课程,一些学生修课的目的是为了获得伦敦大学的校外学位。

第四节 城市学院时期

随着科学技术的变革,尽管人们急切要求大学进行改革,却毫无进展。在这种状态下,德国派的观点,也就是创立类似德国工业大学那样大学的倾向在英国日益高涨起来,并且在地方工业城市里开始建立。

从19世纪50年代起,城市学院如雨后春笋般在英格兰北部相继涌现。他们包括曼彻斯特欧文斯学院(1851年)、埃克塞特大学学院(1865年)、利兹约克郡学院(1874年)、布里斯托尔大学学院(1876年)、伯明翰

---

① Michael Argles, *South Kensington to Robbins: An Account of English Technical and Scientific Education Since 1851*, p. 35.
② Ibid, p. 35.
③ Keith Evans, *The Development and Structure of the English Educational System*, p. 250.

梅森学院(1880年)、利物浦大学学院(1881年)、谢菲尔德大学学院(1897年)等。经过二三十年的努力,这些学院一般都获得了皇家特许状,成为有权授予学位的大学。在这些城市学院中最具代表性的有以下这些。

一、曼彻斯特欧文斯学院

曼彻斯特在1800～1850年发展成为英国第二大城市,是英格兰北部经济、政治、宗教和文化的中心,像伦敦一样为世人瞩目。曼彻斯特作为英国19世纪中期一个发达的工业城市和商贸中心,工业产品技术含量越来越高,急需大量懂文化和具有专业知识的人才,中产阶级在这一时期也面临财富增长和工作压力增大的问题。19世纪30年代,曼彻斯特一直渴望改善城市生活,并多方采取措施相继建立了公园、公共图书馆和美术馆。同一时期,曼彻斯特文法学校快速发展,它的课程、组织以及学生人数不断增长。其他宗教学校和专门学校也更受重视,建起了各式各样的地方学校。这些情况表明,与其他地方相比,曼彻斯特中产阶级对建立一个学院,在兴趣和人数方面有了最充分的基础,时机也非常有利。到19世纪40年代,曼彻斯特出现了许多像欧文斯那样的富有商人,对城市的教育规划既熟知又感兴趣,愿意为地方教育献计出资。他们成了英国城市大学的最初和最伟大的创建者。

欧文斯学院于1851年3月由欧文斯出资9.7万镑建成,并成立了理事会。建校之初,欧文斯向他的大学成员宣称:"将不被要求做出任何声明,也不会屈从于任何测试,他的宗教观念,不会以教育和讲授形式被提倡,这种形式的教育和讲授参考了任何对学生的是非之心产生合理影响的宗教或神学观点。"[1]学院的目标是教授"英格兰大学通常教授的各门学问和现在以及将来的科学"[2]。在这种思想指导下,学院从一建校即决定开设数学、伦理和道德哲学、自然哲学和英语、文学等经典课程。[3]但

---

[1] Divid R. Jones. *The Origins of Civic Universities-Manchester, Leeds&Liverpool*, Routledge, London, 1988, pp. 11-12.

[2] H. C. Barnard, *A History of English Education: From 1760*, p. 198.

[3] Divid R. Jones. *The Origins of Civic Universities-Manchester, Leeds&Liverpool*, p. 50.

由于财力的原因没有开设应用科学。不过通过开设数学和自然哲学课程,学校逐渐意识到独立的化学教授职位是必要的。学院强调教学要通过研究和考试进行,学费要适中,应在中产阶级能承受的范围内。为将学院办成一所理想的大学,理事会雇佣了很有竞争力的教职工,并准备让14名男教师,教授当时在英国大学开设的知识和自然科学课程。

然而学院最初办学并不顺利。开始时学校几乎没有固定的走读生,教学要在夜间进行。学生人数也不稳定,1851～1852年在校学生有62人,第二年71人,到1857～1858年下降到了34人。① 与此同时,每个学生平均选修的课程也不多,很少有学生希望学习一门系统的课程。这些问题持续了很长一段时间。理事会和教职工在深入探讨了1856～1857年学生人数暴跌的原因后,开始高度重视对日益发展的行业的研究和对考试的需要,并于1857年聘请了亨利·罗斯科爵士任化学教授。他在使学院与当地工业界加强联系方面发挥了重要作用,并引入德国化学界加强科研的经验,使英国建立了现代化学课程。1861年,学院和欧文斯夜校班合并。因为有了众多的学生并为社会提供了有益的服务,所以,学院逐步从外界得到了更多的资金支持和赞誉,内部也开始有了成就感。此后,学院状况快速好转,学生人数开始上升,到1864年,走读生达到127人,住宿生达到312人。② 到1870～1871年走读生达到264人、住宿生达到527人。③

为了适应学生人数的增长,有效地安排课程和考试,以求学院有更大的发展,理事会和教授们从1867年起开始公开为学院扩建积极申请资金,同时走访欧洲大学取经。1870年增设了欧文斯函授学院,1871年议会允许欧文斯学院招收女生,1872年实现了和皇家曼彻斯特医学院的合并。合并后,欧文斯学院向真正的大学又迈进了一步。到1880年欧文斯学院已有了相当规模,它的收入从第一年每年3500多镑增加到1870年的7500多镑,此后10年每年创收21000多镑。④ 充足的资金使学院的继

---

① Divid R. Jones. *The Origins of Civic Universities-Manchester*, *Leeds&Liverpool*, p.51.
② H. C. Barnard, *A History of English Education: From 1760*, p.198.
③ Divid R. Jones. *The Origins of Civic Universities-Manchester*, *Leeds&Liverpool*, p.52.
④ Ibid, pp.52-53.

续扩大成为可能。

与此同时,作为一所地方院校,欧文斯学院在学术方面的成绩也越来越显著。学院的学生在伦敦获奖,在牛津、剑桥获奖学金,并在公开竞争中赢得了一定地位。少数学生还开始从事高级研究,在化学领域表现得尤为突出。越来越多的来自国外大学、商业部门和政府对学院图书馆、博物馆的捐赠证明它已获得国际认可。上述情况表明欧文斯学院在各方面均已具备了办大学的条件,但它仍不能授予学位,其毕业生必须在伦敦大学参加学位考试。经过长时间的努力争取,1884年欧文斯学院与成立于1881年的利物浦大学学院合并成联邦制大学维多利亚大学,从而获得了授予学位的独立大学地位,1887年位于利兹的约克郡学院也成为维多利亚大学的一部分。但当曼彻斯特学院和利物浦学院有能力独立运转时,联合大学于1903年解散,其从属的三所学院从1903年起都成了独立的大学。

二、利兹约克郡学院

利兹医学院和利兹约克郡技术学院合称为利兹约克郡学院,就是今天利兹大学的前身。自19世纪以来,利兹地处工业区和制造业中心之间,毛纺业十分发达。这里居住着大量的工人,他们很容易患上职业病,1831年,利兹医学院成立。利兹医学院的创建,正是为广大工人的健康服务。学院的奠基人查尔斯·特纳·撒克拉博士,在英国被视为职业病学之父。

1867年,英国在法国巴黎博览会上的表现令人失望,英国在技术上的领先地位已经丧失。利兹约克郡学院是直接回应这一事件而建立起来的典范。1867年,利兹的塞纳兄弟参加了巴黎举办的国际工业博览会。在90个展出门类中,英国只获得了10个优胜奖,"当英国的工业家们听说他们的陈列品……被描述成'一堆滥竽充数的废铁和原材料的混合物'时,他们开始意识到了末日的来临"[①]。在此次展览会上,英国的技术优势被法国夺去,这给塞纳兄弟很大震撼,他们回到利兹后开始多方倡议在

---

① W. H. G. Armytage, *Civic University*, Benn, 1955, pp. 243-244.

利兹举办科技学院。他们在一封公开信中说：

"先生们，法国的展览向大部分人证明了欧洲国家在过去15年间的巨大进步。欧洲制造商们在大部分情况下与我们相同，在某些方面超过我们，这更加表明我们停留在原地时他们取得的巨大进步。15年以前，制造业在许多国家并不存在，但是要找到一个欧洲国家展示的商品几乎和我们一样好，并且在某些情况下比我们的更好，几乎是不可能的。如果我们努力地去探询这个巨大改变的原因，我们就会发现，他们与我们预想的完全不同。我们相信主要的原因，在于他们极大关注对各种制造业作出科学的改进，以及政府已经为工人和雇员而设的合理的技术科学教育体制。在科学和技术知识传授便宜以及在某些情况下免费的所有主要制造业中心，训练年轻制造者和艺术家的学校已经建立起来。"①

信中塞纳兄弟提出了建立工业技术学校及纺织设计学校的计划，从而导致了约克郡学院的建立。

为了加强对工人们的科技教育，促进利兹地区的工业与经济发展，1874年利兹用20000英镑成立了约克郡科学技术学院。该学院的创建是以沃希普福布料公司工人的慷慨捐资为基础的。该公司迄今为止一直是利兹大学的主要捐助者之一。建校初期，学院只开设实验物理学、数学、地质学、采矿学和化学等课程。不久又增设了生物学、古典文学、现代文学和历史学等课程。② 1877年约克郡科学技术学院改名为约克郡学院。1874~1875年学院日校学生为194人，夜校学生269人；1879~1880年日校学生为339人，夜校学生855人。③

1884年，曼彻斯特欧文斯学院与利物浦大学学院合并成维多利亚大学，1887年利兹约克郡学院成为维多利亚大学的一部分。1903年，维多利亚大学解散，其从属的三所学院相继独立。1904年英王爱德华七世颁发了建立独立的利兹大学的皇家特许状，于是一所完全独立的教学与科研机构——利兹大学终于在利兹市形成了。

---

① Michael Sanderson. *The Universities in the Nineteenth Century*, p. 156.
② 宋迎宪：《利兹大学》，湖南教育出版社，1990年，第3页。
③ Divid R. Jones. *The Origins of Civic Universities-Manchester, Leeds & Liverpool*, p. 63.

利兹大学像其他绝大多数英国大学一样，是依据皇家特许状建立的。它的建制和管理工作按照大学章程进行，只有英国枢密院才有权对大学章程进行修改或补充。大学是自治的，但接受英国政府教育和科学部的指导，和财政部所属的大学基金委员会也有联系。

大学的管理机构是校理事会(The Court)、校务委员会(The Council)和校评议会(The Senate)。校理事会是学校的最高权力机构，每学年开会两次，一次是在第一学期的期末，另一次是在第三学期的期末。校理事会决定学校的大政方针。副校长的工作对校理事会负责。校务委员会和校评议会是校理事会的执行机构。校务委员会代表校理事会负责学校的行政事务，每学期开会两次。校评议会也是每学期开会两次，代表校理事会负责学校的学术事务。校评议会也举行一些不定期的特别会议，研究处理学术方面的问题。

三、布里斯托尔大学学院

布里斯托尔大学学院是在1876年以一个有限责任公司的形式建立起来的。它既没有一个主要的建立者，也没有广泛的支持与赞助。在19世纪90年代以前这所学院规模一直很小，后来随着资金注入的增多，学院规模才逐渐扩大起来。

关于创办该学院的目的，首任院长经济学家阿·马歇尔(Alfred Marshall)，在学院开学就职演说中曾有明确阐述：

"当我们环顾我们所居住的这个工业社会，我想，这是一个显而易见的结论：我们这一代不仅有很多困难的事情要完成，而且相对于世界范围内的任何一代人，我们要花费更多智力、精力在这些要做的事情上。

因此不管我们是否看到那些需要通过现代工业来完成的工作的困难程度，还是在现代工业中人们的精力会很快被消耗殆尽的危险，我们都清楚这一代人将比任何其他时代的人都依赖教育，以及他们刚踏入商业圈时所设定的目标。

况且，当我们看到那些为建立大学学院的人所作的工作时，我们不能不说他们正在尽他们最大的努力去促使布里斯托尔这个古老的城镇发挥它的作用，让这个时代成为一个辉煌的时代。但是他们打算建立一个不论性别、接受普通高中毕业生的学校,通过连续传授学生在科学、语言、历史和文化方面的知识,尤其是在应用科学的各个分支领域提供给学生合理有效的指导,来使这些技能将来被应用到艺术和制造业上。

让我们尝试去将真正意义上的文化教育传授给布里斯托尔的商人们,这些教育将精炼人们的思想,扩展人类生活的乐趣。但是首先让我们尽力去教育他们,让他们知道,他们的商业成就只有在他们获得学院所传授的知识和能力的基础上才能产生。让我们赋予他们科学性、原则性的知识,这样他们才可能放弃竞逐第一的惯性思维,使自身了解他所做的事在表面的商业生涯之后是出于何种目的。如果他进行一项新的实验,他也许可以准确地预言实验的结果。因此不但实验不会偏离轨道,相反地,所有的数据都将可能接近目标数值,那时他才不会在新的只会打消他人或他人积极性的尝试上浪费时间与物质资料。在前景一片光明的科学指引下,对前途一无所知的道路上勇敢无畏地、精力充沛地进行着那些不曾被尝试过的实验,克服新困难,朝着新的方向继续前进。因此,他不仅将帮助英国的布里斯托尔成为早期工业成就中的重要一员,而且由于他提倡并热衷于那些将被应用到他的商业活动中的研究。他的事业每天都将给他提供新的科学问题,他充满自豪地解决了它们,因为它们是难题。也因此,他一方面会受到事业的支持,另一方面也总是会被他的事业激励着去享受积极的文化生活。"①

根据这一目的,学院在很多方面紧跟时代步伐,很快把自己融入了当地建设急需的各种教学之中,还开设了夜校和师范课程。在一定的时期内,大部分学生都是来学习这种课程的。后来由于申请学位的学生人数日益增加和逐渐拥有了一支相当完善的教职员工队伍,这所学院逐步成长壮大起来。1893年大学学院和一所医学院合并,1909年成为独立的布里斯托尔大学。

四、伯明翰梅森学院

伯明翰是英格兰中部迅速崛起的工业城市。伯明翰大学起源于地方

---

① Michael Sanderson. *The Universities in the Nineteenth Century*, pp. 161-162.

工业家、慈善家约赛亚·梅森(Josiah Mason)建立的约赛亚·梅森学院。约赛亚·梅森出生于乌斯特的基德明斯特,从少年时代开始他就不得不为生计而奔波,据说在基德明斯特他曾做过鞋匠、面包师和地毯编织工。当他 20 岁的时候,他去了伯明翰,30 岁的时候已成了当地制作珠宝首饰的金匠。不久之后,由于他最好的朋友塞缪尔·哈里森的引荐,他到了钢铁齿环和钥匙环的加工厂,也正因为如此,为他以后获得世界范围的财富奠定了基础。约赛亚·梅森依靠他以往在制造业的不同门类里长期积累的丰富经验,他坚信完全彻底而系统化的科学指导必不可少,尤其是指向于应用化、工业化和艺术化的要求,在商业竞逐的腹地,特别是伯明翰和基德明斯特等地区是很必要的,因此他下定决心捐出自己目前所拥有的财产中的一部分去建立一个传授这种系统化、科学化教育的学院机构。

1880 年,他捐款成立了梅森学院。他建立的这个学院显示了他的工业背景,清楚地表明了以专业的职业技术为方向的学院意图。约赛亚·梅森提出他的学院应该促进科学教育,要"排除仅仅纯文字化的教育指导,纯理论教学和纯理论学科"①。应该"按照本市和本地区的需求,大规模地提供科学教育的手段"②。学院的发展并没有完全遵循梅森的设想。这所学院以实用机械、工艺学为主,兼设文学、神学。学生成绩合格由维多利亚大学或杜伦大学授予文凭。1881 年梅森又投资 20 万英镑与皇后学院及一所医学院合并,1900 年通过首相张伯伦(Joseph Chamberlain)的关系得到皇家特许状,成为独立的伯明翰大学。该大学始终注重实用的教育传统,这所大学从一开始便以科学和工程教学为主,并且在英国的大学中第一个设立了商学院。伯明翰大学的建立使该市的酿造、采矿、有色金属冶炼和商业得以迅速发展。

五、利物浦大学学院

利物浦是英国北部的商业贸易中心。19 世纪的利物浦已拥有巨大的不断增长的财富和深厚的文化知识传统。19 世纪早期利物浦有许多

---

① Michael Sanderson. *The Universities in the Nineteenth Century*,p. 158.
② Michael Argles,*South Kensington to Robbins*:*An Account of English Technical and Scientific Education Since* 1851,p. 48.

有特色的教育机构,如皇家学会、利物浦学会、自然科学学校和皇后学院女子学院。其发达的中等教育系统为大学的成立提供了充足的生源潜力。为防止当地人才外流,为青年提供进一步申请学位的机会和增加教育的实效性,在1878年5月的一次公共集会提出建立地方学院的设想,要求成立新式学院以便"在自由教育的所有学科方面为城镇居民和社区居民提供这样的教育,使非住宿生有资格在任何一所大学获得艺术、科学和其他学科的学位,同时提供技术教育,毕业后能够马上服务于本专业和商业社会"①。

利物浦大学学院在建校之前筹集了10万镑的资金,城市本身提供了价值30000镑的建筑场地。在1881~1882年秋天传统学年的中期开学。第一学期只有93名学生,以后人数稳步增加。② 大学课程主要有化学、自然历史、物理、数学、哲学、政治、经济学。这些均为比较实用的课程,在文科课程如英语、文学和现代历史方面则相对薄弱。后来通过和医科学校的合并,学院不断壮大。1882年,它的医科学校被允许授予医学学位。利物浦大学学院起步虽晚,但发展迅速,1884年即成为维多利亚大学的一部分,并一直延续到20世纪初期。1904年其获得独立大学地位。

六、谢菲尔德大学学院

谢菲尔德在1822年就建立了医学院。随着产业革命的成功,英国钢铁工业快速发展。1879年,钢铁大王马克·菲斯(Mark Firth)出资开办了一所文、理兼有的谢菲尔德菲斯学院,学院不受宗教限制,向当地学生提供大学课程。"办在一座具有众多工业人口的城市中心的一所学院的第一个目标就是,它应该紧扣这部分人民的生活:它的教育应该从他们的日常工作出发,资助有助于他们的工作的那些知识……"③19世纪80年代学院又根据实际需要增加了工程学、实用科学,并顺利地和1822年建立的谢菲尔德医学院合并,加之牛津、剑桥大学开始的大学推广运动,使菲斯学院得到了进一步发展。1897年谢菲尔德医学院与菲斯学院和谢

---

① Divid R. Jones. *The Origins of Civic Universities-Manchester, Leeds & Liverpool*, p. 61.
② Ibid, p. 62.
③ 徐辉:《高等教育发展的新阶段》,杭州大学出版社,1990年版,第44页。

菲尔德技术学院合并组成谢菲尔德大学学院,1905年发展为独立的谢菲尔德大学。大学成立之初有全日制学生114人,分别攻读文学、纯科学、医学和应用科学学位。学校的非学位课程极为广泛,除了一般性的学术科目,还有诸如奶牛饲养、铁路经济、采矿、刀具磨制等。这些城市大学基本都遵循这样一种发展模式:先是通过私人的赞助建成一个地区性的学院或技术学校,然后兼并当地的医学院或任何开设高等文科课程的大学附属机构,最后在市政府支持下成为一个大学学院,最终升格为独立的大学。

19世纪后半叶至20世纪初,英格兰南部经济发展很快,一些主要城市都办起了由伦敦大学发文凭的大学学院,除上述布里斯托尔外,还有雷丁大学学院(1892年)、诺丁汉大学学院(1881年)、南安普敦大学学院(1902年)、赫尔大学学院(1908年)、埃克塞特大学学院(1922年)等。这些学院以后都先后成为独立的大学。

第五节 城市大学的出现与人才培养

一、城市学院升格为城市大学

上述这些城市学院建立后,在当地的工业发展和经济建设中发挥了重要作用,逐渐成了地方工业研究的重要中心。如利兹学院成了纺织业研究中心,利物浦学院和纽斯卡尔学院成了海运业研究中心,伦敦大学学院成了电机工程研究中心。这些学院的建立和发展,使英国高等教育的面貌出现了新的气象,传统的教育观念也发生了重要转变。

这些城市学院在建立后,由于资金和教学质量问题,一直没有取得皇家特许状,成为真正的大学。"大学"一词在英国有特殊的意义。第一,大学的教学几乎局限于学位课程,且具有颁发本校学位的皇家特许状。第二,学校在法律上是一个独立的实体,然而城市学院没有学位授予权,对于只承认皇家授予学位的英国人来说,其社会声望和学术水平没有得到上层社会的认可,当伦敦大学有了学位授予权后,各城市学院只能在获得毕业文凭后,再通过伦敦大学的考试获得学位。为了获得学位授予的条件,或者为了使学生能向伦敦大学申请校外学位,以提高本身的社会声誉,城市大学在发展过程中,动摇了创建初所坚持的教育价值取向与教育信念,在课程方面争相设置有关社会和人文方面的正规课程,逐渐丢弃了工业与实用方面的或面向非全日制学生的证书课程。如曼彻斯特欧文斯学院最初设立了古典语言、文学、自然哲学、数学,后来又增加了道德哲学、自然史、英语等。谢菲尔德大学学院依据伦敦大学学位的要求,开设了数学、古典学、古代史、现代史、音乐理论、物理等课程。这表明这些城市学院的目标和精神并不仅仅为工业和商业服务,而是在继承传统大学的基础上,朝综合性大学发展。

进入20世纪初,一批城市学院随着社会声望和学术水平的提高,逐渐改变了对大学的附属身份,相继成为完全独立的大学。1900年,政治家张伯伦首相为伯明翰的约西亚·梅森学院赢得了皇家特许状,使其获得了独立大学的地位。1903~1904年,利物浦和利兹担心曼彻斯特控制整个大学,于是成立于19世纪80年代的维多利亚大学分裂为三所大学:利物浦大学、利兹大学及曼彻斯特大学。1903年曼彻斯特学院和利物浦学院分别升格为曼彻斯特大学和利物浦大学,1904年利兹学院成为大学。1905年,谢菲尔德大学也获得了皇家特许状,它的前身是谢菲尔德医学校、菲斯学院和谢菲尔德技术学校。1909年布里斯托尔的大学学院获得了独立大学地位。

这样,在第一次世界大战前,英格兰有了10所大学。它们分别是:①牛津大学;②剑桥大学;③杜伦大学(1832);④伦敦大学(1836);⑤伯明翰大学(1900);⑥曼彻斯特大学(1903);⑦利物浦大学(1903);⑧利兹大学(1904);⑨谢菲尔德大学(1905);⑩布里斯托尔大学(1909)。这些独立大学的出现,极大地鼓舞了一些比较小的中心城市,如莱斯特(Leicester)、诺丁汉、南安普顿、埃克塞特(Exeter)、雷丁,他们想方设法将自己的城市学院升格为大学,其中有的学院苦苦奋斗了几十年,到20世纪50年代末才最终如愿以偿。

上述新兴的城市大学多是依靠地方财团和市民阶层的捐款而建立的,其最大特点是注重科学、数学和商业等现代学科,对学生进行实际教育。如伯明翰大学从教学计划中删掉了神学、文学，设立了缝纫专业和机械制造专业，曼彻斯特大学设立了高等商业和摄影制造专业，诺丁汉大学设立了乳制品专业，谢菲尔德大学设立了玻璃制造专业，利物浦大学设立了建筑专业等等。这些大学的毕业生直接服务于工商业发展的需要。据统计，1880年，这些城市大学培养出的学生有770名，1883年为1838名，1893年有2988名。这些新式大学所培养的学生数量虽然还不多，还不能充分满足工商业发展的需要，但是代表了大学教育的新趋向。

从大学的起源可以看出，教育事业的发展和人民的需要以及工业与经济的发展密不可分。19世纪期间英国人喜欢用红砖来建校舍，因此这一时期建立的大学均被称为"红砖大学"(The Red Brick University)。英国在19世纪后半叶是世界上最强大的工业国，有"世界工厂"之称。当时的钢铁、煤炭、机械、无机化工等工业产品占世界总产量的一半以上，因而英国的高等教育事业随之得到迅速发展。"红砖大学"在学科上的优势正是当时当地工业上的优势。维多利亚大学在民用工程、采矿、化学、造船和海洋工程学、纺织机械和纺织科学等诸学科领域中在英国乃至世界都处于领先地位。

与19世纪60年代的大学扩张相比，20世纪初的独立大学运动具有自身的特点。这些红砖大学都脱胎于原来的城市学院，并在原有的基础上升格而来。在帮助学生攻读伦敦大学校外学位的过程中，它们提高了自身的学术水平，在与地方经济的互动中，他们更是找准了立足地方、服务全国的办学方向。

二、城市大学的课程

城市大学区别于传统大学最大的特征在于其教育目标是为当地工商业发展培养较为高级的专门技术型人才。例如，谢菲尔德大学指出，"位于工业人口集中地区的中心学院的首要目的，在于提供与从事工业的人口生活息息相关的教育，其教育应始于他们日常职业当中，即传授有助于其职业的知识……"利兹大学则直截了当地宣称，大学的目的"是准备提供急需和普遍的需要，即同一种可以适应于工业发展的科学教育。"伯明翰大学也同样指出，"我们希望系统地提供为商人以及大企业的管理者所必需的特殊教育……因为我们的帝国是建立在这些英国经理、老板或工匠和商人所经营的工业基础之上"①。

上述办学思想鲜明地体现在各城市大学的课程之中。城市大学的课程内容鲜明地反映了重视技术教育及其应用的特点。尽管各个城市大学的办学目的或动机几乎完全一致,但是由于各地的具体情况不同,其课程结构和内容也随之存在着差异。表8是各主要城市大学的课程及设置年代等。

表8　英国主要城市大学的课程、设置年代等②

学院或大学名称	课程名称	取得的资格或者学位	设置年代	最初授予年代
曼彻斯特欧文斯学院	有机化学			1874
纽卡斯尔自然科学学院	科学 工程 造船工程师 采矿 船舶工程 农业	助教职位 学院文凭	 1895	1892 1899 1903 1903 1914 1912
	工程 染色工艺业 纺织工业 皮革工业 农业 采矿 电气工程 冶金	能力证书	 1880 1874 1891 1877 1899 1906	1881 1888 1894 1894 1894

---

① Michael Sanderson, *The Universities in the Nineteenth Century*, pp. 81-82
② 黄福涛:《欧洲高等教育近代化——法、英、德近代高等教育制度的形成》,厦门大学出版社,1998年版,第114-115页。

(续表)

学院或大学名称	课程名称	取得的资格或者学位	设置年代	最初授予年代
谢菲尔德菲斯学院和谢菲尔德大学	工程 冶金 采矿	助教 助教 证书		1893 1898 1910
梅森科学学院和伯明翰大学	工程 采矿 酿造业	证书	1882 1899	1887 1904 1907
诺丁汉大学	采矿 机械和工程 工程和技术 机械工程	无证书 助教 课程		
利物浦大学	民用工程 工程 电机 造船工程 电解化学和物理化学 生物化学	证书 文凭 讲师职位	1885 1889 1903 1884 1902	1905 1911

由此我们可以看出，绝大多数城市学院没有取得与传统大学和伦敦大学学院同等的学位授予权。学生在这些城市学院或大学经过两三年的训练和教育后，只能获得毕业文凭或资格、能力证书，而这些文凭和证书在19世纪末期往往不为传统大学认可，即社会并未将新兴的高等教育形式——城市学院和大学与牛津、剑桥等传统大学同等看待。即使在其后城市学院逐渐升格为城市大学，并在某些大学或某些课程中拥有颁发理学士(B.S)的权力，其地位和声望仍然低于传统大学。这一方面说明，城

市大学中有关科学技术的课程体系不够完善、学术水平有待提高;另一方面也反映了在传统大学势力强大、传统教育价值观与新兴教育价值观相互对立的国家,新型高等教育最终取得社会广泛认可,往往需要经过长期的努力。大学结构层次分明、等级森严,造成了以后二元制的大学结构。

城市学院或大学的课程内容鲜明地反映了重视技术教育及其应用的特色。不难看出,各大学最初开设的几乎无一例外是工程、机械或机械工程、采矿等课程;到了19世纪末20世纪初则发展为开设有关电子工程等方面的课程。就此点而言,城市大学不仅完全不同于重视古典人文主义教育的传统大学,而且在某些方面也与1828年建立的包括文理工、既承袭传统科目、又设置现代课程的伦敦大学学院存在着差异。

各个城市大学的课程设置带有浓厚的地方色彩,反映了各地工商业发展的不同特色。到19世纪末,它们逐渐成为促进地方工商业发展、实用技术推广和应用的机构。例如,曼彻斯特的欧文斯学院以化学教育著称,是英国大学中最早设置有机化学教授职位的大学;纽卡斯尔学院的工程教育闻名遐迩,该校开设了诸如一般工程学、机械工程学、民用工程学、建筑工程、电子工程和船舶工程等系列科目;谢菲尔德菲斯学院的教学则以采矿为主,并且逐渐成为全英格兰采矿教育的中心;伯明翰的梅森学院除了与谢菲尔德菲斯学院一样开设采矿方面的课程之外,还设置了大量有关冶金方面的课程,除此之外,它还开设了别具特色的酿造系,深受当地人的欢迎。与19世纪初创建的某些新型高等教育相比,城市大学与工商业发展之间的联系更为紧密和广泛,它几乎完全与各地的社会经济发展融为一体、息息相关。

三、专业技术人才的培养

与培养目标及课程的设置相适应,各城市大学的绝大多数毕业生也都进入工业各部门或从事与技术开发和应用有关的职业。城市大学的发展壮大,为英国培养了大量的科技人才。从培养科技人才的角度看,英国大学在1870年到1910年之间取得了显著的进步。

表9 1870年到1910年城市大学理工科毕业生人数①

类别\时间	1870	1880	1890	1900	1910
理科					
数学荣誉学士学位	1	1	8	22	44
物理荣誉学士学位	0	7	16	25	39
化学荣誉学士学位	3	1	26	48	126
地理荣誉学士学位	3	3	9	9	14
一般学士学位	6	26	77	200	577
理科毕业生总数	13	38	136	304	800
工科					
工程学荣誉学士学位	0	0	11	46	183
矿业学荣誉学士学位	3	6	13	14	31
冶金学荣誉学士学位	0	11	3	0	10
技术学学士学位(荣誉)	0	0	0	0	12
工程学学士学位	0	0	0	0	137
矿业学学士学位	0	0	0	0	6
冶金学学士学位	0	0	0	0	3
技术学士学位	0	0	0	0	9
毕业生数					
非学位课程毕业生数	0	0	3	11	40
工科毕业生总数	6	17	30	74	431
理工科毕业生总数	19	55	166	378	1231

从表9来看，城市大学1910年理工科毕业生总数比1870年增长了

---

① G. W. Roderick and M. D. Stephens, *Education and Industry in the Nineteenth Century*, Longman, 1978, p. 108.

近 64 倍,而且,每 10 年理科和工科毕业生人数都分别成倍增长。同一时期,牛津、剑桥两校理工科毕业生总数分别为 1870 年 150 人、1880 年 148 人、1890 年 177 人、1900 年 160 人、1910 年 189 人。以纽卡斯尔学院为例,1871 年至 1881 年间就读于这所学院的学生中,有 89 人为矿业工程师。其中 4 人为矿主,30 人为矿产管理人员,3 人为政府矿业协助调查人员,1 人为新西兰政府任命的矿业最高视察员。除了这些以外,还有 4 人是机械工程师,3 人是民事管理人员,3 人是电力工程师,2 人曾获得奖学金,1 人是专利事务所的协助检验员,11 人是律师,4 人是解析化学专家,17 人是教授或导师,另外 17 人曾获得剑桥大学或其他一些大学的学术性荣誉。

总的来说,这段时期英国传统大学的贡献主要集中在理科方面,而工科方面的成绩主要由城市大学作出。这一点除了城市大学注重有工业发展意义的革新研究等特点外,还由他们培养的学生类型来证明。表 10 反映出城市大学在第一次世界大战之前就为工业输送了大量应用性人才。

表 10 城市大学毕业生进入企业工作的百分比①

时间	伯明翰	曼彻斯特(化学)	曼彻斯特(物理)	布里斯托尔
1870~1879				12.5
1880~1889			33.4	5.3
1890~1899		47.3*	48.3	
1900~1904	8.64		21.2**	
1905~1909	25.2	32.6		

注:* 1896~1900 年;** 1900~1906 年。

城市大学的兴起改变了英国高等教育的结构,使英国高等学校的职能发生了重大转变。在教学方面,19 世纪以前,大学培养的目标是为统治阶级服务的高级官吏、牧师、律师、教师和医生,主要是培养绅士阶层。大学教学中固守古典课程,脱离了社会经济的发展。随着伦敦大学和城

---

① 徐辉:《高等教育发展的新阶段》,杭州大学出版社,1990 年版,第 45 页。

市学院的兴起,这一局面被打破,大学在人才培养方面开始立足社会需要,为工商业发展培养合格人才,如冶金、矿业等等各种专业人士。在科研方面,通过第二次辩论,城市学院(城市大学)认为大学不仅是教学中心,而且也是科研中心,是创造知识的中心。城市大学在发展中承担教学和科研的任务。在社会服务方面,城市大学自建校之日起,就与当地工商业有着千丝万缕的联系,他们立足于地方,特别重视教育要为工业服务,并一贯重视对工业发展有实际意义的革新研究。例如,伯明翰大学、伦敦大学、利物浦大学、谢菲尔德大学和利兹大学早在它们的前身大学学院时期就分别成立了酿酒业研究中心、电机工程研究中心、钢铁工业研究中心和纺织业研究中心。这些大学对当地工艺的改进和产品的开发起到了很大作用。"润滑、煤矿抽水机、钒钢、镀铬皮革、煤气取暖器、火花塞、电台调谐、乳酪肥皂、啤酒、四冲程发动机等工艺和产品的开发和改进,都由于城市学院或大学的科研而取得了很大成效。"①

---

① 徐辉:《高等教育发展的新阶段》,杭州大学出版社,1990年版,第44页。

第四章　牛津、剑桥大学的改造

从1832年开始,英格兰和威尔士的大学机构从原来的两所增加到令人惊讶的40所。19世纪国内外形势的发展,要求更多的文职人员长官、殖民地管理者、律师、医生、学者、金融师、科学家和技术工作者。富有的中产阶层的扩张以及妇女解放迫使增加大学数量。当时对这种需要的回应是改革和扩张中世纪的牛津和剑桥大学以及在英格兰成立其他的大学机构。19世纪是牛津、剑桥大学真正从中世纪复兴并走向全盛时期的起点。这期间的改革涉及大学的管理体制、考试制度、课程等,这些改革要么依赖各种法规,要么由大学自身设计,要么适应整个社会的变革。尽管改革的进程缓慢而不情愿,但这些充满现代因素的改革最终使牛津、剑桥大学走上了国家化和现代化的道路。

第一节　牛津、剑桥大学改造的动因

19世纪上半叶,牛津和剑桥大学尚未从17～18世纪的衰退中完全恢复过来。它们传统上的保守性和缺点仍然一目了然。马杰里·利物斯在评论19世纪初的牛津和剑桥大学时说:"传统大学的功能是为国家服务,而不是创造新的学术气候。"[①]这里说的国家,是指少数地主贵族把持的国家。当时,英国的"整个生活基调都是由贵族阶级定的;甚至在工业革命以后的很长一段时期内,英国政府内阁仍然被地主寡头操纵"。即使在地主阶级失去了国家的统治权之后,"牛津大学和剑桥大学仍然迟迟不

---

① 转引自殷企平:《英国高等科技教育》,杭州大学出版社,1995年版,第6页。

改它们对旧统治者的忠诚,它们在基调、价值取向和结构上都一如既往……它们落后在时代的后面,变得越来越褊狭,越来越不合时宜"①。具体来说,19世纪中叶之前的牛津和剑桥大学有以下弊端。

首先,它们的社会和宗教排他性仍很明显。牛津、剑桥的各学院大门只向上层阶级和国教徒开放。由于各学院都实行寄宿制,费用昂贵,19世纪30年代,送一个孩子到牛津或剑桥学习的年均花费估计在200～250英镑,②远比现在费用高。这样,只有贵族、绅士和富商子弟能承担得起教育和生活费用。资料显示,1711年牛津大学新生录取名单中,贵族和绅士子弟占到73%,1760年这一比例上升到83%,1810年甚至达到99%。③ 数量极为有限的奖学金一般也都保留给公学和捐办文法中学的毕业生。"无所事事的富人子弟占了学生中的大多数,而且享受着学院里的各种特权。他们甚至不用考试就能获得学位!"④同时,英格兰的教堂保持严格的宗教区别,宗教在教育中占有垄断地位。旧大学仅仅对国教徒开放,那些异教徒和天主教徒因不尊奉英国圣公会的"三十九条信纲"而被排除在大学之外。当时许多有科学思想的英国人都是不信奉国教者,无论他们天资如何聪颖,都被排斥在两所古老大学的门外。

其次,在课程方面,古典教育在牛津、剑桥仍占统治地位。牛津一头扎在古典文学、亚里士多德的哲学以及中世纪留传下来的逻辑学里,同时代的剑桥则过分重视已经过时的数学。各类学院仍然几乎不采用入学考试。在牛津,一个学生毕业与否取决于这样几个基本条件:在学校寄宿达13周以上;愿意接受英国国教的考查;通过一些令人发笑的口语考试。自然科学和其他一些现代科学——这些学科在18世纪的一些不信奉国教者创办的学院里得到了发展——几乎全部被忽视。⑤ 贵族获得文学硕士依据以下规则:贵族的所有子嗣,只要住满3年就可以不经先期考试而

---

① Sheldon Rothblatt, *The Revolution of the Dons*, Faber and Faber Ltd,, 1968, p. 18.
② H. C. Barnard, *A History of English Education*: From 1760, p. 83.
③ J. A. Sharpe, *Early Modern England*: *a Social History*, 1550-1760, London, 1987, p. 258.
④ Keith Evans, *The Development and Structure of the English Educational System*, p. 240.
⑤ Ibid, p. 240.

获得那项学位。1570年的《伊丽莎白章程》规定：凡是年龄至少为24岁的男子，经过10年后，都有权不经先期考试而进行神学学士学术答辩。①住校10年的学生可以参加神学学士学术答辩的规定不啻为一场闹剧。

以前很受古典大学重视的法律和医学训练此时也只是小规模存在。在剑桥大学，1824年前，数学是通向荣誉学位的唯一道路。医学院的沉闷和呆板，由于布希克·哈伍德爵士的前来而被打破，他先于1758年起任解剖学教授，从1800年起，同时兼任第一任唐宁学院医学教授。他的解剖学讲座教授的继任人，同他的敌手艾萨克·潘宁顿钦定医学讲座教授的继任人一起，保证了医学研究在剑桥进一步变为现实。大体上说，由于接受了从1817年起任钦定医学教授约翰·哈维兰德的倡议，1827年设置了包括病理学、医学实践和临床医学、解剖学、生理学、化学、药学以及相关的植物学的笔试。学生还需要提交听取笔试科目的教授讲座的听课证明，也需要提交听取唐宁学院医学教授讲座的听课证明。② 由于入学后5年才能被授予医学学士学位，而住校生则只需要3年，哈维兰德在1834年进一步促成了一项准则：学生还需证明，在他们离开剑桥的2年或者更长的时间内，曾经服务于某一知名医院，并听过医学讲座。大学当局还有权颁发内科行医执照，而且从传统上说，是在获得医学学士2年后才能颁发。哈维兰德博士在他去世前的1851年指出，尽管他实行了改革，但医学学习仍然处于低潮。③

牛津、剑桥大学被限制为培养本科生，研究生教育所占比例很小。它们没有通过研究来拓展知识的范围，仅仅训练国教徒和富有的绅士，古典大学逐渐难以适应它们所服务的社会的变化。

两所大学所属学院的入学考试此时尚不存在，毕业考试也以宗教信仰测试和口试为主。2/3的牛津大学毕业生和1/2的剑桥大学毕业生都会去教会工作。而两所大学的教师因为要担任牧师职位，也只能过独身生活。牛津和剑桥在19世纪中期新设了几个荣誉学位以平息社会上对大学课程狭隘的批评，这些变化都直接或间接地对科学教育的发展产生

---

① E. Leedham-Green, *A Concise History of the University of Cambridge*, p.144.
② Ibid, p.125.
③ Ibid, p.144.

了一定的影响。比如,在牛津,考试制度得到了确立:凡是该校的学生,必须通过笔试才能获得学位。该校还在 1807 年设立了荣誉学位制度,褒奖在古典文学和数学考试中获得优异成绩的学生。1850 年,该校又设立了自然科学荣誉学位,以平息社会对该校偏窄课程的批评。在剑桥大学,1848 年,历史、法学以及自然科学被正式列入考试课程,1849 年,又增设了自然科学荣誉学位考试。除此之外,少数学院教员的职位开始向所有申请者开放,以便吸收那些出类拔萃的荣誉学位获得者去那儿任教。然而,当时改革的局限性很大,整个大学的体制和面貌并没有得到显著的改观。

再次,大学内部管理结构僵化。大学的基本组成单位是学院,而权力集中在少数学院的院长手中——不同学院相互倾轧的现象司空见惯,而争斗的结果往往是少数富裕的学院得利最大。大学教员的任命往往取决于谁的后台硬,裙带关系成风,一旦得到了职位,这些教员们尽可以躲在"象牙塔"里养尊处优,不思进取,更用不着关心外部世界的变化。剑桥设立伍德沃德地质学教授职位,三一学院的米德尔顿对地质学一窍不通,但却毫不犹豫地占据了这一职位,就职演说后便独享津贴而无任何作为。[①]类似的例子还有很多。1764 年,被任命为剑桥大学化学教授的沃森(Richard Watson)尽管在 15 个月的时间里开设了讲座课程,但据记载,"他对化学一无所知,从未阅读过这门学科的只言片语,更未做过任何实验"[②]。在 1570 年《伊丽莎白章程》和 1636 年《劳德规约》的制约下,两所大学的管理越来越落后于时代的要求。

最后,大学的校风也相当衰败。正如 1852 年牛津大学皇家委员会在其调查报告中所指出的,大学里"赌博成风"、"荒淫无度",富人子弟不是一门心思做学问,而是比阔气,仅打猎一项"一天至少花 4 个基尼"[③]。

所有这一切表明,要完全依靠牛津、剑桥的内部力量来进行大的变革,这在当时已经是不可能的了。牛津和剑桥的真正变革是在外部改革

[①] 贺国庆等:《外国高等教育史》(第二版),人民教育出版社,2006 年,第 77 页。
[②] W. H. G. Armytage, *Four Hundred Years of English Education*, p. 114.
[③] Stuart Macture, Educational Documents:England and Wales 1816 to the Present Day, London Methuen Co Ltd, 1965, p. 65.

潮流的推动和国家的干涉下进行的。科技教育在城市大学中蓬勃发展的形势给牛津和剑桥造成了很大压力；同时，当时的辉格党政府在社会各界的呼吁下，开始对这两所古老而保守的大学进行干预。1850年，首相约翰·拉塞尔(John Russell)向维多利亚女王建议：建立皇家委员会，以研究牛津和剑桥两校的状况。这项建议得到了女王的支持。于是，在随后的30年，英政府不但通过皇家委员会一系列的调查报告来推动牛津、剑桥的改革，而且还采取立法形式来巩固改革成果。1852年，皇家委员会的连续几份报告冲破了保守势力的顽强抵抗，确立了政府对这两所大学的干预权。

早在1837年，拉德纳勋爵(Lord Radnor)促使上院采取一项法案，成立专门调查委员会对这两所古老的大学进行调查，但该法案没有通过。因为各个学院的院长和巡视官认为自身完全有权力来革除任何弊端。拉德纳继续追问他们有没有决心，并建议成立一个委员会来调查这些权力的真实性。剑桥大学校长卡姆登侯爵和牛津校长惠灵顿公爵(Duke of Wellington)两人主张应该延期即刻着手进行的调查。他们认为，两所大学的各个学院，即使在那个时期，也密切关注着自我改善的各项提议。

在剑桥，卡姆登给副校长写信，后者安排每一所学院都申明它们是否愿意并能够改革自身的法规。答复是，国王学院那里持拒绝的意见：不去干预和自己无关的法规。在大多数学院仿佛至少采取了一种温和的支持路线。耶稣学院、彭布罗克学院、伊曼纽尔学院和女王学院做了少量改动；彼得学院解除了研究员身份仅仅局限于特定郡男子的限制。在基督学院，格兰罕姆院长和10名研究员向君主请愿进行真正的改革——允许研究员结婚，并对非国教徒全部开放。这一请愿被其他研究员来说过分大胆，他吁请巡视官对其加以制止。经过长期而痛苦的商讨，三一学院和圣约翰学院终于达成协议，认为不可能去安抚大学以外那些持批评意见的人，大学本身也没有更好的措施，因此，有些成员认为，不经上面的干预就不可能有任何改革可言。

第二节 《牛津大学法案》和《剑桥大学法案》的出台

牛津和剑桥大学皇家委员会是19世纪中期对各级教育进行大规模调查的开创者。为了适应19世纪中叶面临的各种政治和经济发展要求，牛津和剑桥大学已开始进行内部改革。但牛津大学改革的步伐迟缓，执意墨守陈规。1849年两校的皇家学会会员曾签署了一份请愿书，要求成立皇家委员会。1850年4月23日，国会动议："鉴于外部环境的变化、舆论的进步以及人们智力活动的改善，所有学术教育体制是会不时要求某种变更的。"①鉴于这些大学部分地由于古老的学院法规的缘故而不能与时俱进，鉴于"需要更佳的法律以规范录取入学仪式和学位的授予、减少大学图书馆的独家享有、提供更加公平的科学和文学业绩奖金的分配、扩大允许学院指导教师婚配的范围、促进大学竞选人的登记"②，而且鉴于应寻找遏制"个别大学生继续不断地奢侈放纵"，兹成立皇家专门调查委员会（Royal Commission）以对牛津、剑桥和都柏林等大学的状况进行调查，"其目的是，协助这些重要学府按现代时期的要求进行变革"③。约翰·拉塞尔勋爵接受了国会的请求，着手组建皇家委员会。

在剑桥大学，校参议院签署一份请愿书，呈交给副校长卡特麦尔博士，敦促他进行一切可能的抵抗。他们断言，剑桥大学和各学院拥有并已经准备好来行使由他们自己进行改革的权力；对于新的荣誉学位考试作出判断，为时过早；另外，倘若成立这样的调查委员会调查这两所大学的"状况和收益"，委员会只能搜集自愿提供的信息的权力，因而某些方面自然会拒绝合作，而由此作出的报告将因此失真。副校长同意了，并按照这些思路给阿尔伯特亲王写了一封信。他说，取消将某些奖学金和研究基金局限于某些地区和学校的人员从而否决奠基者和赞助人意愿的提议，

---

① E. Leedham-Green, *A Concise History of the University of Cambridge*, p. 152.
② Ibid, p. 152.
③ Ibid, p. 152.

肯定是"对财产权的一种空前的危险干涉"①。他把大学的不满表达得一清二楚。阿尔伯特亲王为在作出决议前没有机会提醒大学表示道歉,不过他又劝慰道,既然成立专门调查委员会在所难免,它的成员的选拔也是谨慎进行的,旨在向两所大学确保其良苦用心,大学理应合作才是。他还指出,敌意"反而可能增加其敌对者的指控"。这样,专门调查委员会在剑桥大学受到的阻力不大。

当时牛津大学拒绝与皇家委员会的成员合作,而剑桥大学却对皇家委员会的成员表示欢迎。因此,牛津大学皇家委员会持强烈的批评态度;而剑桥大学皇家委员会却对该校为消除不必要的限制开辟新的学科所进行的改革做出了积极的评价,两份报告的基调截然不同。皇家委员会与牛津大学在关于该大学的性质的一些基本观点上发生了冲突。皇家委员会认为,大学的意见多与各学院的意见相抵触。他们赞成教授制,反对导师制;主张使所有有资格接受教育的人得到最好的教育。牛津大学皇家委员会对该校的校纪、学习和财政收入情况以及所有下属学院的情况进行了调查。皇家委员会建议改革大学的管理机构,使之更加民主;提议把英语作为教职员会议和校务会议的语言,而不是拉丁语;赞成拓宽课程设置,招收一些不寄宿的学生和比较贫穷的学生,以使比较贫穷的学生也能够上大学;反对设专门指定的研究奖。

牛津大学皇家委员会的成员包括诺里奇主教、基督学院前院长 Samuel Hinds,泰特博士,弗朗西斯·Jeune,H. G. 里德尔,J. L. 丹皮尔,巴登·鲍威尔教授和 G. H. S. 约翰逊。

1852年,皇家委员会在《牛津大学皇家委员会报告》中指出:

"最尊贵的女王陛下,在我们所关注的大学及其下属各学院的状况、校纪和学习这三点上,我们从牛津大学绝大多数的教授和许多知名人士那里得到了证据。

学校理事会不向我们提供那些从学校首席官员副校长那里得到的信息,并且向我们暗示这样做的目的是要对女王陛下的委员会的合法性提出质疑。但是我们设法了解到各学院院长对我们所关心的一些问题的看

---

① E. Leedham-Green, *A Concise History of the University of Cambridge*, p. 153.

法,并且在一定程度上了解到使他们作出决定的某些原因……"①

针对牛津大学的校纪,报告指出:②

"当把牛津大学的校纪、秩序、品行与我们记忆中这些方面被描述的情行相比较,我们满意地发现已经发生了明显的变革……诸如酗酒、暴力等严重的不道德行为在牛津大学,正像在高年级的普遍情况那样,已经很少见了。本科生与他们的导师交流更加频繁,关系更加密切。

但是,有待改进的地方自然很多……在现存的各种丑恶行为中最为明显的当数性犯罪,各种形式的赌博以及挥霍无度……在牛津大学周围的村子里,犯罪的机会实在是太多了。

正像在其他地方一样,在牛津大学赌博是以一种极其难以发现的方式进行的……如果建立一个监视系统将完全有悖于该大学的精神。

在那些犯有挥霍浪费这一可耻罪行的少数人与节约的大多数人之间,仍有相当数量的青年的花销远远超出了他们有权支出的数额……

开车、骑马和狩猎都是造成巨大开支的原因……而在这些娱乐活动中最花钱的是狩猎。其每天的费用很少低于4基尼。一些沉湎于狩猎的人在家时就惯于此道,也出得起钱,由于这个原因以及认定狩猎往往可代替更糟糕的消遣活动,因此狩猎在一些学院置之不管或者得到允许。但是,此事必须严格加以控制……

除非能够改变学生自己的习惯和性情,否则这些办法或其他任何办法都无法取得长期的良好效果,注意到这一点至关重要。现在勤奋用功的学生大部分人品行端正,俭朴节约,但大部分学生并未充分利用时间,需加强其学习的动力。如果没有这一点,就无法有效地防止犯罪。"

通过调查,皇家委员会认为,总的来说,如果一位家长除了供给自己的儿子穿衣和假期中在家中供养他之外,在儿子上大学学习期间花销没有超过600英镑,毕业时也没有被叫去偿还债务,那么他就有理由为自己感到庆幸。由此可以看出,牛津大学的费用非常昂贵,贫穷家庭很难支付得起。

---

① Stuart Macture, *Educational Documents: England and Wales 1816 to the Present Day*, London Methuen Co Ltd, 1965, p. 65.

② Ibid, pp. 65-66.

为了能让贫穷的青年上大学,报告引用了皇家委员会关于苏格兰各大学的一份报告,其中有一段描述了学生如何在学期中仅靠微薄的一点资助为生,在假期又重新过起"扶犁收割"的生活的话,然后报告指出:①

"如果穷人被准许入学,并且不再强迫他们住在下属各学院或集体学生宿舍,牛津大学可能也会看到这种与命运抗争的勇敢精神。

大批像我们刚才提到的那样穷的学生也许不会来投考牛津大学,因为并没有提议应把考生入学的文化标准降低。然而,正如过去曾经有过,并且今后仍可能还有的是那些天才青年,他们可能在从事某些体力劳动或低贱的职业,仍然在为入学深造做好充分准备。还有那些不仅会从大学获得荣誉,而且可为大学带来荣誉的天才青年。以及那些从为穷人开办的师范学校中培养出来的才华出众的学生,这些学生都非常渴望得到大学教育,如果他们认为自己努力可以考入大学,为了得到大学教育,他们甘愿受苦。这样的学生失去一个也将是一大损失……我们认为,私人公寓也许能够以十分低廉的费用为这些青年提供所需的一切,而不必要他们做出巨大的自我牺牲……"

皇家委员会确定了牛津大学的目标:"把牛津大学建成一座伟大学府,把最有才华的教师和学生集聚到一起,使许多原来无望成为本校一员的人能够利用学校的教育和学术交往所带来的各种益处;使学校资金所带来的效益和促进作用对尽可能多的人产生影响……我们所要做的是使所有有资格接受最好教育的人都能得到这种教育,而不是给予那些被排斥在外的人某种安慰……"②

针对宗教测验,报告指出尽管并非由于贫穷但却被排斥在学校之外的还有一个较大的社会阶层,即那些不愿接受英国国教"三十九条信纲"的人们。

"有关招收非国教教徒入学的问题,是吩咐我们不要去考虑的问题之一。我们仅仅提请人们注意,牛津大学的几个所属机构明确地表示有关

---

① Stuart Macture, *Educational Documents: England and Wales 1816 to the Present Day*, p. 66.
② Ibid, p. 67.

这一问题的现行政策应该摒弃的强烈要求……人们也许会注意到,是否承认国教的信纲这一标准既没有把所有非国教教徒排除在外,也没有把所有国教教徒包括在内。一方面,对于某些属于其他教派的人来说,比如普鲁士新教、日内瓦福音会、美以美教派和苏格兰国教,入学关不存在任何障碍。而在另一方面,有些人尽管是国教信徒,但并不愿意公开声明他们接受信纲所包含的全部内容,因而自己觉得被剥夺了获得高级学位的权利。当英国国教并没有要求参加其最神圣的圣餐仪式的人必须是教徒,而一个世俗组织竟把俗人的身份作为加入该组织的一个条件,这无疑是很奇特的。对于如何消除这一弊病,我们并没有提出任何建议,但我们必须表明自己的明确态度,即像现在牛津大学所做的那样强行要求承认国教教规,会使人习惯于轻率地同意自己从未考虑过的事实,并且会自然而然地导致以诡辩去解释神圣的义务。"①

剑桥大学皇家专门调查委员会的专员包括切斯特主教、基督学院前院长约翰·格兰汉姆(John Graham),三一学院研究员和伊里大教堂主持乔治·皮考克(George Peacock),三一学院原荣誉学位考试一甲第一名约翰·赫谢尔爵士(Sir John Herschel),首席检察官、首席法官和前三一学院一甲学生约翰·罗米利(Sir John Romilly)爵士以及三一学院研究员和伍德沃德地质学讲座教授亚当·塞奇威克(Adam Sedgwick)等人。他们的主要职责是"调查"剑桥大学和各学院的"状况、学科和收益"。② 专门调查委员会专员的报告,高度尊重大学和某些学院所做出的认为进行这些改革属于他们自身的权力范围之内的努力。

剑桥大学皇家专门调查委员会在提交大学教育职责的建议中指出:应该在工程学、现代语言和历史学以及神学领域设置荣誉学位考试;应该提高"先期考试"的标准,而且出色的候选生有权选择参加任何荣誉学位的考试。然而新引进数学学科的教学委员会(Boards of Studies)则负有保证教授讲座和考试科目之间的某种一致的责任。这种教学委员会也宜设立在新的学科中并成立总教学委员会(General Council of Studies)以

---

① Stuart Macture, *Educational Documents*: *England and Wales* 1816 *to the Present Day*, p. 67.
② E. Leedham-Green, *A Concise History of the University of Cambridge*, p. 148.

对它们进行协调。在"先期考试"中稍微逊色的候选生,可以在与荣誉学位考试平行的一系列学科中选择申请低一个级别的"普通文学学士学位"。还应该创建新的教授职位以及一个对已婚者开放的大学讲座主持人。费用由各学院负担,新教授和大学讲座主持人的教学从此局限于为"先期考试"造就候选生。至于提供必须的实验室和博物馆所需的费用,假如国家同意免除每年从录取入学和学位授予印花税中所收入的3000英镑左右的款项,用以替代支付款项中的大约每年1000英镑的救济金,这项费用就可以得到满足。① 皇家专门调查委员会对大学提的建议非常过激和大胆,对各个学院的建议则轻描淡写。

在调查的基础上,1854年和1856年英国国会相继通过了两项法案,即《牛津大学法案》和《剑桥大学法案》。《牛津大学法案》对大学的管理方法进行了改革,规定准许非国教徒上大学,并可获得初级学位,但仍不能担任高级教师。以这两个法案为开端,牛津、剑桥大学经历了一系列立法变革,最终在19世纪后半期促成了牛津、剑桥大学的改革。

第三节　牛津、剑桥大学的改革

一、课程的改革

1852年,皇家委员会在《牛津大学皇家委员会报告》中指出,古典人文学科不应该是必修的,对于大多数学生来说,它使大学自始至终更像是一所文法学校。

"根据1850年的考试章程,今后将允许所有学生选择专修法律、历史、数学或自然科学,但必须在他参加这些科目的考试之前做出选择。在一定程度上,每个考生仍然必须上人文科学学院。在那里第三次接受有关古典语言文学以及哲学、历史等科目的考试。

这种限制持续至今毫无疑问是由于长期以来在牛津大学盛行的文科

---

① E. Leedham-Green, *A Concise History of the University of Cambridge*, p.156.

教育观所致。人们一直认为大学的唯一职责就是致力于智力的培养,而不是传授实际的、专门的知识,而经典著作的学习被视为完善和活跃思想的最好方法。迄今为止,所有人受到的都是一样的教育,不论他是教士还是律师,是医生还是平民……

古代的法规制订之后……一种不同的教育理论又盛行起来……青年往往在年纪很小的时候就入大学,并且在那里就读多年。起初他们认为大学不过是个文法学校,但后来发现在这里可对当代的各种知识进行深入的研究。现在青年入校时的年龄要比过去大得多,然而对他们中的大多数来说,大学始终不过是所文法学校……

各种专业或为就业做准备的不同学科都出现了衰败现象,注意到其衰败的程度至关重要……

教职人员中的大部分仍然在牛津大学接受教育,但有学识的神学家在牛津大学仍然很少,因而在其他地方就更加稀少了……

牛津大学已不再是一所医学院了……它与法学界的关系是不能令人满意的,没有接受过牛津大学或剑桥大学教育的律师人数在不断增加,而在那些已从大学毕业的人当中,大部分是剑桥的毕业生。"①

对此,委员会建议学生在中期考试通过必修的拉丁文和希腊文等文科考试之后,便可自由选择专业学科,为今后谋职做准备,所以,大学应该设立更多的荣誉学位,拓宽课程设置。在此调查的基础上,1854年和1856年英国国会相继通过了两项法案,即《牛津大学法案》和《剑桥大学法案》。

在上述法案颁布之后,两所大学开始积极增加近代科学学科。在牛津,1869年设立了神学荣誉学位,1872年法学和现代史各自分离和独立,此外,文科还创立了很多新的荣誉学位:东方语言(1886)、英语语言文学(1893)、现代语(1903)。自然科学荣誉学位在1886年以后进一步分化为化学、物理学、生理学、心理学、动物学、植物学、地质学、天文学、工程学等分支学科,学生可以在总的自然科学荣誉学位下选择某一学科作为自己的专业。

---

① Stuart Macture, *Educational Documents*: *England and Wales* 1816 *to the Present Day*, p. 68.

剑桥在1900年以前也陆续设立了法律、历史、神学、印度语、犹太语（后来的东方语）、中世纪及现代（欧洲）语以及机械学（后来的工程学）等荣誉学位考试，而且还为发展这些新学科增设或改设了一些教授席位。

新学科的发展导致学习自然科学荣誉学位的学生逐渐增多。从表11可以看出，在1855～1859年，牛津大学攻读自然科学荣誉学位的毕业生为8.1%，而到1895～1899则增长到10.9%。

表11　牛津大学自然科学荣誉学位毕业生所占比率(1855～1904)

时间	全部文学士	全部荣誉学位	自然科学荣誉学位	全部荣誉学位比率(%)
1855～1859	1383	701	57	8.1
1860～1864	1520	635	53	8.3
1865～1869	1637	817	54	6.6
1870～1874	2044	1211	82	6.8
1875～1879	2293	1533	137	8.9
1880～1884	2675	1666	126	7.6
1885～1889	3054	1963	131	6.7
1890～1894	2841	2038	172	8.4
1895～1899	2991	2108	229	10.9
1900～1904	2922	2278	245	10.8

资料来源：L. S. Sutherland, L. G. Mitchell. *The History of University of Oxford*. Vol Ⅶ. Part2. Oxford: Clarendon Press, 1986, P459

新学科的加强带动了实验室的创建。牛津和剑桥大学分别在1868年和1873年建立了著名的克拉伦敦实验室和卡文迪许(Henry Cavendish)实验室。这两个实验室的建立标志着"传统大学进入了新纪元"[①]。

---

① Keith Evans, *The Development and Structure of the English Educational System*, p. 243.

因为他们终于承认现代科技的重要性了。

二、实验室的建立

英国资产阶级政权的建立需要发展经济和技术,牛顿力学的出现为新技术的产生提供了科学依据。于是,到了18世纪中叶,英国人发明了效能更大的上冲式水轮机,成为继圈地运动之后羊毛丰产导致的毛纺业的主要动力,使生产率大大增加,因而从1760年开始出现了以水动力为主的产业革命。1765年,瓦特(James Watt)用加冷凝器的方法改进了纽可门(Thomas Newcomen)在1712年发明的单作用式蒸汽机,但是虽然效率提高了,却只能用于排水和灌溉,而不能作为生产的机器动力,直到1784年瓦特发明了双作用式蒸汽机,被用作机器连续生产的动力装置。可是,在19世纪一二十年代,当时英国的生产动力主要还是上冲式水轮机,而这是正式机床发明的时期,所以直到1830年英国产业革命基本完成时,生产的动力主要还是上冲式水轮机,[1]只是后来双作用式蒸汽机的数量和比重大了一些。在1840年之后高低压复合式蒸汽机大量投入使用时,蒸汽机才上升为主要动力装置。[2] 我们所说的英国近代技术革命是以蒸汽机动力技术为标志,原因在于它是新生的和大有发展前途的技术。

从这些历史情况可以看出,英国的近代技术革命靠的是作坊和手工场中的工匠,科学家只是个别地、间接地起了作用,而英国的产业革命又是以作坊主和技术工人为主力产生的。总之,在这两次革命中,科学家起的作用都不大,这也是由于当时的技术和产业比较粗简,对精密科学的需求并不强烈的缘故。

牛顿力学取得了伟大的成功,可是牛顿的继承者们以他为榜样把理论力学和数学当作唯一令人羡慕和向人们夸耀的治学道路而纷纷走上这条独木桥时,自恃其"清高"和"显示水平",却把技术视为雕虫小技而让工匠们去做,与产业革命的需要大相径庭。到英国产业革命完成的1830

---

[1] 阎康年:《技术革命研究中的几个问题》,《自然辩证法通讯》,1985年第3期,第42页。
[2] 阎康年:《三次技术革命和两次产业革命的历史经验》,《世界历史》,1985年第4期,第3页。

年,这个矛盾变得很突出而且不少科学家也明显地感觉到了。一方面是皇家学会会员老化,学识浅薄却只凭爵位和社会地位当上了皇家学会会员的占了相当比重,多年不出或少出成果却堂而皇之地以大科学家自居的大有人在。另一方面是产业革命中出现的大量科学技术问题无人能去解决,科学家们却埋头做些与实际需要无关或关系很小的理论推演。

首先试图打破这个僵局的是牛顿的卢卡斯数学讲座继任人,剑桥大学的青年数学家查尔斯·巴贝奇(Charles Babbage),他在1830年出版了《英国科学的衰落》一书,对英国皇家学会会员老化和科学成果少提出批评,并且在对从18世纪以来法国的理论力学和应用力学取得的一系列重要成就分析之后,指出英国科学处在衰落之中。另一位青年科学家A. B. 格兰威耶(A. B. Granville)发表了《无首领的科学》一书,也对皇家学会的衰退提出严厉的批评,说科学的新发展在英国缺乏首领,因为老一代科学家起不到应有的作用。几年后,他又出版了一本书,批评1800～1830年有103个皇家学会会员在该学会机关刊物《哲学会报》上发表464篇回忆录,其他的548个会员则什么也没有写,说他们是"皇家学会的懒汉",说皇家学会变成了普通俱乐部场所。①

此时法国和德国在应用科学和实验物理方面取得的成就,使沉迷于数学和理论力学研究的英国科学界受到很大冲击,这种冲击与英国皇家学会中的改革运动相结合,形成了迫使英国学者更广泛而深入地考虑研究方向和高等教育体制的改革问题。

1847年,阿尔伯特亲王担任剑桥大学校长,对科学和教育的热爱使他决心把剑桥大学打造成欧洲最具现代意义的高等学府。深入教学第一线调查研究是阿尔伯特亲王突出的工作作风。履新之初他就走访了剑桥大学所有的学院,当他看到剑桥大学学习不严肃和脱离实际的情况时,非常震惊。他想根据自己在德国的体验对大学的教育体制进行改革。他在1848年提出了教学改革计划,将传统的数学优等生制改为自然科学优等生制。在过去,剑桥大学实行大学毕业后的优秀学生可以考取数学优等

---

① E. N. da C. Andrade, *A Brief History of the Royal Society*, Royal Society, 1960, p. 12.

生,相当于现在的数学研究生,在毕业时按考试成绩排名次,这个制度的建立自然使高级理科人才的培养纳入了纯数学和理论力学的轨道,这是在相当长时间内英国科学界注重数学和理论力学的根源。将这个制度予以改变,并以物理、化学和生物学定位,在当时是项大胆的尝试,这一改革在1851年开始施行。

英国政府也感到教育体制如果不与国家发展需要相适应,将起不到应有的作用,1850年,首相拉塞尔男爵(Lord Russel)任命了一个专门的皇家委员会,对教育改革进行筹划。1852年,该委员会确认了亲王1848年的改革计划,他们建议加强化学实验和创建实验物理教学,提出把电、热和磁学三门学科纳入自然科学优等生考试之内。

尽管英国的科学发展在19世纪中叶有了明显的转机,但是实验物理学在英国仍然处于自发的、个别的和私人实验室阶段。伦敦的大学学院和国王学院都设立了学生用的物理实验室,但实验物理学并未纳入正规的物理课程,也没有规定学生必须参加研究。牛津大学虽然在1867年开了实验课,但是到1870年才启用克拉伦敦实验室,从总体上来说,英国的物理研究和教学基本上仍然沿着理论物理方向走下去,起色不大。

英国的物理学落后了,处在新旧物理十字路口上的英国物理发展到19世纪中叶已经到了非改革不可的地步。在1866～1870年担任剑桥大学考试委员会成员的麦克斯韦(James Clerk Maxwell),首先提出将考试科目扩大到热学、电学和磁学,而不应再固守数学和理论力学不放,这个建议最终被采纳,因而使剑桥大学的物理教学纳入热、电和磁学,而这三门课程在本质上是实验性质的,这就为实验物理作为一门新的学科的建立准备了条件。

剑桥大学是英国物理学的主要根据地,也是牛顿和麦克斯韦的母校。第七代德文郡公爵兼实业家W·卡文迪许当上剑桥大学校长后,决定把英国政府过去提出的设立实验物理教学付诸实施,并且自己捐款8450英镑建立实验物理教授职位和物理实验室;决定聘请麦克斯韦为剑桥大学的物理教授,筹建卡文迪许实验室。1871年10月,麦克斯韦发表了他的就职讲演。主要方面包括①：

我们要在明显的科学说明所依据的基础上，不仅要提供和传播真实的科学原理，而且还要提供和传播深刻的批判精神。这里，他提出了治学的依据必须可靠，教授和探索真实的科学事实和理论，以及培植科学批判的审视眼光和能力，因而对该室后来的教学和研究具有指导性的重大意义。

科学教育应当立足于说教和基本感觉相结合。不仅要训练学生眼睛敏锐，耳朵明快，触觉灵巧和手指敏捷，将教学与可靠的感知密切地联系起来，使思想大大活跃。

让助手和学生自己动手制作仪器和动手实验。他认为一个敢于将仪器拆成零件并自己动手实验而做错了的学生，往往比用经过教师调整好的仪器而做对了的学生收获要大得多。他说他从不劝阻一个人尝试做实验，因为人如果找不出他所期望的东西，也会找到别的什么东西。让研究人员自己动手做仪器设备，自己去做实验，对于一个实验科学家去作出开创性的成果是十分重要的，从那个时候起，使用自制仪器就成了卡文迪许实验室的重要传统。

提倡教学和科研紧密结合。为此，他提出实验分教学用的表演实验和科研用的研究实验两种。前一种的目的是使学生将实验观察的现象与学到的科学概念和理论结合、印证，以便牢固地掌握知识。后一种的目的是测量看到的东西，得出数量大小的准确估计，以便提出新的想法和开拓新的研究领域。汤姆森认为，这是麦克斯韦将研究精神注入到教学之中，在讲授旧知识的同时，产生新的学问，从而形成了该室长期发挥作用的思想，即通过教学只能培养一般人才和只有通过研究才能培养高级人才的思想，以及科研与教学必须紧密结合的传统。

理论与实验有机地结合。他在分析了过去将抽象的概念和数学符号与客观的想象分离造成的种种困难之后，提出在这个鸿沟之上架起桥梁，这不仅可以获得真知，而且经过反复的努力可以发展科学能力，变成取之不尽的愉快源泉。他早年用数学表述法拉第的磁力线概念，建立了电磁

---

① 阎康年：《科学革命与卡文迪什实验室》，山西教育出版社，1994年版，第43-44页。

理论，晚年又以理论物理学家的身份出任实验物理教授，以身示范。

实验室的主要工作是熟悉、比较和评估各种科学方法，强调科学方法的重要性。他说如果自由而充分地讨论不同科学过程的相对价值，就能够形成科学的批判学派，能找出有益的科学方法，以进行物理发现和开拓新领域。他甚至要大家注意科学史上发现关键知识时失败的教训，以及正常和反常的现象，说这甚至比成功的经验还要重要，能够攀升到科学风暴区域之上，而进入清净的领域，紧密地接触真理之点。（如同大气对流层和平流层，科学风暴处在对流层，各种意见，各种想法，各种争鸣，在上升到一定高度后，就是更高层次的大家认可的区域。）为此，他要求克服狭隘的专业知识的局限性，进行广泛的交流、合作，汇集群体的智慧。

多做推测性的练习，在理论与实践脱节之处用推测尝试求解的途径。我们知道科学理论往往只是处理最典型的简单情况，而实际事务则是很复杂的，用一两个科学原理有时连通常的实际问题都不易解决。因此，踏平理论与实验之间存在的鸿沟，进行科学的推测，然后将实验和原理进行比较，反复进行，易于找出经验性的解决方法，所以他推崇科学推测的功效，这对于实验物理学家来说是重要的。

提倡全神贯注和献身科学的精神。他说一个心在工作上的人，往往比目的不与他的职业紧密联系的人做出的成绩更先进些。因此，他要求人们献身于科学真理的发现。

麦克斯韦去世后，第三代瑞利男爵（即 J. W. Strutt），1879 年继麦克斯韦任剑桥大学的卡文迪许实验室物理教授，成为第二任卡文迪许实验室主任。瑞利像麦克斯韦一样坚持在实验室从事教学工作。在他的主持下，卡文迪许实验室系统地开设了学生实验。瑞利男爵对卡文迪许实验室有组织的正规实验物理教学、将科研与教学系统结合，起了决定性的作用。他的主要成就包括瑞利—金斯辐射公式、瑞利散射公式的建立和氩气的发现。1884 年，瑞利因被选为皇家学院教授而从卡文迪许实验室辞职。

1884 年，28 岁的 J. J. 汤姆森（Thomson, Joseph John）破格当选为第三任卡文迪许物理教授。汤姆森以发现电子、创立面向世界招收研究生制、善于培养人才和将卡文迪许实验室办成世界性科学组织而闻名于世。在他的建议下,从 1895 年开始,卡文迪许实验室实行吸收外校及国外的大学毕业生当研究生的制度,一批批优秀的年轻学者陆续来到这里,在汤姆森的指导下进行学习和研究。卡文迪许实验室建立了一整套培养研究生的管理体制,树立了良好的学风。他培养的研究生中,有许多后来成了著名科学家,如卢瑟福、朗之万、W. L. 布拉格、C. T. R. 威尔逊、里查森、巴克拉等人,其中多人获得了诺贝尔奖,对科学的发展有重大贡献,有的成了各研究机构的学术带头人。

牛津大学的克拉伦敦实验室虽然没有取得像卡文迪许实验室那样的辉煌成就,但是"它在物理和化学方面的工作质量越来越高",并且像卡文迪许实验室那样,在 19 世纪末为城市大学输送了不少骨干教师和研究人员。[①]

1890 年,詹姆斯·阿·尤因(James A. Ewing)接替了剑桥应用力学教授职位。在他的领导下,剑桥大学的工程系又有了新的发展。他被誉为"使工程学在英国大学里真正成为受尊敬的学科的人"[②]。他撰写的热机教科书在随后的 30 多年里一直是工程学学生使用的标准教材。1891 年,他在剑桥作了题为"大学培养工程师"的演讲,其中阐述的有关工程学教育的思想和观点在其后的 60 年里得到了广泛的推行和运用。可以说,从卡文迪许实验室到尤因任工程系教授,英国传统大学在发展科技教育方面完成了两大步——前者是在高等科学教育方面跨出的一大步,后者是在高等技术教育方面跨出的一大步。

三、考试制度的改革

牛津大学和剑桥大学在 18 世纪中期之前一直采用口试,这种口试是在主考人面前运用三段论加上智慧和雄辩来证明一个假设性的推测。剑桥大学考试从 1748 年开始公布考生的荣誉名单,在 1753 年又进一步把学生成绩分成一等和二等上两个等级,到 18 世纪末它已发展成为一种主

---

① W. A. C. Stewart, *Higher Education in Postwar Britain*, p. 29.
② 转引自殷企平:《英国高等科技教育》,杭州大学出版社,1995 年版,第 54 页。

要包含数学的书面考试。① 其后数学一直是剑桥大学唯一的荣誉学位考试学科。在 19 世纪,剑桥大学荣誉学位考试的有关规定经历了数次修改,主要是考试持续时间和科目的修改。1800 年,考试持续 4 天,第 4 天依据学生前 3 天的成绩表现将学生分类,考试内容包括算术、代数、几何、微分、三角、力学、流体静力学、光学和天文学。1827 年,剑桥大学考试改用印刷试题后,考试延长至 5 天。到 1848 年,考期延长到 8 天,考试结构的主要变化是,只有那些在前 3 天所考的基础学科中表现优异的学生才被允许继续参加接下来的最后 5 天考试。

牛津大学的荣誉学位考试稍微晚一些,到 1800 年才开始实行。在初期,所有申请者,不论其志向如何,在毕业考试时都一同被同一主考教师考查,主考教师在成绩簿上登录学生的成绩等级,及格者成绩分一、二、三等,其中成绩优异的一等毕业生在就业和社会荣誉方面享有优势。1830 年以后,主考教师开始根据学生志向对那些意欲取得荣誉学位或普通学位的学生名单进行分类,对他们进行单独考试,并对两类考试每一学科有关阅读材料的规定做出了详细的规定和说明,相比较而言,普通学位阅读材料的数量规定略少一些。

根据牛津大学 1850 年章程,古典文科最后荣誉学位的考试内容包括希腊文和拉丁文作文、修辞、神学、逻辑、道德哲学、政治学和古代史。在进入最后荣誉学位考试之前,学生先要通过两次考试:在第一学年(通常在第二学期),他们需要参加初试,考试内容涉及一位拉丁文和希腊文作家和一些简单的数学;在第五学期参加中期考试,考试内容是福音书(希腊文)、数学或逻辑、文学原著(主要是诗人和演讲家的作品),打算申请普通学位的考生在此次考试中还必须最少提供一位拉丁文和希腊文作家,而申请荣誉学位的考生则必须在每一语言上提供 4 位作家(学生一般选择荷马、维吉尔、德摩斯梯尼和西塞罗),此外,所有打算申请荣誉学位的学生都要考拉丁文和希腊文两种语言的作文②。

---

① Jonathan Smith, Christopher Stray, *Teaching and Learning in Nineteenth-Century Cambridge*, Boydell Press, 2001, p. 12.

② M. G. Brock, M. C. Curthoys. *The History of the University of Oxford. Vol VI. The Nineteenth Century*, Part 1, Oxford University Press, 1997, 514.

在工业革命背景下,中产阶级日益崛起,他们支持有助于使人成为绅士的知识。在此背景下,古典文科荣誉考试在1822年得以创立,在一定程度上,这是三一学院院长沃兹沃斯的一个计划。如同19世纪后来发生的其他许多课程改革一样,一些反对改革的意见必须调和,沃兹沃斯迫于形势不得不在许多问题上面做出让步。其中的一个让步就是如果学生希望取得古典文科荣誉学位,必须在此之前通过数学荣誉学位考试。所以,尽管剑桥在1822年就建立了独立的古典文科荣誉学位考试,但在1859年古典文科荣誉学位第一次授予时,原来的荣誉学位考试遂正式命名为荣誉学位考试。

在少数有识之士的倡导下,剑桥、牛津大学在19世纪中期相继增设了几个其他学科的荣誉学位。在惠威尔的领导下,剑桥于1848年新设了2个荣誉学位:道德科学和自然科学。道德科学包括道德哲学、政治经济学、现代历史、普通法学和英国法等。自然科学包括植物学和地质学等学科。这些学科以前一直仅正式出现于大学教授的演讲中。牛津1850年章程新设了3个荣誉学位:自然科学、法律和近代史、数学和物理。根据这一章程,虽然今后允许所有学生选择专修这些荣誉学位,但必须是在他通过古典文科学位考试之后,这一限制直到英国皇家委员会介入大学改革之后才于1864年被取消。

在19世纪中叶以后,牛津、剑桥大学的荣誉学位考试和普通学位考试的分化得到了进一步发展。由于不是所有的学生都雄心勃勃,不是所有的学生都追求大学考试的荣誉学位,而且随着数学荣誉学位考试所要求的知识的宽度和复杂性的增加,也进一步加深了荣誉学生和及格学生之间的鸿沟。1859年,剑桥大学最终决定把申请普通学位的考试完全从荣誉学位中独立出来,学生在住校的第9学期参加普通考试。1865年,牛津成立专门的主考委员会以评价那些追求获得古典人文学科普通学位的学生。1872年,牛津又对普通学位进行了重大改革,学习伦敦大学的普通学士学位和剑桥大学的普通学位,把科目加以组合:要求学生学习3个学科,其中一个学科必须是语言类的。这种经过改革的普通学位实质是一次重大的课程改革,因为它是对牛津英语和现代语课程最早的身份认同,同时也使本科生有机会组合古代和近代、文科和理科等多个学科,应该说,在一定程度上,多学科的普通学位为颇有争议的专门化问题提供了一种可行的解决方法,并直接影响了后来联合荣誉学位(双科、三科专业)的产生。

在 19 世纪 70 年代,剑桥大学古典文科的一个重大改革是把学位分成两个部分,这是数学荣誉学位已经采取的一种做法。因为随着数学和古典文科内容的增加,一个人攻读两个学位在实践中并不可行。为避免过于专门化,剑桥大学校长委员会成员建议把学位分段这一做法普遍化,以便学生能够在第一阶段攻读一个学位,然后在第二阶段选择学习另一个学科。这一改革在 1879 年获得通过,在 19 世纪 80 年代初开始实施。这一改革导致学位在范围和结构上得到扩展,以前只能是少量地包含于其中的历史和哲学现在得以在第二部分中有了一席之地。在一定意义上,这种二分结构是在传统自由教育和以研究为导向的新思想之间达成的一种调和方案。

在 1864 年以后,牛津又规定所有的申请人,无论他们学习何种学科的荣誉学位,都必须首先通过中期考试。中期考试也成为第一次公共考试,它最初设置于 1850 年,当时是作为古典文科荣誉学士学位课程的中间阶段,通常在第二学年结束时进行,主要由古典文科的荣誉考试和普通考试以及数学的自愿考试构成。到 1887 年,数学、自然科学以及其他一些学科都相继建立了自己的中期考试,由此,这一为所有学生所必修的最低限度的古典文科课程也走向了尾声。

1871 年,大学考试法案的颁布和实施,取消了两所大学对入学者和学位申请者有关宗教方面的规定,在学生的来源方面,开始允许从中下层阶级中吸收更多的学生,而不再局限于国教信奉者。除神学领域,学生们在入学、毕业及留校任职等方面完全不受宗教信仰的限制。

四、管理制度的改革

19 世纪中叶以后,牛津、剑桥重新控制了自 17 世纪以来一直为学院所控制的教学。为使 19 世纪 60 年代以私人交往和彼此默认为基础的联合教学制度变得更为正式、运行更为有效,1877 年皇家委员会成立学部委员会,全面负责教学和考试。该组织不再根据不同考试分设机构,而是统一管理所有考试。

具体而言,牛津和剑桥大学积极学习为苏格兰大学和欧洲大陆国家所广泛采用的德国教授制。这种教授制与英国大学导师制的主要区别在于,教师只面向学生,由专家讲授,教学的主要目的是交流知识,尤其是交流现代科学和学问。相比之下,导师制的主要教学目的是智力训练,知识的交流服从于智力训练这一目的,由于小班教学,每一个学生都有机会被教师提问,智力因此得到训练——在此方面,人们认为希腊语和拉丁语的经典文献以及数学具有至高无上的价值。教授制引入之后,它与导师制相互配合,相得益彰,一方面,学生们可以通过导师制与教师保持密切的联系,另一方面,随着教授制的发展,学生们可以通过听大课的形式接触较多的学科领域,同时,教师对科研以及科研与教学相结合的兴趣也日益浓厚。事实上,牛津和剑桥大学已经开始接受比以前含义更为广泛的有关大学职能的概念。教授制使学院教学的效率提高,使导师彻底精通所讲授的学科,同时也导致私人教学的需求减弱。

以前,每个学院都有自己的规章和条例,而且彼此之间贫富悬殊——少数学院得到的捐赠多,因此就财大气粗,多数学院却一贫如洗,在大学事务中很少有发言权。其实,很多问题的产生都源自于学院和大学之间的利益冲突。学院是富裕和自治的,大学则相对贫穷。根据皇家委员会1871年对牛津、剑桥大学的调查,许多问题,如教授制以及理科实验室的发展等,其根源在于学院和大学之间财富和权力的悬殊。科学的发展需要实验室、设备和人员等方面的大量投入,而这又牵涉许多方面和问题。大学教授由于薪水不多,不能吸引有才华的年轻人。如果提高教授的薪金,这只能由大学来支付,因为教授由大学聘用,但大学的财产主要来源于学院。这样,学院和大学、导师和教授职位、文科和理科,这相互对立的三个方面就缠绕在一起。学院更愿意投资文科,因为兴办文科更为便宜。

为此,委员会建议设立大学基金,各学院按一定比例上缴收入。大学基金主要用于大学行政人员、教授、主考人、图书馆、理科研究所、博物馆和教室,学院的主要开支是院士薪金、导师基金和学院日常开销。

表12 1871年牛津、剑桥的收支情况表① 　　　　　　单位:镑

	外部收入	内部收入	经营共收入	从经营收入的支出	作奖学金及奖励用的捐赠及信贷收入(支出)	学费收入
牛津大学	13605	18545	32151	27552	15437(15883)	—
学院*	271952	58883	330836	333746	35417(35472)	30761
剑桥大学	3509	20133	23643	21843	10407(10407)	—
学院	229644	42254	278970	287433	27540(23001)	26413

* 牛津大学为学院制,各学院独立,按比例向大学缴纳一定比例收入。

1877年,牛津、剑桥法进一步明确了大学和书院的关系,为了落实该法,特别组织了一个委员会。委员会对每一个书院应对大学有什么样的关系立下了法规。下面以三一学院为例来加以说明:②

Ⅱ 8　　　一个院士如果已经在这样的时期内即半年或者1/4学年,1/2学年3/4学年定居不少于100天,25天,50天或者75天,应该被认为已经定居。

Ⅻ 3　　　候选人(为选入院士职务)的智力资历,大学分支学科的学术能力应由校务委员会确定。在任何情况下,选拔者应该选拔出最适合并愿意在某一学院从事教学和研究的院士。

ⅩⅩⅩⅥ 1　神学和希伯来语的钦定讲座教授(无论是否是学院院士)应该在学院里免费拥有房屋和公地。
　　　　　2　希腊语钦定讲座教授有资格被选为院士。

ⅩⅩⅦ　　除了希腊语钦定讲座教授是院士外,还有5个名额留给其他教授。

ⅩⅩⅩⅡ　　学院专业讲座不应该限定于本学院的学生,而应该对大学中的其他学生开放。

ⅩⅩⅩⅢ　　学院中的学生都必须有一位导师。

---

① Michael Sanderson, *The Universities in the Nineteenth Century*, p.150.
② Ibid, pp.151-152.

ⅩⅩⅩⅧ 结婚的院士或学院领导……以及没有结婚的教授没有经过校务委员会的准许都不得在学院占有房屋;但是在任何情况下,不得因婚姻而妨碍他们获得上述地位。

ⅩLI 宗教仪式应该在学院中一年到头天天举行……这样的仪式应该与英国教堂的礼拜意识保持一致,但1871年大学考试法十六节的规定必须执行,即学生有权不参加。

2 校务委员会在合适的时候制订各项规定。

在1882年以后,学院被迫向大学上缴年度收入以支撑更多的大学讲座职位。例如,在牛津大学,王后学院不得不增加对自然哲学讲座的捐助,默林学院必须承担化学、数学和冶金学的讲座,圣约翰学院捐助力学和土木工程讲座,新学院承担物理学教授席位。由于财富的再分配,学校一级的图书馆、博物馆和其他公共设施也得以建立;教授制得到了推广,教授的薪金和地位得到了提高;教员的任命开始取决于才能,而不再取决于裙带关系,原来的终身制、教员独身制以及教员必须是神职人员的制度意义被打破。

五、宗教限制的打破

改革后,原来那种只有名门望族或富人子弟才能入学的制度开始动摇。奖学金名额大大增加,以帮助穷人子弟公平竞争。《1871年大学考试法案》完全打破了对不信奉国教者的限制。除了神学领域以外,学生们在入学、毕业以及留校任职方面完全不受宗教信仰的限制。

调查委员会指出,"所有需要进行的改革当中,最要紧的也许就是取消在推选研究奖金方面的限制。那些使研究奖金只能授予某些指定地区的人、某些指定家族的成员,或那些现在是或曾经是大学奖学金获得者的限制是最有害的……为了使各学院现有的财政收入结构用于研究和教育,这样一种措施是绝对必要的。一般人都认为牛津大学的财富在于大学,但这是一大误解,拥有大笔地产的正是各个学院。据说,这些学院除了学生缴纳的钱款之外每年还得到不少于15万镑的捐款。这些钱可以成为对研究和教育的一笔可观的资助,但是如果将这些捐款扩大10倍,把他们分发给相当于入选的研究人员10倍的人,不论其才能与学识如何,那样将一事无成,而只能使人们对大学更加憎恶。牛津大学在建筑上的宏伟壮丽将日渐衰退,许多杰出人才将蒙受损失;如果牛津大学失去了它的几所最富有的学院,其未来幸福的好机会将付之东流,尽管大学、教会或国家当前并不会遭受多大的损失。"①

18世纪60年代,出现过允许研究员结婚的提议,但很快被放弃了。王后学院院长罗伯特·普拉姆普特说:"假如不受限制地获得自由,作为一个教育场所的大学的毁灭将迅速接踵而至,这是绝对不会错的。假如限制非住校生,毁灭也许不会来得如此迅速,但同样是确定无疑的。"1871年,国会废除了英国大学学位的宗教检查,大学向国教徒和非国教徒敞开了大门。废除学位的宗教法主要内容如下:②

"有鉴于牛津、剑桥和杜伦大学,以及其中现存各种学院,作为学问和宗教之所在,其恩惠应该使其成为全国国民能够自由进入之地;

其次,由于若干限制,宗教检查以及资格的剥夺,许多陛下的臣民不能充分享受;

再次,在适当的保护措施下以维护上述大学与其中现存各种学院的宗教教育和宗教崇拜的前提下,特废除这些限制、宗教检查及资格要求……

要想在牛津、剑桥、杜伦,或其中任何大学取得或使自己能够取得任何学位(神学学位除外);在上述任何大学里,或此法通过之时其中存在的任何学院里,要行使或使自己能够行使毕业生在此期间已经获得的或以后可能获得的权力或特权;在上述任何大学或其中任何学院任职或使自己能够任职;在上述任何大学或其中任何学院取得或保持职位或教学或使自己能够教学;在上述任何大学开设或使自己能够开设接纳学生的私人餐厅或寄宿之时,不要求任何人签署任何保证条款或保证文件,作任何声明,宣誓尊重自己的宗教信仰或宗教宣誓,或是遵从任何宗教仪式,参

---

① Stuart Macture, *Educational Documents*: *England and Wales 1816 to the Present Day*, pp. 149-151.

② 〔美〕克伯雷选编:《外国教育史料》,任宝祥,任钟印主译,华中师范大学出版社,1991年版,第597-598页。

加或推出任何公众礼拜形式,或从属于任何特别教会、教派、教宗,同时也不强求任何人在上述任何大学或任何学院,被迫参加自己所不属于的任何教会、教派、教宗的公众礼拜仪式。"

19世纪中期两校先后开始向非国教徒敞开大门,牛津大学在1854年,剑桥大学在1856年,非国教徒可以获得奖学金和学位,但不可以被选为学院的院士。直到19世纪70年代非国教徒才能够选为院士。随着牛津和剑桥大学对非国教徒的开放,改革派对取得大学学位必须进行的宗教考试也进行了越来越尖锐的批评,批评者认为这些考试无疑会助长学术虚伪,而且把大学的成员资格限制在可能不再代表大多数人口的成员中。1871年,牛津大学废除了除了神学学位以外大学领导职位所要求的宗教考试。19世纪后半期,牛津和剑桥的教师获得了结婚的自由。1877年大学法修改之前,大学法要求教师必须独身,那些希望拥有正常婚姻生活的人只好离开大学,留在大学的是非常年轻的新毕业生或者是年事已高的老院士,致使学院很难维持一支高质量的、稳定的教师队伍。学院缺乏足够的教师就无法为本科生提供有质量保证的教学,尤其是随着两校课程和考试的改革,新课程不断增加,合格教师缺乏的问题变得越来越严重。1877年,新的大学法规定教师可以结婚并拥有家庭。

第五章　19世纪英国大学制度变革的理论探讨

英国大学制度以其古老、传统和特有的形态等独树一帜,具有鲜明的个性,成为世界大学发展史上的一种范式。它代表了一种世界性大学发展所要求的制度价值取向,是我们建构现代大学制度的重要依据。大学作为社会系统的一个有机体,不断以变革来适应着社会的发展需要,形成了多种多样的大学制度。由大学与学院组成的英国高等教育形态,在19世纪,特别是1850年到1914年间发生了根本的变化,形成了若干具有现代意义的特征,并延续至今。作为英国大学制度变革的一个重要时期,对19世纪的大学制度变革进行理论探讨,可以更加准确地把握英国大学制度,加深对大学制度的认识。

第一节　保守与自由——制度变革的文化背景

诺乌德在其名著《英国的教育传统》一书中明确地提出:"我的论点很简单,我们英国人所有关于教育的伟大传统并非起源于理论的基础之上,亦非由于某一个教育改革家创造出来的。它不过是单从国民生活发生的东西而已。"[1]英国大学制度变革出现平稳、渐进的独特的"英国式"发展模式,背后体现了英国的民族文化传统,英国大学制度变革深受保守主义和自由主义文化的影响。

---

[1] Cyril Norwood, M. A., D. Lit, *The English Tradition of Education*, John Murray, 1929, p. 6.

一、保守主义文化

英国的保守主义与我们通常所理解的顽固反对变革的保守主义不同,它是一种稳重守成的力量,但它并不绝对反对变革,而是对变革的进程和方式持慎重态度。所谓"保守",按照布罗姆海德(Peter Bromhead)的说法是"倾向于接受熟悉的事物,对任何陌生的或外来的事物总是持怀疑的态度"①。

保守主义理论家埃德蒙·柏克 1790 年在《法国革命随想录》中认为,联系每一个世代之间的唯一纽带就是传统,传统将每一个世代放在一个固定的位置上,让他们充分扮演自己的角色。历史就是由一个接一个的世代之环衔接而成的,每一个世代都应该在自己的位置上安分守己,不可逾越;从祖先那里接过传统,再把它传给下一代人,由此,而构成人类社会的和谐链条。英国人最大的长处就是尊重传统,注重社会发展的连续性,既不回头倒退,也不盲目向前,即便是发生变化,"变化也只能局限于有毛病的部分,局限于有必要做出改动的部分;就连在这种时候,也只能在不会瓦解国家与政治整体的条件下进行,目标是从原有的社会因素中创建新的国家秩序"②。柏克极力主张"有保留地变革"的原则,该原则一直是英国保守主义的处世哲学,柏克的名言是:"我绝不排除另一种可以采用的方法,但是,即使我改变主张,我也应该有所保留。"③

20 世纪初的保守党政治家塞西尔认为保守是人类的一种天性,"天然的守旧思想是人们心灵的一种倾向。那是一种厌恶变化的心情;它部分地产生于对未来事物的怀疑以及相应地对经验而不是对理论论证的信赖;部分地产生于人们所具有的适应环境的能力,因此,人们熟悉的事物仅仅因为其习以为常就比不熟悉的事物容易被接受和容忍。……变化不但是可怕的,它也使人疲劳。当人们试图去了解和判断一项新计划时,这种努力总要消耗精力,使他们不堪负担,判断力和识别力在他们内心发怵。为什么抛弃安全的已知事物而去追求可能有危险的未知事物呢?"然

---

① 王承绪、徐辉:《战后英国教育研究》,江西教育出版社,1992 年版,第 273 页。
② 钱乘旦、陈晓律:《英国文化模式溯源》,浙江人民出版社,1996 年版,第 185 页。
③ 同上书,第 185 页。

而塞西尔并不主张一成不变,也赞同变革和进步,并认为保守与进步并不冲突,他说:"希望进步和害怕前进中的危险这两种心情在表面上是矛盾的,而在实际上却是相互补充、互为条件的。……进步依靠守旧思想来使它成为明智、有效和切合实际的行动。如果没有守旧思想,进步纵然不是有害的,至少也是徒劳的。……人们在整个进步过程中的一个首要的、虽然确实不是唯一的问题,就是如何以正确的比例来调和这两种倾向,既不至于过分大胆或轻率,也不至于过分慎重或延迟。"①可见,英国的保守主义不意味着赞同倒退、抗拒变革,而是意味着尽可能久地保持某个事物,并且在不得不进行变革时把变革的幅度限制在尽可能小的范围内。

保守主义首先表现为尊奉传统,按照埃德蒙·金的看法,则是"接近不可知论的英国人,对任何通过已久的事物,不管是物质的,还是精神的,一概怀有敬畏之情,因此他们保留了君主政体、政府和法律中古代的标志等等"②。与英国国民由来已久的保守性相一致,代表英国传统的牛津和剑桥大学从12、13世纪即已开始存在,以后纯粹以渐进式的形态发展。克罗(Eyre Crowe)对此感悟颇深:"牛津大学从来就没有觉察到宣称目的的需要,因为牛津大学的目的存在于其传统中,随时因经济及社会环境的更易而修正。"③这段话显示了英国保守主义的特征,也显示了英国传统大学演进的特征。在牛津和剑桥大学之后出现的各种类型的新大学,也因英国尊奉传统的习惯使然,无法跳出牛津和剑桥大学传统的窠臼。牛津和剑桥大学牢牢占据英国大学系统的金字塔尖,作为宝贵的传统为后继的大学提供历史依据。埃利斯(W. Ellis)把这种独特的现象称作"大学势力集团",并从文化的角度进行了阐释:"牛津大学和剑桥大学是英国遗产的宝贵组成部分,这种遗产不会在一夜之间消失,或者甚至在几个世纪内消失。它们也不应该消失。"④由于尊奉传统,英国大学制度才可能具

---

① 钱乘旦、陈晓律:《英国文化模式溯源》,浙江人民出版社,1996年版,第175页。
② 〔英〕埃德蒙·金:《别国的学校和我们的学校》,王承绪等译,人民教育出版社,2001年版,第176页。
③ 林清江:《英国教育》,台湾商务印书馆,1961年版,第12页。
④ 〔英〕埃利斯:《牛津大学和剑桥大学势力集团》,《现代外国哲学社会科学文摘》,1995年第1期,第44页。

有明显的延续性。无论是学院制、导师制,还是大学所要获得的皇家特许状,它们实际上都是业已存在的传统,因而英国人是不会轻易改变的。还是因为尊奉传统,英国大学"学术本位"的传统才得到了维护,而没有被科技大潮所淹没。

因尊奉传统,保守主义对现存的制度只要尚能维持就不轻易做出改动,但已有的体制实在不能满足现实的需要时,保守主义的惯常做法就是在某种程度上有所变化,这种变化大多属于修修补补性质,最常见的是在原有制度的基础上增加满足新的需要的"分支",或赋予原有制度以新的内涵和功能。这样,英国大学制度变革具有明显的保守与妥协性:改革更多地是通过不断繁殖适合社会新的需求的"新"大学而实现的,而不是摧毁或改造旧有的大学,并且即使是以创新姿态出现的新大学,在创建过程中也依然伴随着明显的保守性与妥协性。伦敦大学向传统大学的挑战与妥协,城市大学漫长的过渡期及向传统大学的逐步靠拢——每一阶段都表现出了明显的保守与妥协性。

保守主义在一个变化不可避免的社会中,也不可能固守僵化的教条,社会中始终存在的政治、经济等的变化注定会把保守主义推到较为激进的立场上去。因此,保守主义的另一个表现就是在传统与变革之间走中间道路,或善于协调和融合冲突与矛盾。"就英国教育史的分析可以发现,英国教育制度永远在协调冲突,谋求改进,但是不损及各方面代表的利益,也不放弃传统制度的特征。"[1]英国现代大学制度的变革也概莫能外。例如,伦敦大学从大学学院演变为考试机构就是协调两种不同办学思想而导致的激烈冲突的产物。

总之,保守主义作为变革的制动闸,总是把变革限制在尽可能小的范围内。保守主义有助于渐进改革之路的形成,它刚好应验了葛德文的预言:"不必给得太快,不必给得太多;但是要有给我们一些东西的不断想法。"[2]

---

[1] 林清江:《英国教育》,台湾商务印书馆,1961年版,第9页。
[2] 钱乘旦、陈晓律:《英国文化模式溯源》,浙江人民出版社,1996年版,第273页。

二、自由主义文化

西方自由主义思想可追溯到古希腊时期,但经历了文艺复兴之后,自由主义才真正成为西方社会的主流思想。告别中世纪,西方世界进入现代社会的一个根本转变就是以自由主义取代了以基督教为中心的思想体系,西方现代社会所采用的制度主要以自由主义哲学为基础。例如,政治上的有限政府、经济上的放任政策、教育上的"教"和"学"自由,等等,这些制度背后的哲学根据就是自由主义。在西方社会的自由主义大背景下,英国的自由主义传统一直倍受西方理论家的关注。因为相比较而言,英国的各种制度的确立都渗透着自由主义的精髓。例如,就政治制度而言,法国的资产阶级革命在自由的口号下,却形成了中央集权统治;德国的思想界盛行自由之风,但现实却是强权统治;只有英国的政治制度充分体现了自由的精神,分权的原则、全民选举的原则、法制的原则等都是在英国形成的。

英国的自由传统源自中世纪贵族与王权的冲突。中世纪英国国王与贵族之间的冲突围绕着权利即自由为中心而展开。因英国国王与贵族的势力始终不相上下,而形成长期的对抗、冲突与妥协、和谐的平衡,从而开创了英国政治的自由传统。英国深厚的自由主义传统具有坚实的理论基础,霍布斯、洛克、弥尔顿、亚当·斯密都是英国自由主义传统中的伟大人物。

自由主义的基础是个人主义。霍布斯、洛克、弥尔顿、亚当·斯密和边沁都以不同形式对个人主义作了论证。个人主义的内容非常广泛,可以概括为三个方面:一是一切价值以个人为中心,即主张把好坏、对错等之类的价值判断建立在人的需要这个唯一的标准上。在英国人心目中,无论是经济发展还是社会变革都是服务于人的,而不是把人看作工具。二是个人价值高于一切。洛克认为,国家和社会之所以重要,是因为它们对个人有益,它们的价值是从个人的价值中派生出来的。边沁也指出,社会利益的基础是个人利益,社会应该创造条件让每一个人都有追求幸福的权利。从这样一种认识出发,他主张,要把个人利益当作一切行动的出发点,并且不能因为社会利益而放弃个人利益。① 三是个人自治。即每个人的思想和行为真正是他自己的,而不是由外在于他的其他原因和力量决定的,每个人是他自己命运的主人。这种思想在英国集中体现在互不干涉上,英国人强调既要尊重别人,也要尊重自己;既不干涉别人,也不允许别人干涉自己。个人主义并不是极端的、不受约束的,它以平等为前提。

对照个人主义思想,我们可以发现英国大学制度深受其影响。英国大学的精英取向实际上是个人本位的一种表现,即教育以人为出发点,而不是以社会需要为导向;英国大学对职业技术教育的排斥隐含的是对人的工具性的排斥;大学与经济发展之间的冷淡关系之所以能够得到政府的包容,是因为有浓厚的个人主义观念的支撑,是在理解和共识的基础上达成的包容。这种个人主义思想不仅体现在大学与外界的关系上,更体现在大学内部运作中。例如,学院制中各学院之间独立而互不干涉的状态以及相互竞争的机制,就是自由主义思想的直接反映。

英国的自由传统与中世纪的"法律至上"观念有密切的联系。这一观念指出:"国家本身并不能创造或制定法律,当然也不能够废除法律或违反法律,因为这种行为意味着对正义本身的否弃,而且这是一种荒谬之举,一种罪恶,一种对唯一能够创造法律的上帝的背叛。"②哈耶克认为,"英国人之享有自由是因为有习惯法"③。洛克对于自由的主要论证是,没有法律就没有自由。在自然状态下没有法律,或者至少没有已知的和不变的法律。因而为了自由人们必须成为立法者。但由于对人类本性和什么是最适合的人类社会的无知,人们制定法律的结果就不能不经常恶化人们的状况而不是对其加以改进。故为了获得自由我们首先要了解人类的本性。人性中最强大的力量乃是自我保存欲望,从而也是在人们之间达到和平的最大阻碍和最大的推动力,理性的任务便是理解、平定和建设性地引导这种激情。而由于自我保存的欲望无法消失或消灭,所以人们不是完全可统治的,在法律许可的范围内使人类获得自由的任务绝不

---

① 于海:《西方社会思想史》,复旦大学出版社,1993年版,第171页。
② 〔英〕哈耶克:《自由秩序原理》,邓正来译,1997年版,北京三联书店,第205页。
③ 霍伊:《自由主义政治哲学》,刘锋译,三联书店,1992年版,第114页。

会最终完成。政府无力改变人类的本性,它必须使自己适应不能改变的东西。明智的统治者不只是去使自己适应它,它将疏通和指导,鼓励和保护人们的自我保存的欲望,而且将它变成他的人民的法律、自由、安全和富足的基础。洛克认为,激励人们寻求自己解放的主要力量是激情,即保存的欲望。不同于西方古代政治哲学家的是,他们认为激情是任意的、专横的,有奴役人的倾向,而一个人只有在他的理性能够以某种方式克制住并统治住了他的激情的范围内才是自由的。洛克"视激情为人性中的至上权力并争辩道,理性所能做的只是:服从于最有力的和最普遍的欲望并引导它达到自己的目的。只有当事情的这种秩序被理解为并被接受为真正而自然的秩序时,人类的争取自由、和平和富足的斗争才可望获得胜利。是这点而不是其他的什么东西才是洛克政治学说的要旨"。①

此后,亚当·斯密发展了洛克的观念,提出了天赋自由的说法以及"看不见的手"的自由经济理论。对权力的怀疑和限制为英国的法治提供了理性的根基,在英国人看来,法律就是权利和义务的法的体现,"而法律本来是应当管束统治者自己的","尽管叛逆的罪行有许多,却没有哪一种比违反法律之自身本体更严重"。② 浓厚的自由主义传统对英国社会产生了深刻的影响,在19世纪,经济上的自由主义、知识上的自由、对宗教的宽容成为每一个英国人普遍遵循的价值观,在教育领域,人们也普通反对国家进行干预。例如,信奉"自由放任"哲学理论的人认为,国家干预教育是通向暴君统治的第一步,是对个人自由的严重侵犯。国家的活动应严格控制在国防、治安、筹集公共经费等少数几个领域。密尔(Mill,J. S)在《论自由》中写道:"一种普及的国家教育仅仅是按模子塑造完全相同的人的手段……由国家建立和控制的教育即使存在,也只能存在于许多相互竞争的实验当中……"③"自由放任"及政府不干预教育的政策,是英国大学发展缓慢且组织繁杂的又一根本原因。如前所述,大学的兴办长期是民间行为,从12~13世纪牛津和剑桥大学的创办与发展,到19世纪伦

---

① 列奥·施特劳斯、约瑟夫·克罗波西:《政治哲学史》,叶天然等译,河北人民出版社,1993年版,第608页。
② 钱乘旦、陈晓律:《英国文化模式溯源》,浙江人民出版社,1996年版,第36页。
③ 徐辉、郑继伟:《英国教育史》,第143页。

敦大学的建立和城市大学的兴起,几乎全部依靠个人或团体的力量,这些创办人身份各异,兴办大学的目的也各不相同。与民间兴学直接相联系的就是英国大学享有充分的自治权,这种自治权广泛地表现在学术决策、言论著述、教学管理等各个方面。因此,邓特在《英国教育》中自豪地宣称:"英国大学享受的独立自主权,可能是世界无双的。"① 即使后来政府开始逐渐干预大学,也多是采取间接的方式,充分重视和利用教育审议机构、研究机构和专家咨询。此外,政府对大学的干预也明显具有英国自由主义的色彩。一是权利与义务紧密联系在一起:国家在干预的同时,也实实在在履行义务——拨款资助;二是政府的干预一直持审慎的态度并非常重视教育立法的作用,并形成了"依法治教"的传统,通过立法确立国家干预大学的合法性。

总之,酷爱自由的英国人不喜欢政府的权力过大和机械的整齐划一,而在英国大学这样的一个自治机构,自由主义传统就更加根深蒂固。正是得益于英国浓厚的自由主义传统,与西方其他国家的大学相比,英国大学的自治与自由才达到令人称羡的地步。德国大学的自治与自由需要建立在自由主义国家观的基础之上,大学享有自治与自由是因为这样做符合国家的长远利益,大学教师属于国家公务员。概而言之,大学需假以国家才能享有自治与自由的权利。尽管美国一向被奉为自由和民主的国家,但大学自治与自由的权利仍面临重大挑战。例如,布鲁贝克指出,在是否普及公立高等教育方面,政治家和国家官员决不会把教授的意见作为定论。承担大量教育经费的州,现在也越来越坚持要求为大学定调。② 此外,美国历史上侵害学术自由的事件也时有发生。到20世纪70年代,学术自由和关于教师聘任的原则在美国的高校中才形成制度。③ 相比较而言,"在英国的大学里,自治权和学术自由被认为是一种理所当然的事

---

① 滕大春:《外国教育史和外国教育》,河北大学出版社,1998年版,第274页。
② 〔美〕约翰·布鲁贝克:《高等教育哲学》,王承绪等译,浙江教育出版社,2001年版,第29页。
③ 陈学飞:《美国、德国、法国、日本当代高等教育思想研究》,上海教育出版社,1998年版,第95页。

情,根本没有必要对此大讲特讲"①。

综上所述,英国现代大学制度的变革历程深受英国化传统的影响。美国学者马丁·特罗认为,英国的大学比美国本身的大学更为久远,但作为一个系统,英国的高等教育比美国晚得多。美国机构的变革发生在大约100年以前,而英国高等教育体系的出现至今还在进行之中。"问题的根源不在于现行政府的政策,而主要在于英国人对大学本质的看法,在于高等教育和社会大背景的关系。"一言以蔽之,英国现代大学制度的变革只能在其深厚的文化背景中去挖掘。

第二节 大学发展的内在逻辑——制度变革的动因

影响大学制度变革的动因,大致可以归结为社会、政治、科技、文化和教育5类。社会动因主要指社会结构、经济体制变革以及经济发展等,政治动因主要指国家政府、政治体制以及制定的相关政策等,科技动因主要指科学技术进步和发展以及由此引起的教育革命和学科发展等,文化动因主要指社会文化变迁和外来文化影响以及大学思想和大学观念的变革等,教育动因主要指作为高等教育系统内部的结构变化、教育本身的内在逻辑等。就影响大学制度变革的诸多因素而言,有些只是偶尔起作用,有些则可能是一直作用于大学;有些是直接影响大学制度的改革,有些是间接地产生作用;有些影响是长远的,有些影响是暂时的。在现实中,这些因素纵横交织,共同引发并推动着大学制度变革。这5类动因往往都同时对高等教育产生影响。它们是交织与混合在一起的,很难分开。但就某一时期、某一国家的某一次具体高等教育变革而言,往往有一种或两种动因起主导作用。外因是变化的条件,内因是变化的根据,外因通过内因而起作用。

---

① 〔加〕许美德:《中国大学——一个文化冲突的世纪》,许洁英译,教育科学出版社,2000版,第23页。

一、大学发展的内在逻辑

在大学制度变革方面，影响英国大学制度变革最重要的因素是内因，即大学的内在逻辑。在阿什比看来，大学体系的规模与形式，不外乎由三种主要力量来决定，即求学者的压力、人才需要的吸力和大学内在学术逻辑的张力。阿什比特别强调内在逻辑，"就德国以及不久以前的英国来说，最突出的力量是大学体系本身的内在逻辑"。1968年，在伦敦大学伯克贝克学院做的报告中，阿什比说："我相信，你能回忆起你在学校肄业时，课本中写有一个动力学的题目。即有一个0点，以三条一端带箭头的直线，表示作用于0点的三个力。每条线的长度表示力的大小。0点将向哪个方向移动呢？与此相似，英国大学同样是在0点上，并且有三种动力加在它身上。第一种力标明'政府'，有时指的是内阁，有时指的是国会，有时指的是国务大臣，有时指的是教育与科学部的官员。第二种力是大学教育经费评议会和一些帮助大学搞专业研究的研究会。第三种是大学本身的内在逻辑所产生的力量。"①

大学的内在逻辑，简而言之，就是维系大学存在和发展的内在规律性。对这个问题的探讨，英国教育家阿什比在全面审视西方大学发展和现实的基础上，从生物学角度提出："大学是继承西方文化的机构，它保存、传播和丰富了人类文化，它像动植物一样向前进化。所以任何类型的大学都是遗传和环境的产物。"②对于遗传的解释，他认为："它表现为大学教师对大学意义共同一致的理解，例如，大学应代表人类的精华、客观无私、发展理性、尊重知识的固有价值等等。如果这种共同的认识强而有力，就形成一种强而有力的内在逻辑，而这种内在的逻辑就由新的大学继承下来。"③他进一步认为："高等教育系统中有一些高教工作者所遵循的信条，而这些信条并非永远符合社会对高等教育体系的要求。这些传统

---

① 阿什比：《科技发达时代的大学教育》，滕大春等译，人民教育出版社，1983年版，第51页。
② 同上书，第7页。
③ 同上书，第114页。

的力量就构成了所谓的高等教育体系的'内在逻辑'。"①把这两句论述综合起来分析,阿什比所谓的"遗传"就是大学自身发展的内在逻辑,即大学崇尚学术金本位、创造知识、不断提高自身水平、追求真理和完善自我的倾向,是大学在可利用的资源范围内,按照教授会的意志发展大学。大学发展过程中,内在逻辑的重要性是大学之所以成为大学的根本所在,是大学变革的内在动力。内在逻辑对大学的作用犹如基因对生物体的作用——没有内在逻辑就没办法保持大学的特征。

中世纪大学的传统在英国得到了完美的继承,两所古老的大学——牛津和剑桥是自12、13世纪以来长期按照自身逻辑发展起来的。英国的高等教育长期以来深受牛津和剑桥两所传统大学的影响,两所学校很明显地认为设立大学是为了给教会和政府培养服务人员,即培养有教养的人,而不是知识分子。就大学毕业生而言,具有教养比具有高深学识更为重要。大学的职责是实施通才教育而不是专业训练。因此,由牛津和剑桥大学所奠定的英国传统大学具有以下几大特点。

1. 注重绅士教育

英国教育脱胎于中世纪,明显带有宗教的印记,宗教与教育关系密切,职业教育在家庭和学校同时进行,古典主义教育传统长盛不衰。

十七八世纪英国教育尤以崇尚古典主义教育为特色,上承古希腊—罗马文化遗产,并以此为宗旨规定了学习科目为"七艺":文法、逻辑、修辞、算术、天文、几何、音乐。其中前"四艺"为中等教育基础课程,后"三艺"为高等教育讲授范畴。自中世纪末期发展起来的"公学"和文法学校是向统治阶层输送政治精英的传送带,十分重视古典主义教育。牛津大学的教科书汇集了亚里士多德、柏拉图、维吉尔、贺拉斯、西塞罗、欧几里德、希波克拉底、盖仑等人的著作,这几乎已囊括了古典主义文化的巨擘。

在19世纪中叶的英国牛津学者纽曼的眼中,大学在于"传授"学问而不在"发展"知识,即大学是一个"教育机构"和"心灵的训练"的场所,其目的在于培养具有"自由、公平、沉着、稳健和智能"生活习惯的绅士。基于

---

① 阿什比:《科技发达时代的大学教育》,滕大春等译,人民教育出版社,1983年版,第139页。

这一理想,英国的大学传统中,职业教育和技术教育被视为低于人文教育的一种活动,是在多科技术学院等非大学机构中进行的。当时,文艺复兴运动激起了大众对古典文化传统的珍视,与工业革命伴随而行的科学革命创造了足以改变时代的各种新思想、新技术,这本身需要传承和发扬;与此同时,已崛起的英国资产阶级,需要一种自身阶层的再生系统,而他们则希望这一系统除了传授古典文化、科学知识之外,更应传授本阶级应具有的价值观——正如纽曼所说,大学教育的目的在于"性格养成"(Character Formation)。

2. 忽视科技教育

英国是欧洲中世纪大学的发源地之一。18世纪下半叶,蓬勃发展的产业革命和经济繁荣,掩盖了英国教育和科学的衰落。其实,从17世纪90年代起英国的大学就开始衰落,而且持续时间达100年之久。直到19世纪初,英格兰仍仅有牛津、剑桥两所大学,教育观念、培养目标、课程设置等远离时代的需要。它们固守绅士教育的传统,教学仍然以古典人文学科为基础,自然科学没有地位。

从17世纪下半叶开始,英国出现了一批科学社团机构,如"皇家学会"(1662),"制造业、商业协会"(1754)、"不列颠博物馆"(1755)及若干科学俱乐部。这些所谓的民间科学团体通过定期聚餐、举办讲座、出版刊物等活动,在社会上产生了一定的影响。然而,由于英国未经历过彻底的启蒙运动和资产阶级革命,在近代早期英国从传统社会向现代社会转型的过程中,宗教势力始终占据着举足轻重的地位,科学教育难以与之抗衡去争得自己的一席之地。

3. 坚持大学自治

"国家不愿意对教育发展进行干预是19世纪英国和欧洲大陆国家在教育上最显著的区别。"英国大学尤其是传统大学向来不是由政府举办,而是一种民间机构,主要依靠教会和上流社会的捐赠维持其生存,这使得英国大学保持着极大的自治权。大学的自治原则赋予大学广泛的自主权,英国教育家埃里克·阿什比归纳大学自治的要素和范围主要表现在6个方面:①在学校管理中抵制非学术干预的自由;②学校自主分配经费的自由;③聘用教职员工并决定其工作条件的自由;④招生的自由;⑤课程设置的自由;⑥决定考试标准与方式的自由。

自中世纪时代开始,英国大学就是自主的(autonomous)和自治(self-governing)的。这与它最初由私人和教会开办以及由于"迁移之风"的威胁有很大关系。一方面,中世纪的英国还是一个"不开化的社会",而"在一个不开化的社会里,基督教是一种道德的准则,一种生活方式,一种文明力量"。另一方面,大学在当时不仅是当地理智生活的文化中心,而且也是当地丰厚的财源。为避免大学的"迁移",政府给予大学很多的特权,而大学又不断地"得寸进尺"。从1317年起,英国一年一度的镇长及行政官员就职宣誓时,必须宣誓维护大学的特权。因此,在这种教会与政府的相互牵制、妥协中,大学享有了独立的地位和充分的自治权。

英国在16世纪颁布的关于剑桥大学办学法令——1570年《伊丽莎白章程》就明确规定:大学实行自治。它不受教育与科学部和地方教育机关控制,而只服从立法会议和法庭所制定的法规,大学的学术研究事项由大学自治行政机构决定。由于承认大学是独立和自治的机构,政府一般不直接干预大学的事务。这一点与英国政府一贯遵循自由主义的思想和信奉"自由放任"的哲学理论有密切关系。在这种哲学思想的指导下,英国长久以来一直坚持"在政府维护之下举办教育事业"的原则。因此,即使是对高等教育的财政拨款也是通过大学拨款委员会来组织实施的,避免了政府与高等教育机构的冲突。

4. 崇尚学术自由

学术自由和大学自治是两个既有联系又有区别的概念。学术自由主要指大学成员教学和研究的自由,大学自治是指机构本身不受外来干涉而具有的自我管理的权限。应该说,这两个概念都是中世纪大学的遗产,也是现代大学孜孜以求的目标。英国当代研究中世纪大学的学者科班说:"学术自由思想的提出以及通过永久的警戒保护它的需要,可能是中世纪大学史上最宝贵的特征之一。"①

阿什比认为,在英国,教学自由受到了欢迎,且扩展到了教室之外,大学教授甚至可以越过其专业范围毫不顾忌地公开发表自己的主张。这是

---

① Cobban, A. B., *English University Life in the Middle Ages*, p235.

由于英国大学不是政府的组织机构,是自由团体,大学教师不是政府工作人员,虽然大学经费中绝大部分来自中央或地方政府,但其开支不受国会或地方政府的监督。牛津和剑桥两所大学的学员都有足够的财富,可以享受大量自由而不受政府左右;他们在某些兴旺时期甚至不受教会的左右。他们利用这种自由来保持中世纪所流行的"大学行会"的概念。19世纪英国的社会风尚把高等教育视为私人企业,尊重私人组合的自主权,认为欲求教学专业获得最优良成绩,必须将教会和政府的约束减至最低的限度。[①]

二、城市学院的背离与回归

18世纪英国最先爆发了资产阶级革命,并产生了第一次工业革命。到19世纪上半叶,工业革命已开始把英国迅速地由一个农业国和商业国变为工业帝国。但是19世纪后半叶,美国、德国超过了英国,这引起了作为头号资本主义工业国家的英国政府以及工商业者的忧虑和恐慌。一些地方的工业家和财阀们模仿德国的多科技术学院,自愿捐助建立为地方工业发展培养技术人才的城市学院。以1851年的曼彻斯特欧文斯学院创立为标志,出现了如伯明翰学院、利兹学院等一批新兴城市学院。这些城市学院的产生是为满足民众接受大学教育的需求和地方城市产业的发展对人才的需求而出现的,办学方向和目的突破了为教会和统治者培养接班人的模式,一开始就致力于为经济发展培养人才,其服务于工业的思想都在办学目的和课程设置中充分体现出来。城市学院的创办者几乎都提出为工业做贡献。学院在创建之初,其课程结构就以实用机械、工艺学为主,兼攻文艺等。可见这些学院与近代工业发展有密切的关系,这也与传统大学如牛津、剑桥形成鲜明的对比。因此,城市学院的产生给英国高等教育带来了一股新鲜的空气。

但新兴城市学院在脱离生存阶段后,在发展过程中逐渐丧失了它们产生时那种敢于向老牌大学挑战的锐气,逐步摆脱了单一工业技术训练,

---

① 阿什比:《科技发达时代的大学教育》,滕大春等译,人民教育出版社,1983年版,第77页。

处处以牛津、剑桥为榜样,逐渐在模仿牛津、剑桥的做法,加强古典人文教育,注重学术发展,向牛津、剑桥回归。这一情况的出现是大学发展的内在逻辑使然。

城市学院早期的定位是以科技教育为主的高等职业技术学院。这是早期民办教育家们设定的办学目标,以适应地方需要的职业技术人才;正是这一办学目标,在主要方面导致了城市学院早期迅速发展。不过,随着时间的推移,这一办学目标也引起办学资金增长缓慢、教学质量难以提高等诸多问题。其一,职业技术教育的目标,导致城市学院对产业界捐助资金过度依赖,限制了学院办学资金的增长。譬如,利兹学院建院第9年,当地工商业出现衰退。学院负责人很快发现,学院财政难以维持学院的发展与扩张,又无法从当地产业界争取更多的资金支持。① 在自由教育和绅士传统绝对优势不复存在、但优势地位尚存的英国19世纪八、九十年代,政界、宗教界与文化界人士仍然是国家财富的重要掌握者。为了得到社会各界的资金支持,城市学院需要兼顾他们的意愿,向传统回归。其二,直接为地方需要特别是当地产业需要服务的目标,逐渐导致城市学院对地方和产业界的过度倾斜,部分创办人甚至出现极端功利主义倾向。譬如,利兹学院中的相当部分产业界股东就认为,城市学院必须以技术科学教育为主,甚至将技术科学教育等同于手工工人培训。② 这有将高等院校完全降为培训基地的危险,势必对教学质量构成严重损害。为了矫正极端功利主义的弊端、提高办学质量,城市学院需要借鉴传统因素的长处,向传统适度回归。

要突破发展过程中出现的难题,实现实力和质量的大幅提升,城市学院必须取得学位授予权。学位授予权是政府赋予的,是国家和社会对高等教育社会声望和学术水平的真正认可。古典大学是有学位授予权的,它们在人文教育方面享有崇高的声望;伦敦大学是有学位授予权的,它们在人文、科学教育两个方面均有强劲实力,其学术研究水平也日益提高。对于城市学院来说,没有学位授予权,就无法与古典大学真正抗衡,还要

---

① Michael Sanderson. *The Universities in the Nineteenth Century*, p164.
② Ibid, p165.

看伦敦大学、杜伦大学的脸色,为了获得学位授予权和社会的认可,各地城市学院逐渐加大人文、社会等课程,并且以牛津、剑桥作为自己的努力的方向和追求的目标。如曼彻斯特欧文斯学院最初设立了古典语言、文学、自然哲学、数学,后来又增加了道德哲学、自然史、英语等。谢菲尔德大学学院依据伦敦大学学位的要求,开设了数学、古典学、古代史、现代史、音乐理论、物理等课程。

其实,在城市学院早期课程设置中,不少学院已考虑到人文学科的基础性功能,有一定比例的人文课程。而且,从职业与就业的角度来说,攻读非科技专业同样有前途。1890年曼彻斯特学院与利兹学院新生注册名单中,选读人文与理工类的学生刚好各占了一半,似乎可以说明这一点。因此,各城市学院逐渐加强有关人文和社会方面的课程。事实上,像最初就在人文学科方面有一定比例的城市学院如曼彻斯特、利物浦和伯明翰学院,其社会认可度与声望就要高一些,在升格大学方面占有一定优势。人文学科严重缺乏的利兹学院,则不得不在19世纪80年代增设古典学、现代文学与历史课程,并将其全称"约克郡科学学院"更名为"约克郡学院",以显示其文理兼备的综合性质。到1887年三校均归于维多利亚大学的时候,曼彻斯特、利物浦、利兹学院都具有了明显的文理综合性质。到了19世纪末20世纪初,4校在人文社会科学方面已有很大进展,如曼彻斯特学院的历史学、伯明翰学院的商学在英国已经小有名气。

要取得学位授予权,成为完全大学,仅靠加强文科是不够的。学术水平是大学的另一个重要指标。通常情况下,学术水平反映的是高校在学术界的声望,与社会需求关系不大。城市学院学术研究发展的动力则刚好相反,学术内在需求退居其次,而地方社会需求成为主要方面。很大程度上,城市学院学术研究并不是为了提升学术声望,而是为了满足地方对科技开发的需求。在英国,即使是大学,也主要是教育机构而非研究机构,这种观念一直持续到19世纪30、40年代,到19世纪七八十年代仍无大的改观。因此,城市学院科学研究的发展在很大程度上与英国的大学传统无关,而是受到地方产业界的推动,当然也是对大陆国家如德国、法国大学科研职能发展的直接反映。建校不久,在当地产业界和地方政府的积极捐助之下,城市学院引入德、法加强科研的经验,加强应用科学研究,并以其丰富科技教育的内容,应用到工业生产实践中去,逐步摆脱单纯的职业教育性质。在城市学院的科研体系中,化学与工程学是最成功的学科。在19世纪中后期直到20世纪初,化学是科学领域里的新兴学科,其中,有机化学以及与纺织印染技术相关的应用化学发展最快。化学的发展成为这个时期国家科技实力和高校科研实力的基本标尺。工程学是一门典型的应用科学,采矿、冶金、建筑业的发展如火如荼,工程学提供了最直接的技术支持,因而工程学是这个时期国家技术实力与高校技术开发实力的基本标尺。各个城市学院紧随国外科学特别是应用科学发展的步伐,围绕地方技术开发需求,在这两个学科均取得重要成就。

在这方面,曼彻斯特是领先的,其化学研究是典范。该学院1851年创办时就设立化学教授席位,1874年又设立英国首个有机化学教授席位。在罗斯科教授的带领下,曼彻斯特学院迅速成为仅次于伦敦大学皇家化学学院的第二个化学研究中心,也是英国最有活力的科学研究中心之一。大批从德国归来的年轻人云集于此,就连不少学院的学生也投入到化学高级研究。英国学术机构协会考察曼彻斯特学院后认为,该院及罗斯科领导的团队是英国引进德国科研制度的范例。[1] 受曼彻斯特学院带动,利兹学院的化学特别是有机化学也颇有实力,形成国际驰名的纺织和印染技术研究与开发中心。在工程学方面,利兹学院后来居上,率先开展采矿营救装置研究,成为当时国际驰名的工程学研究中心。利物浦学院的化学与工程学实力稍逊,不过在建筑工程学方面是首屈一指的。伯明翰学院的化学与工程学实力不俗,自建校起就特别重视采矿工程学,投入大量捐资进行教授席位建设。[2] 这样,因为与地方产业界和世界科技中心的密切联系,城市学院的新兴学科如化学与工程学研究成为英国高等院校的范例,为英国高等教育提供了新的科研模式,开启了英国高校产学研结合的进程。

正是由于自然科学与工程学研究的突出成绩以及人文教育的加强,多数城市学院获得英国社会的广泛认可。从1900年到1909年间,伯明

---

[1] Wills Rudy, *The Universities of Europe*: 1100—1914, p133.
[2] Ibid, p132.

翰、利物浦、曼彻斯特、利兹、谢菲尔德、布里斯托尔学院6所城市学院升格为有学位授予的完全大学。这是一种人文社会学科与理工学科兼备，教学与科研并重的综合性大学。

第三节 自下而上——制度变革的路径

与社会变革一样，大学制度的变革与发展也存在着两条基本路线。一条是自上而下的路线，另一条是自下而上的路线。

自上而下，是指政府首先制定有关改革的政策和法规，然后组织实施，引导大学体制变革。大学仅仅响应国家的权力所强加的政策改革。在一些国家中，近代高等教育的改革和发展首先并主要是由国家和政府发动、推进的，政治和行政的力量在发展过程中发挥了主导作用，大学和其他高等教育机构以及社会机构和人士在发展过程中所起的作用基本上是从属性的。也就是说，来自社会的和教育界的各种力量主要是根据国家和政府所制定的有关法律、政策发挥作用。

自下而上，是指一种来自大学自发的体制变革，即改革首先在大学内部兴起，逐渐推开，最终导致国家政策的变化。政府的政策"跟随"而不是"领导"在高等学校或高校中各个部门所发动的变革过程。大学的改革与发展首先并主要是由大学或者其他高等教育机构以及与高等教育有关的社会人士和机构发动、推进的，只是到了一定阶段，国家和政府才加入其中，并对高等教育的发展发挥作用。

不同的变革模式的确定，受一个国家政治传统、文化传统和教育传统等方面动因的制约。从这个意义上来讲，一个国家采取何种变革模式，绝不是某个人或某个社会团体主管的选择，而是一种历史必然性。只有适应本国历史和现实状况的变革模式，才是好的或者正确的模式，反之就是一种坏的或者错误的模式。一般来说，自上而下变革模式往往表现为一种控制式、集权式的变革状态，其推进节奏强并且往往以激进的方式运作，短期内见效快，但有时候因为急于求成或追求整齐划一，容易产生趋同现象，从长远看，这种变革的政策稳定性和连续性差。自下而上变革模式起于底层,通常步步为营地自下而上推进,在推进节奏上呈渐进式展开,易于调动个人、教育机构和社会团体的积极性和创造性,但不利于发挥政府的积极性。

就英国大学制度变革来看,发动并推进这种转变的力量主要来自于教育界和社会各界。后来,国家和政府才作为一种重要的力量,直接参与到制度变革中。就英国国家势力在大学发展中所发挥的作用来看,早在文艺复兴时期,英王亨利八世就曾介入牛津大学的教学事务。但这种介入是在大学掌握内部事务管理权以及大学教育教学改革权的前提下实施的。16～17世纪英国大学所发生的一系列较大的转变都是由于大学或学院完成的,政府的影响直到19世纪50年代才逐渐清晰起来。

一、民间人士的积极参与

19世纪伦敦大学和城市学院的出现,主要是一种民间力量作用的结果。从伦敦大学的建立来看,它的建立从以边沁为代表的功利主义者身上吸收了思想精华。边沁力图从根本上清除支撑贵族和绅士特权的理论,建立一个符合社会中下层,特别是中层的社会改革理论。在教育上他主张不分性别、宗教和政治倾向。边沁的思想在伦敦大学建校先驱身上得到了实现。1825年,曾经访问过德国的坎贝尔提出建立"大伦敦大学"的建议,耶茨牧师也在1826年提出建立地方大学的建议,坎贝尔的建议得到了反对保守党政府者、非国教徒和反宗教主义者组成的联盟的支持,休谟和布洛姆是其中的领袖人物。伦敦大学刚成立时是一个股份制的机构,休谟和布洛姆曾发行了1500张股票,俩人一起筹集资金,最终伦敦大学得以建立。

新兴的城市学院,大多数是由当地的工业家兴办,他们为城市学院的创办提供了资金,体现了英国民间办学的传统特点(表13)。例如,曼彻斯特是由当地的纺织业大老板约翰·欧文斯投资9.7万英镑左右创办。1874年,利兹用了20000英镑成立了约克郡科学技术学院。该学院的创建是以沃希普福布料公司工人的慷慨捐资为基础的。伯明翰梅森学院是由当地企业家梅森捐款成立的。伦敦大学和新兴的城市学院都是在民间人士或社会力量的促进下发生的,它们的建立,国家基本没有发挥作用。

表 13　19 世纪中期城市学院创办情况表

次序	成立时间	原来名称	今名	升格为大学时间	成立方式
1	1851	曼彻斯特欧文斯学院	曼彻斯特大学	1903	捐赠
2	1874	约克郡科学技术学院	利兹大学	1904	捐赠
3	1876	布里斯托尔大学学院	布里斯托尔大学	1909	捐赠
4	1880	伯明翰梅森学院	伯明翰大学	1900	捐赠
5	1881	利物浦大学学院	利物浦大学	1903	捐赠
6	1879	谢菲尔德菲斯学院	谢菲尔德大学	1905	捐赠

在英国历史上,但凡一项重要的教育改革措施出台,都是采取建立皇家委员会、写报告书、提建议、议会通过法案的固定模式进行的。19 世纪后期牛津、剑桥大学的改革和英国职业技术教育的改革,都与皇家委员会的努力有直接的关系。

19 世纪中期开始的牛津和剑桥大学的改造,皇家委员会发挥了重要作用。1850 年,首相约翰·拉塞尔(John Russell)向维多利亚女王建议:建立皇家委员会,以研究牛津和剑桥两校的状况。这项建议得到了女王的支持。于是,在随后的 30 年,英国政府不但通过皇家委员会一系列的调查报告来推动牛津、剑桥的改革,并采取立法形式来巩固改革成果。

在巴黎博览会以后的 30 年间,英国政府曾经多次组织过皇家调查委员会,专门对英国工商业落后的原因以及科技教育状况进行研究。根据斯图尔特(W. A. C. Stewart)的考证,"在英国历史上,没有另一个 30 年产生过如此之多的有关教育的报告,如此之多的皇家委员会"①。继 1867 年成立塞缪尔森议会科学教育特别委员会后,1871 年以德文希尔(Devonshire)公爵为首的皇家委员会成立,负责英国职业教育的调查。1875 年该委员会提交了报告,建议在小学、培训学院、公立和受资助的文法学校以及其他高等学校推广科学课程。但报告未引起政府的足够重视。1881 年塞缪尔森再次受命担任皇家技术教育委员会的主席,负责调查外

---

① W. A. C. Stewart, *Higher Education in Postwar Britain*, p. 332.

国的技术教育并提出对策。1884 年,塞缪尔森委员会公布了《关于技术教育的报告》,报告重申了德文希尔委员会提出的观点,并阐述了自己的修改意见:小学阶段增加基础科学、初级绘画和工艺课程量,鼓励中等学校开设现代的科学和艺术课程。《报告》强调,英国要赶上欧洲大陆其他国家的发展,必须建立更多的高质量的技术学院。皇家技术教育委员会工作历时 4 年,成效显著。1887 年技术教育促进会的成立就是该委员会的一个重要成果。

二、政府的介入和导引

在 19 世纪之前,英国大学和政府之间基本上没什么关系,大学作为自治机构,可以不受直接的政治压力影响,能够在教学和研究上保持自由,教师能够自由地研究学术。早在宗教改革时期,王太后玛格丽特在 1504 年规定了传教士有 6 年的传教时间"赞颂神圣的耶稣和纯洁的玛丽亚"。1505 年,她在剑桥接手了创立于 1437 年的一所小型神学院,并加以扩建,改名为基督学院。6 年后她又资助创立了剑桥大学圣约翰学院。1540 年亨利八世在剑桥设立了神学、民法、物理、希伯来语和希腊语 5 个钦定的教授席位,接着他参与了马德林学院的建立和最终建成的巍峨的王家大厅学院教堂。6 年后,他将迈克尔豪斯书院(Michael House)和 1317 年的王家大厅学院合并成圣三一学院,并亲自任命校长。在英国,国王和王后可以捐助创办学院,但他们仅代表个人而非国家,而且所创办的学院也未必由以国王或王后为代表的王室控制。例如,1411 年,由亨利六世创建的剑桥大学英王学院,一开始便由院长和高级院士掌权。

1559 年剑桥大学校长卡迪那奥·帕里去世后聘任塞西尔出任剑桥大学校长。塞西尔不但重视校舍的扩建,还改革了专业设置,剑桥的文学硕士专业就是在他的亲自主导下成立的。但是要把剑桥打造成世界一流的大学,还必须有严格的制度。于是,塞西尔向女王正式提出剑桥大学制度化整顿的议题。伊丽莎白女王政府于 1570 年向剑桥颁布了严格的新章程,对学院生活进行事无巨细的控制,管理范围甚至涉及讲座的时间、学位、辩论以及学生的着装等等,并明文规定大学的权力不是像以前那样在学院院长和大学学监手里,而是集中在副校长和起顾问作用的首脑机关里。同时规定所有大学学生都必须是学院的成员,大学是独立的法人组织,主要由各学院院长进行管理。伊丽莎白女王钦定的新校规在1571年的议会上作为法案通过,这个新校规被奉行了近300年。

1636年,牛津大学在劳德大主教担任校长期间将纷杂繁乱的规章制度修订后整理成一部校规,这就是著名的《劳德规约》。这部规约得到了王室的认可。和剑桥的校规一样,规约几乎涉及了大学日常生活的所有细节。在大学内部管理上它做出了和剑桥类似的规定。只是在用语上略有不同,如管理大学日常事务的机构在牛津被称为校务委员会(Hebdomadal Board),而在剑桥则称为评议会(Caput Senatus);全校教职员大会在牛津被称为"Convocation"而在剑桥则被称为"Council of the Senate"等等。在校长的任职期限上两校也略有不同。虽然两校都规定全校教职员大会是最高权力机构,但实际上真正掌握实权的是副校长、学监和各学院院长组成的校务委员会。中世纪的民主管理传统至此变成了学院院长的寡头统治。这两个校规一直实施到19世纪中期,期间没有大的变化。《伊丽莎白章程》和《劳德规约》以法令的形式正式确认了学院在大学中的地位,它们的颁布标志着牛津、剑桥大学学院制的最终确立。牛津大学众灵学院院士、伯明翰大学校长罗伯特爵士指出:"17世纪末,英国大学发展和巩固的创造和形成时期已经结束。事实上,连伊丽莎白时期制定的剑桥大学章程和1636年劳德制定的牛津大学章程都已经确立了两校规程的纲要。这些规程继续实施到19世纪50年代,牛津和剑桥两校皇家委员会的设置没有重大修改。"

从国家对高等教育的影响来看,英国对国家教育的干涉甚少。多年来,英国形成了这样一个传统教育是私人及私人团体的事情。学校教育在19世纪之前很长一段历史时期内都是游离于政府管辖之外。在19世纪大部分时间里,尽管英国高等教育领域里涌现出了伦敦大学和城市学院等新兴高等教育机构,政府与高校之间却没有多大关系。高等教育机构的涌现是民间办学努力的结果。政府除了派遣皇家委员会对老大学的办学状况进行调查外,既不负责高等院校的财务,也不负责它们的招生、教学和管理。大学是名副其实的自治机构。

到了19世纪中期,政府对传统大学表现出强烈的改革倾向,政府开始通过调查大学、颁布立法、财政资助的方式逐步介入大学。传统大学的自我封闭,与社会需要和发展相脱节的状态,受到国内各界的批评。1850年,首相约翰·拉塞尔向维多利亚女王建议:建立皇家委员会(Royal Commission),以研究牛津和剑桥两校的状况。这项建议得到了女王的支持。这一年,英国政府组织了一个专门的皇家委员会对牛津大学和剑桥大学进行视察,对牛津和剑桥两校进行比较分析,提出改革报告。根据皇家委员会的报告,1854年和1856年政府分别制定《牛津大学法》、《剑桥大学法》,用立法的手段来打开自治大学的大门,让不断产生的新的学科和发展的各门自然科学,以及维护阶级统治的意识形态等方面的课程进入大学,以使大学更好地为统治阶级的利益服务,为社会的发展服务。这两个法规只是在宏观上要求大学改变教育目的,培养政府需要的官员,对大学内部的事务并没有多少硬性规定。[①] 但是它们制定了议会干预大学的原则。从1863年起,英国国会年年都把大学问题纳为一项重要议题。作为回应,剑桥大学首先开始与实业界挂钩,因为它害怕脱离国家实际生活会失去政府与其他社会力量的支持。其后,牛津大学也多少发生了些变化。

以前,英国大学的经费来源主要是教会的捐赠与学生所缴纳的学费,当然还有为数不多的其他类型的捐助,总体上没有获得政府系统的财政资助。从城市学院的建立来看,这些城市学院大多属于私人捐赠性质,政府并没有进行财政支持。对一些大学来说,财政困难有时是不可避免的。随着时间的推移,到19世纪末,英国政府逐渐意识到,要发展高等教育,单靠民间的力量是很不够的,政府必须在财政上予以支持。

1852年,曼彻斯特欧文斯学院曾因经费困难要求政府给予资助,但这一请求被政府拒绝,理由是在英格兰,为发展高等教育给予财政资助从来不是政府的政策。[②] 但是,1881年阿伯丹勋爵(Lord Aberdare)为主席的政府委员会发表了《威尔士的中等和高等教育》报告后,考虑到威尔士地区的特殊情况,政府分别为威尔士的两所大学学院提供了4000英镑的

[①] James, M&Paula, S.(Ed.), *Reform and change in higher education: international perspectives*, New York& London: Garland Publishing Inc, 1995. p.12.

[②] 王承绪:《英国教育》,吉林教育出版社,2000年版,第469页。

年度拨款资助。这是政府第一次对大学给予财政支持。1889年,索尔兹伯里政府拨款15000英镑,资助伦敦大学的英王学院、大学学院和其他城市大学学院,以资助师资培训和技术教育。这是英国政府关注高等教育的开始。1902年起,英格兰地方政府开始向大学生提供资助,1911～1912年有1327名学生享受地方政府资助,其中40%以上在剑桥和伦敦大学上学。① 1902年政府的资助为27000英镑,1904年达到54000英镑,到第一次世界大战爆发时政府的资助已逾15万英镑。

随着政府开始为高等院校提供拨款资助,拨款方式的问题开始提上议事日程。起初政府是通过一系列特别委员会的方式为大学提供拨款。1889年3月成立了以卢伯克爵士为主席的大学学院拨款委员会(Committee on Grants to University Colleges),负责分配政府对大学学院的拨款事宜,其受权范围是资金的"分配"、"使用"和"分发"。②

在1892年、1897年、1900年和1902年,政府也分别设立了类似的特别咨询委员会,为政府的补助提供咨询和建议。到了1904年,政府成立了一个咨询委员会,主席是霍尔丹勋爵(Lord R. B Haldne)。该委员会建议设立一个常设的咨询委员会来负责拨款事宜,这一建议后来被采纳。1906年成立大学学院拨款咨询委员会(Advisory Committee on Grants to University Colleges),专门负责国家给大学和学院拨款的事务。到20世纪初,除牛津大学和剑桥大学外,英国的大学、学院都或多或少地接受了政府的拨款。而牛津大学和剑桥大学在第一次世界大战后也得到了政府的财政资助。后来,英国政府对大学的拨款越来越多,直到1919年成立了专门负责政府拨款事宜的大学拨款委员会,"调查联合王国大学教育的财政需要并向政府建议关于议会满足这些需要所拨款项的分配事宜"③。

1850年的英国政府对大学的干预仅仅是行政上的干预,对大学内部的事务基本上没有什么影响。从1881年开始,随着英国政府对大学的拨款以及后来大学拨款委员会的建立,大学接受了政府的财政资助。虽然这一点与欧洲其他国家一样,但英国大学却能够不受政府的直接干预。

---

① 张泰金:《英国的高等教育:历史·现状》,上海外语教育出版社,1995年版,第46页。
② 王承绪:《英国教育》,吉林教育出版社,2000年版,第470-471页。
③ 徐辉、郑继伟:《英国教育史》,第276-277页。

后来中央政府出资创办了大学,大学基金委员会取代了大学拨款委员会,则标志着政府干预的逐步加强。

第四节 渐进式、保守与创新并存——制度变革的特点

一、渐进式

英国自1688年"光荣革命"后,几乎没经历过法国资产阶级大革命那种比较彻底的变革,所以少有大起大落、波澜壮阔的场面。现代英国几乎是水到渠成、自然而然地形成的。传统与变革和谐地交织在一起。恩格斯于19世纪指出:"在英国,一个进步一经取得,照例以后永远不会失去。"①希尔斯在《论传统》中说:"没有任何一个民族把它的过去如此完整地带入现代生活。"②这些评论同样适用于教育,英国的大学制度变革走的是渐进改革的道路。

英国近代高等教育是在600年前牛津和剑桥的基础上形成和发展的,是英国高等教育逻辑发展的产物。伯德斯通在《管理现代大学》中认为:"大学是我们最伟大且最恒久的社会机构。"近代意义上的大学与中世纪大学在一些基本方面,存在着显著的差异,但近代的大学并不是在摧毁中世纪大学的基础上形成和发展的。在长达几百年的发展进程中,中世纪大学的一系列制度不但没有被抛弃,反而在近代大学中发挥着重要作用。如中世纪大学的学院制、学位制度、大学所具有的自治权和大学内部在学术上自由平等的风气等都成为近代大学教育制度的重要组成部分。

从中世纪大学转变的核心——课程来看,这个过程在英国持续了几百年。在这样一个长时间的过程中,英国大学制度始终保持相对平稳的发展,大学的改革也始终是渐进的。早在16世纪,牛津和剑桥大学已经开始设立数学和物理学等讲座,并设置这些学科的教授席位。而那些古

---

① 王承绪、徐辉:《战后英国教育研究》,江西教育出版社,1992年版,第366页。
② 顾明远:《民族文化传统与教育现代化》,北京师范大学出版社,1998年版,第194页。

典大学课程的近代革新直到19世纪末20世纪初才真正完成。在这个过程中并不是一个直线的量变过程。在剑桥大学校长布罗厄斯眼中，贯穿剑桥600年的，是连续不断的变革。"主导剑桥的并不是不变，而是不断的变化。"

英国渐进式发展模式在1832年议会改革后正式确立，而英国政府恰恰是从1833年开始通过议会立法手段干预教育，这样，英国的渐进式发展道路对英国教育的变革方式必然会产生深刻的影响。教育政策的产生方式、教育立法的形成方式、教育经费的拨付方式都是由国家的政治、法律运作机制所决定的，它们不是外在于政治、法律制度之外的孤立行为，例如教育立法、教育拨款同其他社会立法和拨款一样皆要经议会议决。可见，英国教育的变革方式与社会变革的方式在权力、资源分配机制方面有着深刻的内在联系。英国传统的议会制经过不断改革后，议会成为英国社会各方利益的表达场所。两大执政党轮流执政的政党制度使得其中任何一党为了在议会中占有更多的议席而拼命拉选票，为了拉到更多的选票，就要尽力满足各种利益集团的利益要求。这样，政党就要协调各方的利益冲突，提出的社会改革方案包括教育改革方案往往带有强烈的折衷色彩。

英国的这种政治运行机制直接影响到教育的发展方式。英国的近现代教育史就是一部教育渐进改革的教育立法史，而立法恰是议会的功能。在英国教育立法过程中也曾发生各种各样的利益冲突，使得议会为使法案通过不得不顾及各利益集团的要求，对法案做出修改乃至很大的修改。《1870年初等教育法》被称为"妥协之上的妥协"，是经过多次修改后才在议会获得通过的；而1902年《巴尔福教育法》仅在下院就被激烈地辩论了59天，两个法案所涉及的焦点问题是宗教问题，尤其是国教会势力与非国教会宗教势力、与世俗势力的冲突问题。《1944年教育法》通过得比较顺利，没引起教会等方面的激烈争论和抵制。这一方面是因为当时的政府是一个得到各政党支持的联合政府，另一方面也是由于在议案提交至议会前，已就一些必须解决的宗教、经费等问题进行了大量的协商并争取到了各派对议案的理解和支持。妥协和折衷就成为英国教育立法的重要特征，而以教育立法为基础的教育发展进程因此就必然具有渐进式发展的基本特点。

二、保守与创新并存

发展的连续性是大学进一步发展的重要动力和资源。从理论上讲,一个国家的大学如果能较好地利用历代所积累的财富发展,较好地处理大学发展过程中传统和变革之间的关系,那么,就可以保持大学的平稳发展,还能降低发展的成本,从而加快发展的进程。反之,则不仅会阻碍大学改革和发展的历程,还直接影响改革和发展的成果。

从 16 世纪前期开始,由于托马斯·克伦威尔的改革,英国大学的人才培养逐渐从以培养神职人员为主转变到以培养绅士为主。这种转变有三重意义:第一,它适应了由于民族国家兴起对官吏的需要,大学从为教会服务转向为国家服务,从而表明英国大学开始了世俗化的历史过程。第二,这种转变标志着英国自由教育传统的形成。这是因为,与教士、法学家等中世纪大学所要培养的人才不同,绅士并不是某一种特殊职业的专业人员,而是社会的某一阶层。第三,这种转变表明,英国高等教育的世俗化进程达到了一个新的阶段。

与以上改革相联系的是,这个时期英国大学的课程也开始发生重要的变化。这主要表现在,大学课程中宗教科目的比重逐渐下降,一些原来为神学教育做准备的科目重新受到关注,而一些新的、更能适应绅士教育需要的科目被置于大学课程的重要地位,如古典人文学科。

从 18 世纪起,英国大学教育的改革主要表现在课程的更新与变化上。以牛津大学、剑桥大学为代表的英国大学,为适应近代哲学和科学的发展,先后设立了有关的讲座,讲授笛卡尔、霍布斯等人的哲学,并增设了光学、微积分、静力学等近代自然科学的课程。大学不断吸收新的知识。不断更新教育内容,成为 18～19 世纪英国大学教育发展的重要趋势。但与同时期的德国和法国相比,英国传统大学所发生的变革无论在规模还是在程度上,都较为逊色。直到 19 世纪末 20 世纪初,牛津大学、剑桥大学仍未完全摆脱古典大学的模式。

在英国高等教育近代发展进程中,更具近代意义的变化是伦敦大学和城市大学的兴起。伦敦大学始建于 1828 年,它与牛津大学、剑桥大学等古典大学的基本区别在于:第一,与古典大学以培养绅士为主要教育目标不同,伦敦大学以培养受过良好教育的工商、金融以及法律、医学等方面的专业人员为主。第二,与古典大学侧重古典人文学科和基础理论的教学不同,伦敦大学更注重近代的实用知识和技能的教育、训练,更重视大学教育与近代科学和工业发展的联系。阿什比在《科技与学术机构》中认为,"伦敦大学的建立标志着科学革命最终进入英国高等教育之中"[①]。

如果说伦敦大学仍受着古典大学的某些影响,那么城市学院以及在此基础上发展起来的城市大学则完全是近代社会的产物。从19世纪中叶起,一批城市学院纷纷建立,其中包括曼彻斯特欧文斯学院(1851)、纽卡斯尔理学院(1862)、约克郡理学院(1874)、布里斯托尔西英格兰理学院(1876)、谢菲尔德菲斯学院(1880)、伯明翰梅森学院(1880)、诺丁汉大学学院(1881)、利物浦理学院(1882)、雷丁技术学院(1892)、埃克塞特工科大学(1895)等。

与古典大学和伦敦大学完全不同的是,城市学院主要与当地的工业和经济发展相联系,主要为当地的工商业培养管理和技术人才。由于这个原因,城市学院在教育内容、课程设置、教学方法上,均采取了与以往大学不同的做法,以适应当地实际情况和学生的具体要求。到19世纪末和20世纪初,相当一部分城市学院发展成为城市大学。

城市学院和城市大学兴起的意义是多方面的。它们的兴起改变了古典大学对英国高等教育的垄断,进一步丰富了高等教育的类型,拓展了高等教育的外延;另一方面,由于造就了大批学有专长的工程技术人员和管理人员,城市学院和城市大学为英国工业和科学技术的发展做出了重要的贡献。从高等教育的历史发展来看,建立城市学院和城市大学的更为重要的意义在于,为高等教育机会的扩大,使更多的人受到高等教育创造了有利的条件。不仅如此,城市学院和城市大学还标志着高等教育性质和职能的重大变化:从培养有教养的绅士到培养专业人才、从探索知识和真理到为社会和社区服务的变化。

19世纪伦敦大学和众多城市学院的兴起开创了英国高等教育的新纪元,它们大多坐落在工业中心,注重科技教育。随着这些城市学院逐渐

---

① Eric Ashby, *Technology and the Academics: An essay on universities and the scientific revolution.* London: Macmillan and Company Limited, 1963, p. 29.

升格为城市大学,它们的系科也在不断地丰富和完善,增设了经济学和商业、工程和冶金、纺织和皮革加工、印染和酿酒、农业和园艺等专业。它们的走读制以及相对低廉的收费使大学教育头一次不再是上层社会的专属品,它们的目标并不仅仅是培养技术人员,这在 1900 年利物浦大学获得皇家特许状后发表的办学说明中体现得非常明显:"我们理想中的中部大学在致力于培养应用科学家的同时,一直是一所传播普通文化的学校。它不是技术学校;在大学建立前伯明翰已经拥有最出色的技术学校了。它是培养大企业家的场所,而非培养普通成员或士兵的场所。"[1]正如说明书所言,城市学院在发展过程中一方面与技术学院的距离越来越远,另一方面,并未能触动牛津大学和剑桥大学的崇高地位,因此在 20 世纪初英国高等教育中的严格等级结构开始形成。

第五节 英国大学模式及其意义

一、英国大学模式

在 19 世纪大学制度变革方面,英国与德法两国有明显的不同。这主要表现在,英国始终较为完整地保留了牛津大学、剑桥大学等古典大学,只是在必要时对其进行某种程度的改革;而且,这种改革基本上是由大学当局或院系自身完成的(这在一定程度上说明,古典大学本身具有自我更新、自我发展的能力)。由于这些古典大学的存在,英国得以较为完整地延续大学教育的传统,使本国高等教育的发展保持一种稳定性和连续性。另一方面,为适应社会变迁对高等教育的新的要求,英国主要采取的措施是在古典大学之外,建立新的高等教育机构。如此,既不对原有大学造成大的冲击,又能适应社会的要求。由于这个原因,英国高等教育制度中形成了明显的"年轮"结构:古典大学、伦敦大学和城市大学。每一种大

---

[1] Detlef K. Müller, Fritz Ringer, Brian Simon, *The Rise of the Modern Educational System: Structural Change and Social Reproduction*, Cambridge University Press, 1987, p164.

学都是不同时代的产物,每一种大学又适应了社会的不同要求。时代特点和办学"风格"如此不同的大学并存在一个国家的高等教育制度之中,是较为罕见的。

英国高等教育的历史是一部大学集中的历史,因为仅仅在12～13世纪建立的牛津大学、剑桥大学就垄断了英格兰地区的高等教育达6个世纪之久——从12世纪到19世纪二、三十年代,牛津和剑桥大学是英格兰仅有的两所大学,它们是英国最古老的大学。当新的大学最终在英格兰建立的时候,以伦敦大学于1828年为开端,扩充到19世纪中期以后诸如曼彻斯特、利兹、伯明翰和布里斯托尔等城市大学,它们仿效苏格兰的教授制作为教学和组织的基础,进展到系的结构,而不是完全的学院结构。新大学即便按系组织,也坚决赞成导师制。接着,牛津和剑桥在猛烈的批评之下,在19世纪中叶以后进行了富有意义的改革,开始近代学科的教学,并加强"大学和教授地位,反对学院和导师研究员"。这次革命"接受了另一个传统,恰到好处地保持了牛津和剑桥的社会声誉和学术上的卓越地位",而"学院的研究员继续控制本科生的教育"。大学是小的,它们的学院和系是亲密的:学生生活是寄宿式的;教师集中注意和本科生的密切的面对面的关系,大学就是学院,形成了学院型大学模式。古老的牛津和剑桥大学长期以来形成的学院制、导师制、寄宿制以及大学特许状成为英国大学模式的主要组成部分,其后建立的伦敦大学增加了校外学位制度,城市学院则加强与当地工商业的联系。

英国的大学模式是古老与现代并存的。英国高等教育的近代化进程,站在功利主义与保守主义之间,既拥有现代精神,又不失传统之底蕴。在古典绅士教育和实用职业教育关系的调整、政府与社会在高等教育中的角色定位等方面,英国高等教育成功实现了传统与现代的兼容。作为世界上独具特色的大学制度,英国的大学制度对本国和世界都有重要的意义。

二、英国大学模式的意义

(一)英国大学模式对本国的意义

1.形成层次分明、等级森严的高等教育结构

城市学院尽管与牛津和剑桥大学等传统大学一样是私人或私人团体

开办的,都是自治机构。但是,直到20世纪初,它们仍然由于学制不规范和学术水平不高等原因被拒绝于正规的教育制度之外,不仅无权颁发学位,而且在社会声望和学术水平、入学对象、毕业生就业等方面与传统大学有着极大的差距。

牛津、剑桥代表世袭贵族利益,即使新兴资产阶级力图改变,但并不成功,所以,资产阶段所要求的科学技术课程长期难以进入两所大学,为世袭贵族所要求的内容为课程。直到近代社会,英国的牛津和剑桥大学不仅拒绝在课程中设置以近代科学为基础的技术学科进行职业教育,而且还反对在大学或大学之外进行科学研究,建立类似德国研究型大学的科学研究体制,坚持传统的古典自由主义教育。不过,正是由于传统大学的保守和政府的不干涉政策,19世纪中期的城市学院才得以成立并获得发展。这样,英国近代高等教育显然包括两大部分,并有明确的职能分工和特定的服务对象,即以牛津、剑桥大学为代表的传统大学,着眼于少数精英阶层的需要,构成近代高等教育制度中的最高层次,掌握着颁发学位的特权;城市大学则从中层资产阶级,特别是新兴的工商业阶层利益出发,强调技术教育,但在高等教育系统中,其社会声望和学术地位低于传统大学。

到19世纪中晚期,两种类型的高等教育机构都根据社会发展的需要,采取了某些改革措施,例如,以牛津和剑桥大学为代表的传统大学在课程中增加了实验科学或职业及专门教育的内容,城市学院也由于急需改变自身的学术地位等原因,增设一些古典人文学科,但是这些改革措施都未能从根本上改变它们各自的本质特征。此外,直到20世纪初,无论是传统大学还是城市大学都没有形成较为完善的科学研究体系,两种类型的高等教育机构存在着鲜明的层次和等级。20世纪60年代英国政府确立二元制只是对历史传统的一种确认,使其制度化。

2.为后继改革提供了范本

"20世纪60年代是英国中世纪以来大学成立最多的时期。1960年时英国与北爱尔兰的大学数为22所,1961年至1968年,包括学院升格成立了24所大学,短短的8年时间大学数增加了一倍以上。"[①]20世纪60

---

① 胡建华:《19世纪以来英国大学制度变革的基本特征及其分析》,《现代大学教育》,2004年第2期,第60页。

年代成立的大学主要有两种类型,其一由多科技术学院等升格而来,其二是60年代新成立的大学。新大学的"新"字并不仅仅意味着这些大学是新近成立的,更主要的原因在于这些新大学在许多方面与既存大学有着明显的区别。英国政府设置这些新大学不仅是出于应对社会需求、扩大高等教育规模的考虑,而且期待这些大学在大学制度的改革与革新方面能够有所作为,以对克服英国大学制度中的弊端起到促进作用。在20世纪60年代的新大学运动中,既存的大学仍然延续着一贯的做法,革新发生在新成立的"新大学"中。这种革新与传统共存的特征使得古老的大学在不断改革的大学制度中能够保持自身悠久的传统,因此牛津与剑桥两大学历经七八百年,制度上的一些传统仍然保持至今。

邓特在《英国教育》中自豪地宣称:"英国大学享受的独立自主权,可能是世界无双的。"即使是政府开始逐渐干预大学,也多是间接的方式,充分重视和利用教育审议机构、研究机构和专家咨询。例如,无论是《罗宾斯报告》,还是《1988年教育改革法》,都是在广泛征询专家意见的基础上形成的。此外,政府的干预一直持审慎的态度并非常重视教育立法的作用形成了"依法治教"的传统,通过立法确立国家干预大学的合法性。例如,英国现代大学制度演进历程中两次重大的变革都是通过立法的形式进行的,《罗宾斯报告》与《1988年教育改革法》可以作为分析这两次变革的重要法律文本。

(二)英国大学模式在世界高等教育发展中的意义

英国大学模式对美国、印度、日本、非洲和英联邦其他国家有很大影响。具体来说,影响最大的是美国,随后逐渐扩展到英国其他殖民地。例如,1854年,《伍德教育急件》的发布,是印度现代教育史上的一个里程碑。它提出以伦敦大学为模式,在三个管区城市各创办一所大学,原有的私立学院都将成为这些大学的附属学院。1857年,在加尔各答、孟买和马德拉斯各创办一所大学,从而开创了印度高等教育的新局面。同伦敦大学一样,这三所大学只是考试与联合附属学院的机构,本身并不进行任何教学和科研活动,而主要是为自己的附属学院规定课程、举行考试并授予学位,教学工作则由各学院进行。学院隶属于大学的制度被称作附属学院制,它是独立前印度高等教育的主要类型而且一直延续至今。"从明治初年高等教育建立时期的情况来看……东京大学的法、理、文三个学部是英美模式……驹场农学校最早是英国模式，之后则变为德国模式。"①

英国学院型大学模式为我们提供了丰富的大学模式样态，加深了对大学制度的理解。英国大学制度的诸要素，如学院制、导师制、寄宿制和校外学位制度等，在英国得到了充分的发展，提供了大学制度的英国模式，是英国贡献给世界高等教育的巨大财富，具有重要意义。

第一，提供了丰富的大学模式样态，加深对大学制度的理解。

长期以来，牛津和剑桥所培育的是本科生寄宿制学院的有用工具，在几种主要的大学组织形式中，这种运作单位乃是它们在国际上的特色的本质。② 在这里，大学既不像在欧洲大陆成为围绕诸如法律和医学等领域组织的一套四个或更多的学部，也不像在19世纪后期涌现的美国大学主要采取一系列文科和理科的系和独立的专业学院的形式；相反，大学主要采取学院联邦的形式，每个学院作为一个自给自足的单位进行运作，各有它自己的教学人员、学生、院舍、场地、财产资源和个性，如牛津的巴利奥尔学院和剑桥的国王学院。对教学人员和学生来说，学院是十足的寄宿制学院。著名的是，教学人员不是"教授"而是"研究员"、导师，大学教师对学生品格的培养表现出强烈的兴趣，对品格培养和自由教育，明显地不是专业教育，肯定也不是学科教育，是高度个人之间的接触和交流，这明显不同于突出科研的德国大学模式，也不同于美国、法国和日本的大学模式

英国的自治型大学为我们提供了大学自治的一种形态，有助于我们理解大学与政府关系，1984年欧洲理事会召开的21世纪前景讨论会的报告曾指出："校内自治是欧洲大学成功地保存下来的一个强有力的传统。"与其他欧洲国家相比，英国大学一贯以"异例机构"(anomalous institutions)而著称。英国大学享有的自治传统，一直颇受世界各国大学的青睐。英国大学的发展在很大程度上依靠国家的资助，但又不像其他欧洲

---

① 天野郁夫：《高等教育制度论：日本模式的探索》，《大学教育科学》，2005年第4期，第28页。

② 伯顿·克拉克：《探究的场所——现代大学的科研和研究生教育》，王承绪译，浙江教育出版社，2001年版，第64页。

国家带有浓厚的"国家所有"或"国家控制"(state-owned or state-controlled)色彩。①

第二,内部管理上的学院制。

自中世纪时代开始,英国大学就是自主的(autonomous)和自治(self-governing)的。在教会与政府的相互牵制、妥协中,大学享有了独立的地位和充分的自治权。从某种意义上说,大学只是各个学院的集合体。在牛津和剑桥,学院到15世纪已经成为强有力的组织。但学院并不负责教学。到16世纪下半叶,学院的权力不断扩大,要想进入大学必须先通过学院的同意。1570年《伊丽莎白章程》和1636年《劳德规约》以法令形式正式确认学院在大学中的地位,管理大学日常事务的权力落入各个学院院长手中,大学的教学功能也逐渐转到各个学院手里。1751年,英国议会通过一项法律,明确提出大学采用学院制形式,并赋予大学里各学院院长强有力的管理权,每个学生和教职员工在成为学校成员的基础上,还都属于某一个学院。牛津、剑桥大学在19世纪末的改革中,大学的教学功能又回到了大学手中。

几乎所有的大学都设有学院,但牛津大学的学院却有所不同。通常美国式大学包括我国的大学里面设有许多学院,学院下面再设有相关的一些系所,学院主要是按学科划分。但牛津大学的学院不是按学科来划分,而是将不同学科的学生融于一个学院之中。它是独立的自治团体而非处于大学和系所之间的一层机构。想进牛津大学就读,不仅需要获得大学当局的同意,更重要的是需要获得学院的同意。

牛津大学各个学院的规模不等也不大,由300~500名师生组成一个集体,其中本科生一般为200~450人。每所学院聘任不同学科的教师,从事不同学科的教学与科研,文理工科基本齐全,大多数也招收文理工科各类学生。学院拥有相当自主的管理权力,有招生与授予学位的自主权。各学院都是自治的法人团体,有权自主选择本院的领导和教学人员,录取本科生,并对教育和日常事务做出决定并进行管理,学院都有自己的规

---

① Tony Becher, Jack Esbling & Maurice Kogan, *Systens of Higher Education*, United Kingdom, p20.

约。学院虽然都高度自治,是独立的法人,大学不能干预学院的事务,但学院作为大学的组成部分,也要受大学规章制度的限制,尤其是在招生方面,必须符合牛津大学的标准。各学院有自己不同的传统、不同的优势、不同的专精领域,各学院创立的时间有早有晚,建筑风格也不相同,各学院的财政来源也不一样。因此,虽然各学院彼此平等,但也存在激烈的竞争。

以学院制为基本的学生管理方式是牛津大学人才培养的一大特色传统,这种方式有利于学生的全面发展。学院不是按学科划分的,在同一学院中有不同的学科,跨学科的学院制学生管理方式强调集体生活,因为牛津人认为学生所处的生活环境对学生是最有价值的东西,因此学生要生活在一起,一起讨论和吃饭,有助于他们成长。同一个学院的学生往往有着不同的知识和学术背景,比如学生物、经济、哲学等学科的学生和教师经常在一起共同生活和学习,他们接触交谈、相互启发、相互吸收彼此的知识、融合彼此分析问题的思维方式,有利于全面发展。特别是理科师生和文科师生更是要保持紧密的接触。此外,不同学院有着不同背景和独特风范,为牛津大学培养有个性的人才也提供了良好的外部环境。

第三,人才培养上的导师制。

牛津大学以导师制为人才培养的主线,即通过导师把课堂教学、实践教学与个别辅导教学相结合,并辅之以各种讲座、讨论和丰富多彩的课外活动,共同完成对学生的培养。

导师制起源于温切斯特主教威廉·威克姆1379年创办的新学院,距今已有600多年的历史。在16~17世纪,导师为每个学生单独拟定一份阅读书目,每天给学生讲课、个别指导、指定作业,清晨和睡前都要做祷告,与学生一起去公共食堂和学校附属教堂。① 但是,当时的导师制,并不是严格意义上的导师制,直至19世纪以前,牛津大学的导师都不被认为是学院的正式教师,而只是私人导师。当前的导师制是在1850年皇家委员会对牛津、剑桥大学展开调查之后产生的。刚开始,导师只限于辅导

---

① 〔英〕奥尔德里奇:《简明英国教育史》,诸惠芳等译,人民教育出版社,1987年版,第152页。

本学院的学生,在19世纪后半期,学院的课堂讲授开始吸收来自其他学院的学生听讲,并最终向大学所有学生开放。

对牛津、剑桥大学的导师制,美国学者弗莱克斯纳曾经给予高度评价。在他看来,"牛津大学和剑桥大学在本科生与导师之间确立的人际关系,尽管可能存在种种个人的局限性,却是世界上最有效的教学关系。课堂教学的稀少,师生间每周的面谈,有时延伸至漫长假期的非正式的关系,促使学生独立自主,也使他直接受到教师的影响"①。曾任加利福尼亚大学校长的克拉克·科尔在比较英、德、美三国大学时有过这样一种概括,"如果从学生的角度出发应该尽量采取英国大学的方式,如果从研究的角度出发应该尽量采取德国大学的方式,如果从为农业、产业做贡献的角度出发应该尽量采取美国大学的方式"②。

第四,课程上的校外学位制度。

校外学位制度是伦敦大学的一个特色。1836年在英王威廉四世给伦敦大学颁发的特许状说,伦敦大学的目的是"对所有阶级和所有教派的忠诚臣民,没有任何区别,鼓励他们从事正规的和自由学科的教育"。特许状接着说:"他们在首都和联合王国其他地区从事或完成他们的学习,……授予他们荣誉和奖赏,使他们能坚持从事他们值得称赞的研究,这就是公正的"③。

伦敦大学从创办之日起,除极少数例外,均把学位授予所有符合入学和课程要求,并通过大学规定考试的人。1858年的特许状还废除了有关在一所经批准的院校学习的要求的限制。1900年,伦敦大学改组,承担了教学的职能,开始建立了校内生和校外生制度。伦敦大学继续履行它原来作为校外生考试机构的职能。它为校外生提供咨询服务,但是不进行教学,除了工程、医学和社会学外,也不管学生准备考试的事宜。伦敦大学的校外考试制度经过60年实践,已经证明能适应许多目的,在英国

---

① 〔美〕亚伯拉罕·弗莱克斯纳:《现代大学论——美英德大学研究》,浙江教育出版社,2001年版,第240页。

② 胡建华:《19世纪以来英国大学制度变革的基本特征及其分析》,《现代大学教育》,2004年第2期,第62页。

③ 王承绪:《伦敦大学》,湖南教育出版社,1995年版,第75页。

本国和海外的高等教育发展中发挥了重要作用。

从伦敦大学成立到1949年北斯塔福德郡大学学院建立,所有英国在这80年间创办的大学学院,都经过一个学徒期,它们的学生都攻读伦敦大学或杜伦大学的校外学位。由伦敦大学编制考试大纲,担任主考,安排考试,一切由大学总部管理。这些大学学院在获得皇家特许状以后,才能自行授予学位。

表14 英国一些城市创办学院和升为大学年份一览表

城市	创办学院年份	成立大学年份
埃克塞特	1865	1955
利兹	1874	1904
布里斯托尔	1876	1909
伯明翰	1880	1900
诺丁汉	1881	1948
雷丁	1892	1926
谢菲尔德	1897	1905
南安普顿	1902	1952
莱斯特	1917	1957
赫尔	1929	1954
基尔	1949	1962

在英国殖民地以及英联邦国家的多数大学学生,通过伦敦大学的校外学位制度,攻读伦敦大学的校外学位。还有成千上万的学生,通过业余学习,攻读伦敦大学的校外学位。1901年到1910年间伦敦大学在世界各地设立的校外学位考试中心有:

加拿大　维多利亚、温尼伯、金斯顿、哈利法克斯、纽芬兰

西印度群岛　百慕大、巴哈马、金斯顿、格林纳达、安蒂加、圣露西亚、巴巴多斯

南美洲　特立尼达、圭亚那

亚　　洲　中国香港、槟榔屿、锡兰(今斯里兰卡)、阿拉哈巴德
印度洋　塞舌尔群岛、毛里求斯
非　　洲　塞拉利昂、阿克拉、拉各斯、开普敦、约翰内斯堡、斯泰伦博希、彼得马里茨堡
欧　　洲　马耳他
澳大利亚　墨尔本、悉尼、珀斯、布里斯班、古尔本
新西兰　惠灵顿、奥克兰、克赖斯特彻奇、帕默斯顿、达尼丁

从表15可以看出,自1935年到1965年,伦敦大学的校内生和校外生人数,基本上相当。有些年份,校内生多一些,有些年份,校外生多一些。校外生人数约占学生总人数的一半。校外生制度的重要地位,可见一斑。

表15　伦敦大学学生人数统计表(1902～1966)①

年份	学生入学人数		学位授予人数						总计
			学士学位			高级学位			
	校内生	校外生	校内生	校外生	合计	校内生	校外生	合计	
1902～1903	2004								
1905～1906	2987								
1930～1931	11452		2051	1285	3336	372	106	478	3814
1935～1936	13579	10943	2429	1557	3986	409	88	497	4483
1940～1941	8960	8902	1461	893	2354	174	36	210	2564
1945～1946	14993	19257	1971	1206	3177	193	101	294	3471
1950～1951	23202	27780	3586	2799	6385	746	150	896	7281
1955～1956	22214	24957	3638	1855	5493	784	181	965	6458
1960～1961	26762	26953	4488	1415	5903	1010	123	1133	7036
1965～1966	32802	29524	5248	2513	7761	1744	148	1892	9653

① 王承绪:《伦敦大学》,湖南教育出版社,1995年版,第78页。

此外，牛津及剑桥两校在设校初期，与当地教会主教的关系良好，校长一职以牛津来说，自 1214 年起就由所归属的林肯主教区指派。11 年后，剑桥亦由所属伊里主教来指派。校长原是指教会派驻大学神学院住持教务的神职人员，到了 13 世纪末期至 14 世纪初期，两校学监逐渐蜕除教会派驻代表的色彩，融入大学的法人组织，正式成为一种学术主管。到了 15 世纪中叶，校长的性质又有了变化，"chancellor"职务渐成为一种名义上的校长，通常不住在校区里，而且多非学者，只是由政界名人出任，他们虽由大学推举出来，却无规定任期，实际校务系由副校长（Vice Chancellor）住持。这种英国大学的传统一直沿袭至今，大学的校长职务目前仍然多由政界大佬（如卸任部长、首相或王室要员）出任，他们照样由教授及校友代表经选举程序产生，校长平日只是住持大典，真正在主管校务的乃是副校长。早期大英联邦海外属地的大学，如新加坡国立大学也还维持这一渊源于 15 世纪的传统。

总之，独具特色的英国大学模式是在历史发展中形成的，它保留了传统大学的核心部分，又增加了新大学适应时代要求的部分，是世界高等教育的重要组成部分，是遗赠给我们的宝贵遗产。

参考文献

(一)英文类

[1] Abraham Flexner. Universities: American, English and German [M]. Oxford: Oxford University Press, 1930.

[2] Aston T H. the History of the University of Oxford, Vol. 1, the Early Oxford Schools[M]. Clarendon :Clarendon Press, 1984.

[3] Burston W H. James Mill on Education [M]. Cambridge: Cambridge University Press, 1969.

[4] Carr W. University College [M]. London: Routledge & Thoemmes Press, 1902.

[5] Clark B R . Perspectives on Higher Education [M]. California :University of California press, 1984.

[6] Cobban A B. English University Life in the Middle Ages[M]. London: UCL Press, 1999.

[7] Curtis S J, Boultwood M E A. A Short History of Educational Ideas[M]. 3th ed. London: University Tutorial Press Ltd, 1963.

[8] Cyril Norwood, M A D Lit. The English Tradition of Education [M]. London: John Murray, 1929.

[9] Dabis H W C. Balliol College[M]. London: Routledge & Thoemmes Press, 1899.

[10] Detlef K. Müller, Fritz Ringer, Brian Simon. The Rise of the Modern Educational System: Structural Change and Social Reproduction[M]. Cambridge :Cambridge University Press, 1987.

[11] Divid R, Jones. The Origins of Civic Universities: Manchester,

Leeds&Liverpool, Routledge[M]. London:Routledge, 1988.

[12] Eric Ashby. Technology and the Academics: An essay on universities and the scientific revolution[M]. London: Macmillan and Company Limited, 1963.

[13] E Leedham-Green. A Concise History of the University of Cambridge[M]. Cambridge: Cambridge University Press, 1996.

[14] E N da C. Andrade, A Brief History of the Royal Society[M]. London: Royal Society, 1960.

[15] E W Evans, N C Wiseman. Education, Training and Economic Performance: British Economists Views 1868-1939[J]. Journal of European Economic History, 1984(1).

[16] Fritzk K Ringer. Education and Society in Modern Europe[M]. Bloomington:Indiana University Press, 1979.

[17] George S Emmerson. Engineering Education: A Social History [J]. David & Charles, Crane, Russak, 1973.

[18] G W Roderick, M D Stephens. Education and Industry in the Nineteenth Century[M]. London: Longman, 1978.

[19] Henderson B W. Merton College[M]. London: Routledge & Thoemmes Press, 1899.

[20] H C Barnard. A History of English Education: from 1760[M]. London: University of London Press, 1969.

[21] H C Dent. Education in England Wales, Hodder and stoughten [M]. London:Hodder,1982.

[22] Hiled De Ridder-Symoens. A History of University in Europe, Vol.1, Universities in the Middle Ages[M]. Cambridge: Cambridge University Press, 1992.

[23] Hiled De Ridder-Symoens. Walter Ruegg, A History of the University in Europe, Vol. 2, Universities in early modern Europe (1500-1800) [M]. Cambridge: Cambridge University Press, 1996.

[24] Hiled De Ridder-Symoens. Walter. Ruegg. A History of the Uni-

versity in Europe, Vol. 3, University in the nineteenth and early twentieth centuries 1800-1945 [M]. Cambridge: Cambridge University Press, 2004.

[25] H Hale Bellot. University College London 1826-1926[M]. London: University of London Press, 1929.

[26] Huge Kearney. Scholar and Gentleman: Universities and Society in Pre-Industrial Britain 1500-1700[M]. London: Faber and Faber, 1970.

[27] J A Sharpe. Early Modern England: a Social History, 1550-1760 [M]. New York: Bloomsbury, 1997.

[28] James M, Paula S. Reform and change in higher education: international perspectives, New York& London: Garland Publishing Inc, 1995.

[29] John Scott Russell. Systematic Technical Education for English People[M]. London: the Classics Press, 2013.

[30] Jonathan Smith, Christopher Stray. Teaching and Learning in Nineteenth-Century Cambridge[M]. Woodbridge: Boydell Press, 2001.

[31] John Wyatt. Commitment to Higher Education: seven West European thinkers on the essence of the university[M]. Society for Research into Higher Education & Open University Press, 1990.

[32] Keith Evans. The Development and Structure of the English Educational System[M]. London : University of London Press Ltd, 1975.

[33] Konrad H Jarausch. The Transformation of higher learning, 1860-1930: expansion, diversification, social opening, and professionalization in England, Germany, Russia, and the United States[M]. Chicago :University of Chicago Press, 1983.

[34] Lawrence Stone. The University in Society 2 vols[M]. Princeton : Princeton University Press , Hopkins: The John Hopkins Univer-

sity Press,1974.

[35] L. Stone, The Education Revolution:Past and Present, 1964.

[36] Lawrence Stone. Literacy and Education in England, Past and Present[M]. London:CUP,1969.

[37] L S. Sutherland and L. G. Mitchell, The History of the University of Oxford, Vol5[M]. Cambridge: Cambridge University Press, 1986.

[38] Michael Argles. South Kensington to Robbins: An Account of English Technical and Scientific Education Since 1851[M]. London: Longmans, 1964.

[39] M Curtis. Oxford and Cambridge in Transition[M]. Oxford: Oxford,1959.

[40] M G Brock, M C Curthoys. The History of the University of Oxford. Vol VI. The Nineteenth Century, Part 1[M]. Oxford: Oxford University Press, 1997.

[41] Michael Sanderson. The Universities and British Industry, 1850-1970[M]. London: Routledge and Kegan Paul Ltd,1972.

[42] M J Smith, W H Burston. Chrestomathia[M]. Oxford:Clarendon Press 1983.

[43] P Bairoch. Cities and Economic Development-From the Dawn of the History to the Present[M]. Redwood: Redwood Press, 1975.

[44] R Freeman Butts. The Education of the West. Volume II [M]. McGraw-Hill: McGraw-Hill Book Company, 1973.

[45] Rashdall Hastings. The University of Europe in the Middle Ages, Volume I[M]. Oxford University Press, 1936.

[46] Rashdall Hastings. The universities of Europe in the Middle Ages, Vol. 3[M]. London: Oxford University Press, 1936.

[47] Rashdall H, Rait R S. New College[M]. Routledge: Routledge & Thoemmes Press, 1901.

[48] R D Anderson. Universities and Elites in Britain since 1800[M].

Cambridge: Cambridge university press, 1992.

[49] Richard Aldrich. An Introduction to the History of Education [M]. Hodder and Stioughton, 1982.

[50] Sheldon Bothblatt, Bjoin Wittrock. The European and American University since 1800 [M]. Cambridge : Cambridge University Press, 1993.

[51] Sheldon Rothblatt. The Revolution of the Dons[M]. London: Faber and Faber Ltd, 1968.

[52] Stuart Macture. Educational Documents: England and Wales 1816 to the Present Day[M]. London : London Methuen&Co Ltd, 1965.

[53] Thomas Elyot. The Book Named the Governor[M]. Evergman : Evergman Edition, 1962.

[54] Tony Becher, Jack Esbling, Maurice Kogan. Systems of Higher Education: United Kingdom [M]. New York: International Council for Educational Development, 1978.

[55] W A C Stewart. Higher Education in Postwar Britain[M]. London: Macmillan Press, 1989.

[56] W B Stephens. Education in Britain, 1750-1914[M]. Basingstoke: Macmillan Press; New York: St. Martin's Press, 1998.

[57] W H G Armytage. Civic Universities[M]. London: Ernest Benn Limited, 1955.

[58] W H G Armytage. Four Hundred Years of English Education [M]. Cambridge: Cambridge University Press, 1964.

[59] Wills Rudy. The Universities of Europe: 1100-1914[M]. London and Toronto: Associated University Press Inc., 1984.

(二)中文著作类

1.译著

[1] 阿什比.科技发达时代的大学教育[M].滕大春,等译.北京:人民教

育出版社,1983.

[2]〔美〕查尔斯·霍默·哈斯金斯.大学的兴起[M].梅义征,译.上海:三联书店,2007.

[3]〔英〕埃德蒙·金.别国的学校和我们的学校[M].王承绪,等译.北京:人民教育出版社,2001.

[4]〔英〕奥尔德里奇.简明英国教育史[M].诸惠芳,等译.北京:人民教育出版社,1987.

[5]〔法〕保尔·芒图.十八世纪产业革命[M].杨人木,译.北京:商务印书馆,1983.

[6]〔英〕J·D贝尔纳.科学的社会功能[M].陈体芳,译.北京:商务印书馆,1986.

[7] 伯顿·R·克拉克.高等教育新论——多学科的研究[M].王承绪,等译.杭州:浙江教育出版社,1988.

[8] 伯顿·克拉克.探究的场所——现代大学的科研和研究生教育[M].王承绪,译.杭州:浙江教育出版社,2001.

[9] 波斯坦.剑桥欧洲经济史[M].第2卷.钟和,译.北京:经济科学出版社,2004.

[10]〔美〕道格拉斯·C·诺斯.经济史中的结构与变迁[M].陈郁,等译.上海:上海三联书店,上海人民出版社,1999.

[11]〔英〕邓特.英国教育[M].王承绪,译.杭州:浙江教育出版社,1987.

[12] 恩格斯.英国工人阶级状况//马克思恩格斯全集(2)[M].北京:人民出版社,1972.

[13]〔美〕亚伯拉罕·弗莱克斯纳.现代大学论——美英德大学研究[M].徐辉,陈晓菲,译.杭州:浙江教育出版社,2001

[14]〔日〕宫崎犀一.近代国际经济要览[M].陈小洪,等译.北京:中国财政经济出版社,1990.

[15]〔英〕哈耶克.自由秩序原理[M].邓正来,译.北京:三联书店,1997.

[16]〔德〕汉斯—维尔纳·格茨.欧洲中世纪生活:7—13世纪[M].王亚平,译.上海:东方出版社,2002.

[17]〔英〕托·亨·赫胥黎.科学与教育[M].单中惠,平波,译.第2版.

北京:人民教育出版社,2005.
[18] 霍伊.自由主义政治哲学[M].刘锋,译.北京:三联书店,1992.
[19] 〔美〕卡扎米亚斯,马西亚拉斯.教育的传统与变革[M].王承绪,等译.北京:文化教育出版社,1981.
[20] 〔美〕R 科斯,A 阿尔钦,D 诺斯,等.财产权利与制度变迁——产权学派与新制度学派文集[M].刘守英,等译.上海:三联书店,1991.
[21] 〔美〕克伯雷.外国教育史料[M].任宝祥,任钟印,译.武汉:华中师范大学出版社,1991.
[22] 列奥·施特劳斯,约瑟夫·克罗波西.政治哲学史[M].叶天然,等译.石家庄:河北人民出版社,1993.
[23] 洛克.教育漫话[M].杨汉麟,译.北京:人民教育出版社,1963.
[24] 马尔科姆·卢瑟福.经济学中的制度——老制度主义和新制度主义[M].陈建波,等译.北京:中国社会科学出版社,1999.
[25] 奇波拉.世界人口经济史[M].黄朝华,译.北京:商务印书馆,1993.
[26] 日本世界教育史研究会.六国技术教育史[M].李永连,等译.北京:教育科学出版社,1984.
[27] 赛丁.移民和地理变迁[M].牛津:牛津大学出版社,1984.
[28] 〔英〕赫·斯宾塞.斯宾塞教育论著选[M].胡毅,王承绪,译.北京:人民教育出版社,2005.
[29] 〔加〕许美德.中国大学——一个文化冲突的世纪[M].许洁英,译.北京:教育科学出版社,2000.
[30] 〔法〕雅克·韦尔热.中世纪大学[M].王晓辉,译.上海:上海人民出版社,2007.
[31] 〔法〕雅克·勒戈夫.中世纪的知识分子[M].张弘,译.北京:商务印书馆,1996.
[32] 约翰·密尔.论自由[M].程崇华,译.北京:商务印书馆,1959.
[33] 〔美〕约翰·布鲁贝克.高等教育哲学[M].王承绪,等译.杭州:浙江教育出版社,2001.
[34] 〔英〕约翰·亨利·纽曼.大学的理想[M].徐辉,等译.杭州:浙江教育出版社,2001.

2. 中文著作

[1] 陈洪捷. 德国古典大学观及其对中国的影响[M]. 修订版. 北京:北京大学出版社,2002.

[2] 陈学飞. 美国、德国、法国、日本当代高等教育思想研究[M]. 上海:上海教育出版社,1998.

[3] 辞海[M]. 上海:上海辞书出版社,1989.

[4] 顾明远. 民族文化传统与教育现代化[M]. 北京:北京师范大学出版社,1998.

[5] 贺国庆,等. 外国高等教育史[M]. 第2版. 北京:人民教育出版社,2006.

[6] 黄福涛. 欧洲高等教育近代化——法、英、德近代高等教育制度的形成[M]. 厦门:厦门大学出版社,1998.

[7] 梁丽娟. 剑桥大学[M]. 长沙:湖南教育出版社,1990.

[8] 林清江. 英国教育[M]. 台北:台湾商务印书馆,1961.

[9] 钱乘旦,陈晓律. 英国文化模式溯源[M]. 杭州:浙江人民出版社,1996.

[10] 裘克安. 牛津大学[M]. 长沙:湖南教育出版社,1986.

[11] 宋迎宪. 利兹大学[M]. 长沙:湖南教育出版社,1990.

[12] 滕大春. 外国教育史和外国教育[M]. 保定:河北大学出版社,1998.

[13] 王承绪. 英国教育[M]. 长春:吉林教育出版社,2000.

[14] 王承绪. 伦敦大学[M]. 长沙:湖南教育出版社,1995.

[15] 王承绪,徐辉. 战后英国教育研究[M]. 南昌:江西教育出版社,1992.

[16] 王觉非. 近代英国史[M]. 南京:南京大学出版社,1994.

[17] 夏之莲. 外国教育发展史料选粹[M]. 北京:北京师范大学出版社,1999.

[18] 徐辉. 高等教育发展的新阶段[M]. 杭州:杭州大学出版社,1990.

[19] 许明. 英国高等教育发展研究[M]. 大连:辽宁师范大学出版社,1998.

[20] 阎康年. 卡文迪什实验室[M]. 保定:河北大学出版社,1999.

[21] 殷企平. 英国高等科技教育[M]. 杭州:杭州大学出版社,1995.

[22] 于海. 西方社会思想史[M]. 上海:复旦大学出版社,1993.

[23] 张俊宗. 现代大学制度[M]. 北京:中国社会科学出版社,2004.

[24] 张宇燕. 经济发展与制度选择——对制度的经济学分析[M]. 北京:中国人民大学出版社,1992.

[25] 张泰金. 英国的高等教育:历史·现状[M]. 上海:上海外语教育出版社,1995.

[26] 赵中建,顾建民. 比较教育的理论与方法[M]. 北京:人民教育出版社,1983.

[27] 周辅成. 西方伦理学名著选辑(下卷)[M]. 北京:商务印书馆,1987.

(三)中文论文类

[1] 〔英〕埃利斯. 牛津大学和剑桥大学势力集团[J]. 现代外国哲学社会科学文摘,1995(1).

[2] 陈列. 论十九世纪英美高等教育与经济发展的关系[J]. 福建高教研究,1984(1).

[3] 陈发美,吴福光. 十九世纪英国新大学运动及启示[J]. 高教探索,2001(4).

[4] 陈秋兰. 托马斯·阿诺德对英国教育发展的贡献和论证述评[J]. 遵义师范学院学报,2006(1).

[5] 陈志泉,李跃进. 从英国教育现代化的历程看教育的传统与变革[J]. 宿州学院学报,2006(2).

[6] 褚宏启. 历史上英国教育现代化进程的渐进式特征[J]. 比较教育研究,2000(3).

[7] 方展画. 国外比较教育学科建设及其研究方法论的演变[J]. 比较教育研究,1998(4).

[8] 丰华琴. 城市大学与英国教育体制[J]. 南京晓庄学院学报,2000(3).

[9] 冯惠敏,等. 赫胥黎的完全人教育论[J]. 武汉科技大学学报,2003(1).

[10] 高桂娟,张应强. 英国大学与社会关系的变中之恒——兼论大学发展的定位问题[J]. 现代大学教育,2004(2).

[11] 高桂娟. 论建立现代大学制度的时机与紧迫性[J]. 教育与现代化,

2003(2).

[12] 官风华.保守与超前——纽曼的大学理想[J].清华大学教育研究,1994(1).

[13] 韩先梅.新大学运动的意义及其现代启示[J].江西教育科研,1997(2).

[14] 何光沪.基督教研究对当代中国大学的意义——从纽曼的"大学理念"说起[J].中国人民大学学报,2003(4).

[15] 贺国庆.中世纪大学和现代大学[J].河北师范大学学报,2004(2).

[16] 侯翠环.英国新大学运动及其历史意义[J].河北大学成人教育学院学报,2005(1).

[17] 胡建华.19世纪以来英国大学制度改革的基本特征[J].现代大学教育,2004(2).

[18] 胡建华.高等学校职能变化的历史考察[J].福建高教研究,1986(1).

[19] 姜凤春.纽曼的大学教育思想及现实意义[J].江苏高教,1997(6).

[20] 金俊歧,李清富.是科学教育还是自由教育——对赫胥黎教育思想的再认识[J].河南师范大学学报,1999(5).

[21] 金维才.近代城市学院和美国赠地学院发展障碍与对策比较[J].安徽师范大学学报,1997(4).

[22] 匡瑛.英国城市技术学院述评[J].全球教育展望,2001(1).

[23] 李冈原.近代英国教育特征初探[J].杭州师范学院学报,1997(1).

[24] 李维.试论英国工业革命和初等教育普及的关系[J].世界历史,1995(1).

[25] 李文清.试论斯宾塞的家庭教育思想[J].山西高等学校社会科学学报,2001(6).

[26] 李霄翔,舒小昀.从自由放任走向适度干预:英国工业革命时期国家的教育政策[J].学海,2005(1).

[27] 刘宝存.纽曼大学理念述评[J].复旦教育论坛,2003(6).

[28] 刘德华.从斯宾塞的《教育论》看科学教育的人文价值[J].乐山师范学院学报,2000(4).

[29] 刘德华.论赫胥黎的科学教育思想[J].大理师专学报,2001(2).
[30] 刘黎明.论斯宾塞的科学教育思想[J].湖南教育学院学报,1997(3).
[31] 刘黎明.论斯宾塞科学课程的人文价值观[J].湖南师范大学学报(教育科学版),2004(6).
[32] 刘世昌.知识本身即为目的[J].长沙大学学报,2005(3).
[33] 刘世民.论斯宾塞教育目的理论的意义和影响[J].四川师范大学学报(社会科学版),1998(1).
[34] 马建康.从工业革命审视英国国民教育的滞后性[J].天府新论,2005(11).
[35] 〔日〕马越彻."区域研究"与比较研究——以明确"区域"的教育特质为目的的比较研究[J].外国教育研究,2002(2).
[36] 潘懋元,邬大光.文化传统与高等教育的理论思考[J].高等教育研究,1989(1).
[37] 潘懋元.走向社会中心的大学需要建设现代制度[J].现代大学教育,2001(1).
[38] 潘迎华.英国近代教育与工业化关系研究[J].史林,1994(1).
[39] 单中惠.试析十九世纪英国科学教育与古典教育的论战[J].清华大学教育研究,2000(2).
[40] 眭依凡.从宏观和微观结合上关注大学制度创新[J].中国高等教育,2003(23).
[41] 孙国胜.斯宾塞教育思想论[J].武汉科技大学学报,2000(1).
[42] 孙杰,陈敏.英国城市学院发展轨迹偏离之分析[J].高等工程教育研究,2006(3).
[43] 唐新川.斯宾塞教育思想的产生及其科学教育课程观[J].延安大学学报(社会科学版),2004(4).
[44] 天野郁夫.高等教育制度论:日本模式的探索[J].大学教育科学,2005(4).
[45] 王晨.契合与超越——纽曼和赫钦斯大学思想核心概念比较[J].教育科学,2005(1).

[46] 王晨.牛津、牛津运动与纽曼[J].清华大学教育研究,2005(3).

[47] 王晓华.纽曼的大学目的观与功能观[J].清华大学教育研究,2001(1).

[48] 王晓华.纽曼自由教育思想研究[J].清华大学教育研究,2001(4).

[49] 魏峰.教育滞后与英国垄断地位的丧失[J].齐鲁学刊,2002(4).

[50] 邬大光.现代大学制度的根基[J].现代大学教育,2001(1).

[51] 谢天冰.近代化和英国家庭体制的变迁[J].世界历史,1994(3).

[52] 谢天冰.试论英国教育体制的近代化[J].福建师范大学学报哲学(社会科学版),1998(1).

[53] 辛彦怀,刘志辉.英国的大学改革与科学复兴[J].外国教育研究,2004(12).

[54] 熊华军.大学制度变迁过程的一般理论探讨——新制度经济学的视角[J].华中农业大学学报(社科版),2004(3).

[55] 徐辉,顾建新.纽曼及其《大学理想》[J].中国大学教学,2003(4).

[56] 颜建军.美国英国德国日本高等教育体制变革的比较研究及启示[J].理工高教研究,2004(4).

[57] 阎康年.技术革命研究中的几个问题[J].自然辩证法通讯,1985(3).

[58] 阎康年.三次技术革命和两次产业革命的历史经验[J].世界历史,1985(4).

[59] 杨黎明.十九世纪英国新大学运动对中国大学改革的启示[J].教育论坛,2005(2).

[60] 杨培珍.约翰·亨利·纽曼的自由教育思想简论[J].盐城师范学院学报,2005(4).

[61] 叶赋桂,罗燕.英国衰落的教育探源——兼评近年来中国相关教育改革[J].清华大学教育研究,2001(1).

[62] 翟海魂.世界博览会对19世纪英国职业技术教育的影响[J].河北师范大学学报(教育科学版),2003(6).

[63] 张洪志.纽曼自由教育思想解读[J].航海教育研究,2004(3).

[64] 张建新.英国多科技术学院的漂移及其启示[J].深圳职业技术学院

学报,2004(4).
[65] 张金磊.从英国城市学院发展看大学的内在逻辑[J].临沂师范学院学报,2005(2).
[66] 张俭民.论纽曼的自由教育思想及其现实意义[J].湖南科技学院学报,2005(12).
[67] 张丽.赫胥黎的科学教育思想[J].苏州教育学院学报,1999(1~2).
[68] 张黎明.英国教育督导制度的历史变革及启示[J].教书育人,2004(6).
[69] 张岂之,谢阳举.西方进现代大学理念评析[J].高等师范教育研究,2003(4).
[70] 张泰山,汪建武.英国工业革命对教育的促进作用[J].皖西学院学报,2003(4).
[71] 张小鸥.英国高等理工院校发展史回顾[J].郑州铁路职业技术学院学报,2005(3).
[72] 朱镜人,费建国.阿诺德古典教育思想述评[J].安徽教育学院学报,2000(5).
[73] 周义.两种大学理想的纠葛[J].教育学报,2005(3).
[74] 周川.生产力和科学技术的发展对高等学校教学改革的影响[J].中国高等研究,1989(3).
[75] 袁贵仁.建立现代大学制度,推进高教改革和发展[J].光明日报.

(四)网站与其他文献

[1] http://explorion.net/j.wells-charm-oxford/page-19.html.
[2] http://www.nal.vam.ac.uk/exhibits/miniaturelibraries/practicaleducation.html.
[3] http://www.ucl.ac.uk/.
[4] http://www.bris.ac.uk/.
[5] http://www.bham.ac.uk/.
[6] http://www.shef.ac.uk/.
[7] http://www.liv.ac.uk/

后　记

"始生之物，其形必丑"。对于本书的书稿，始终深感惶恐不安。在书稿准备过程中，有人曾问过，你们英语水平很好吗？在以无所畏惧的心态开始后，发现这些善意的提醒背后有两个问题：资料问题，19世纪的历史仅仅是英国高等教育发展过程中的一个阶段，因此，这一时期的资料并不丰富。语言问题，要想研究19世纪英国大学制度如何变革的，必须明白19世纪以前英国大学制度是什么样子。因为著者本科并非英语专业出身，研究材料中拉丁文、法文、德文部分，所以材料翻译过程中为了准确把握专有名词或术语，不得不查阅更多资料，研究过程为找到一点佐证材料而经常欣喜若狂。虽然艰难，所幸的是，我们终于坚持了下来。

对于出版专业著作，心中一直心存畏敬，书稿拖了很长时间才定稿。牛津和剑桥大学是本科导师制的发源地，作为英国独树一帜的制度，本科导师制是如何出现的并一步步确立起来的？牛津和剑桥大学也是学院制的代表，学院制又是如何发展定型的？英国大学如同树的年轮一样，传统的大学——牛津和剑桥大学在最核心，第二圈是伦敦大学，第三圈是城市学院和升格的城市大学，为何出现这种奇特的大学年轮，原因在于英国是一个典型"重学轻术"的社会。在英国，"术"一步步进入大学的过程，就是大学年轮不断扩充的过程。英国为何能够保持这种古树与新枝并存的特点，相信通过阅读本书，都能找到答案。略有遗憾的是对大学内外部管理制度的分析，显得单薄。本书的完成仅仅是学术道路上的一个起点，我们会在学术研究的道路上继续前行。

本书分工如下：王宝玺（导言、第一章、第二章、第五章），王磊（第三章、第四章）。

本书从构思到付梓出版，凝聚了众多师友和亲人的关怀与帮助，在此,对他们表达深深的谢意。感谢南京师范大学胡建华教授,先生的治学之道让人受益匪浅,对先生的感激之情,难以言表!在本书撰写和材料收集过程中,得到很多人无私的帮助,在此一并致谢。

本书能够顺利出版,得到了中国海洋大学重点专业综合改革项目(2015—2017)的支持,感谢中国海洋大学出版社的邓志科编辑,没有他的帮助,此书稿难以面世。还要感谢所在单位的领导和同事们,他们给我多方面的帮助和关爱。

最后,感谢家人,你们是永远的坚强后盾。

王宝玺　王磊
2015 年 6 月 19 日